골든아워 2

—

• 2024 개정 •

이국종

생과 사의 경계,
중증외상센터의 기록
2013~2020

골든아워 2

2024 개정

Golden Hour

흐름출판

중증외상센터에서 삶을 마치거나 이어나간 모든 환자들에게,
그리고 중증외상센터의 설립과 운영을 위해 도와주신
모든 분들의 노고와 헌신에 깊이 감사드립니다.

이국종 배상

차례

거대한 공룡 • 9 | 사투 • 17 | 허무한 의지(依支) • 24

모퉁이 • 29 | 한배를 탄 사람들 • 34 | 내부의 적(敵) • 40

빈자리 • 49 | 거인(巨人) • 55 | 끝없는 희생 • 59 | 신환자(新患者) • 68

밥벌이의 이유 • 72 | 생과 사 • 78 | 2013, 기록들 • 82

중증외상센터 • 88 | 호의(好意) • 94 | 돌고래 • 99

변방의 환자 • 106 | 지원자 • 122 | 부상들 • 127

의료 공백(空白) • 131 | 기울어진 배 • 140 | 서한(書翰) • 175

길목 • 181 | 통증 • 189 | 벼랑 끝 • 195 | 화석 • 200

교수의 일 • 205 | 내부 균열 • 210 | 표류 • 216

진퇴무로(進退無路) • 219 | 지휘관 • 224 | 교두보 • 228

실명(失明) • 234 | 바래는 나날 • 243 | 유전 • 249

중국인 어부라던 남자 • 256 | 부서진 지표(指標) • 260

이기주의 • 265 | 한계점 • 270 | 옥상옥(屋上屋) • 276 | 침몰 • 286

희미한 빛 • 295 | 처박히는 핏물 • 300 | 남겨진 파편 • 306

아집 • 310 | 의료와 정치 • 317 | 끝없는 표류 • 324

마지막 인사 • 328 | 무의미한 대안 • 335 | 소방대원 • 339

2016~2017, 기록들 • 347 | 지독한 재연 • 359 | 잔해 • 368

풍화(風化) • 378 | 종착지 • 386 | 남겨진 기록들 • 390

끝의 시작 • 400

일러두기

이 글이 삶과 죽음에 대한 치열한 기억으로서 읽히길 바란다. 의료진을 포함한 모든 등장인물은 실명이며 환자는 프라이버시를 고려해서 가명으로 처리했다. 각종 공문 및 계획서의 문장을 그대로 따랐으며 환자 치료의 사실은 대체로 진료 기록에 따랐으나 기억에 의존한 부분도 있다.

1. 저자 고유의 문장을 살리기 위해 표기와 맞춤법 등은 저자의 원칙을 따랐다.
2. 이 책에 등장하는 각 기관명과 소속 직급 및 직책 명 등은 시기별로 명칭이 바뀌는 이유로, 평소 저자가 지칭하는 표기를 따랐다.
3. 각주는 모두 저자 주이나, 독자의 이해를 돕기 위한 전문 의학용어 설명은 의학대사전, 간호학대사전, 서울대학교병원 의학정보 등을, 소방 관련 용어 및 군사용어 등은 무기백과대사전을 기초해 보완했다.
4. 도서명은《 》, 신문과 논문 및 잡지, 영화 등은〈 〉로 묶어 표현했다.
5. 인용문의 띄어쓰기가 본서의 띄어쓰기 원칙과 다를 경우, 인용문의 원칙을 따랐다.

※ 각 권 뒷면지 등장인물과 1권 인물지는 저자의 요청으로 추가되는 인물이 있어 쇄마다 차이가 있을 수 있습니다.

거대한 공룡

바람이 북서쪽에서 불어오기 시작했다. 바람에 한기가 서렸다. 팀원들은 겨울용 근무복이 없어 얇은 수술복을 걸쳤다. 동대문 시장에서 사온 12,000원짜리 얇은 비행 점퍼가 바람에 펄럭였다. 올이 촘촘하고 가벼운 수술복은 여름에 거친 일을 하기에는 좋아도 겨울의 찬바람을 막아내지는 못했다. 엄동설한에 낡은 수술복이 찢어져 그 틈으로 살갗이 드러났다. 얼음장 같은 바람이 틈새를 파고들어 맨살을 스칠 때마다 피부가 에는 듯 쓰렸다. 헬리콥터로 출동을 나간 의료진과 환자를 기다리는 전담간호사들은 잔뜩 움츠린 채 떨며 하늘을 보았다. 그 모습이 마치 이른 봄 꽃샘추위에 한데 모여 달달 떠는 병아리 떼 같았다. 그 겨울 중환자들은 눈보라처럼 밀려왔고 업무는 통제 불능으로 과중되었다. 중환자실과 수술방 모두 아비규환이었고 어느 쪽에서도 집중과 분산이 가능하지 않았다. 우리는 충원이 절실하게 필요했다.

그 겨울에 손영래의 부친상 소식을 접했다. 손영래를 본 지 오래였다. 권역별 중증외상센터 설립 사업 선정에서 탈락하고 난 후에도 그에게 전화하지 않았다. '내가 탈락한 것'을 손영래가 안타깝게 생각한다는 말들만 전해졌다. 나는 아주대학교병원의 피고용인이었을 뿐이고 조직을 대표하지 않는데도, 사람들은 나와 조직을 같게 보았다. 사업에 선정되지 못한 것은 병원이었으나 사람들은 탈락의 주체를 나로 여기며 안타까워했다.

장례는 부산에서 열렸다. 김지영도 손영래가 보고 싶다고 했다. 기차를 타려 했으나 수원에서 출발하는 부산행 KTX 기차 편은 적었고 일찌감치 끊겼다. 김지영과 나는 계획을 수정해 버스를 탔다. 우리는 밤 12시가 넘어 빈소에 도착했다. 이미 대부분의 조문객들이 빠져나간 빈소에서 손영래 내외가 날 맞았다.

조문을 마치자 손영래의 부인이 상을 차려 내왔다. 그는 김지영과 내 앞에 음식을 차려주고는 잠시 뒤에 남편과 같이 오겠다며 자리를 떠났다. 손영래는 먼저 온 조문객들을 배웅하고 있었다. 김지영과 나는 말없이 앉아 육개장을 떠먹었다. 붉은 국물이 칼칼했다. 종일 끓어 아삭함을 잃은 숙주 가닥과 잘게 찢긴 고깃덩이를 씹어 목 안으로 넘겼다. 잠시 뒤에 손영래와 부인이 와 앉았다. 김지영과 나는 두 사람에게 인사를 건넸다.

─ 슬픔이 크시겠습니다. 부인께서도 고생이 많으십니다.

─ 이 멀리까지 어떻게 오셨어요? 많이 바쁘실 텐데요.

손영래는 부친의 죽음을 주위에 알리지 않았다. 보건복지부의 주무부처 과장으로서 공과 사를 엄격히 구분했다. 나는 우연히 알게 되었다고 짧게 대답했다. 무엇보다 중증외상센터 사업과 관련된 말들을 창자 밑으로 욱여넣었다. 부친을 잃은 상주에게 내 잡일을 쏟아내고 싶지 않았다. 그러나 손영래는 나를 본 순간부터 중증외상센터와 보건복지 정책에 기반한 업무에 대해서만 말했다. 당황한 것은 나였을 뿐 그 부인은 익숙한 듯 남편의 말을 들었다.

중증외상센터 사업은 보건복지부 공공의료과에서 시작한 이후 응급의료과 신설과 함께 이관되었다. 손영래는 공공의료과 과장으로 사업을 어렵게 시작했으므로 이 일의 허점과 대안을 꿰뚫고 있었고 열의가 있었다. 당시 공공의료과에는 나로 인해 생소한 업무가 폭증했는데도 손영래는 밀어붙였다. 늘 무엇이 필요한지 내게 물었으나 나는 도움을 청하지 않았다. 보건복지부 관료들에게 부담을 주고 싶지 않을 뿐인데 허 위원은 그런 내 태도를 염려했다. 손영래와 달리 다른 보건복지부 관료들은 나를 잘 알지 못하므로 내 태도가 거만해보일 수도 있다는 우려였다. 나는 아쉬운 소리를 하는 데 익숙하지 않았다. 내 태도가 내 뜻과 달리 보일 수 있음을 알게 됐으나 고쳐가지 못했다. 다만 그런 내 태도가 진정으로 보건복지부 관료들을 걱정해서인지, 아니면 내 마음 깊은 곳에서 더는 외상을 하고 싶지 않아서 필요한 일들조차 청하지 않는 것인지는 스스로도 알 수 없었다.

때로는 그 경계에서 답 없이 헤매고 있는 것 같았다. 이미 거센 급류 속이었고, 방향을 알 수 없는 물살이 어디까지 흘러갈지도 가늠되지 않았다. 나는 다만, 스스로 멈추지는 않겠지만 앞으로 더 나아갈 수 없는 상황이 명백해지면 주변의 피해를 최소화하여 이 일로부터 빠져나올 생각이었다. 손영래는 다행히 일찌감치 이 파류(波流) 속에서 건져 올려졌다.

보건복지부는 2010년에 응급의료과를 신설해 중증외상센터 사업의 소관을 옮겼으므로, 손영래는 공식적으로 이 일에 더는 마음 쓰지 않아도 되었다. 해당 사업의 전임자가 현 담당자에게 업무에 대해 지속적으로 조언하는 것은 예의가 아니다. 정부 조직의 특성이 그렇다. 그럼에도 손영래는 중증외상센터 사업의 흐름을 좇았다. 나는 그때 그가 무슨 이유로 중증외상에 대해 관심을 거두지 않는지 늘 신기했다. 그는 중증외상센터 사업의 추진 상황을 진지하게 지켜보았고, 벽 하나 건너에 부친의 영정을 두고도 '그놈의' 외상센터 이야기만을 계속하고 있었다. 나는 손영래의 말을 비교적 편안하게 들었다. 남의 일처럼 들렸고 마치 먼 타인으로부터 오는 낯선 말들 같기도 했다.

늦은 시간의 빈소에는 나와 손영래와 죽은 그 부친만이 있었다. 김지영과 손영래의 부인도 보이지 않았다. 보건복지 정책에 대해 말하는 손영래의 목소리는 높다가 낮아졌다가 끊어졌다 이어지기를 반복했다. 나는 문득 벽 저편의 고인이 자신과 관련 없는 말들을 어떻게 듣고 있을지 궁금해졌다. 손영래가 부친을 잃은 슬픔을 달래려고 답 없는 이야기에 몸을 밀어 넣는 것은 아닌가 싶었다. 아니다, 적어도 내가 보아온 손영래는 본래 그런 사람이다. 의료업계와 관련 없는 사람들과 만나는 자리에서도 보건복지 정책과 관련된 것들만 화제로 삼았다. 그는 보건복지부라는 조직을 터로 삼아 정책을 주조해내는 것을 좋아하는 것처럼 보였다.

— 원래 국가 정책이라는 것이 정말 거대한 공룡과도 같아서 방향을 민첩하게 바꾸거나 세밀하게 잡지 못해요.

손영래는 국가 정책이 움직이는 패턴을 멸종해버린 파충류에 비유하곤 했다. 정책이라는 것은 워낙 거대해 방향을 쉽게 변경하기 어렵고, 기존 관행을 관성 법칙처럼 계속 끌고 가는 속성도 지닌다. 여러 곳에서부터 쏟아져 들어오는 많은 의견들을 조율해 정밀한 판단을 내리기란 쉽지 않다. 그러나 일단 방향을 정하고 움직이기 시작하면 그 어떤 힘보다 거대한 추진력으로 나아갈 수 있다. 그래서 방향 설정은 정말 중요하다……. 이것이 손영래의 지론이었다.

— 정책적으로 진행 방향이 옳게 가다가도 제 식구를 깔아뭉개기도 하는 실수를 저지르기도 하고요.

그는 부친의 빈소에서조차 이런 말들을 하며 나를 달래려 애썼다. 나는 고맙고도 미안해졌다. 손영래는 이 일에 더는 신경 쓰지 않는 것이 나았다. 밖에서 김지영이 대화를 끊고 들어왔다.

— 교수님, 이제 가보셔야 해요.

고인으로부터 아들을 너무 오래 뺏었다. 미안한 마음에 김지영의 말이 끝나자마자 자리에서 일어섰다. 빈소를 떠날 때 보니 영정 앞에 놓인 국화가 유독 희었다. 향의 불씨는 꺼져 식어 있었다. 날이 밝으면 꽃은 늘고 향은 다시 피어오를 것이다. 손영래 내외는 택시 승강장까지 우리를 배웅하러 나왔다. 손영래가 하얀 입김을 뿜으며 다시 인사를 했다.

— 먼 길을 와주셔서 정말 감사합니다. 날이 추운데 돌아가실 길이 걱정입니다.

나는 자면서 가면 된다고 가볍게 말했다. 택시를 타고 장례식장을 빠져나올 때까지도 손영래 내외는 시선을 돌리지 않았다.

터미널은 사람들로 북적였다. 방금 전까지 고요했던 빈소와 대조적이었다. 매표소 머리 위로 전국 각지의 지명들이 빼곡했다. 낯선 이름들이 많았다. 내가 갈 곳은 정해져 있었으므로 다른 이름은 궁금하지 않았다. 그것을 묻는 것이 의미 없어진 지 오래되었다. 지금의 외상센터를 유지하려면 중증외상센터 국가사업을 유치하지 못해도 나는 계속 일을 해나가야만 한다. 수원행 버스에 올라 자리에 앉자마자 눈을 감았다. 신입 전담간호사들에게는 아직 피

복과 장비가 지급되지 않았다. 그것을 마련할 방법을 고심했으나 떠오르지 않았다. 밤새 이어진 손영래의 이야기가 머릿속에서 파편처럼 떠다녔다. 나는 손영래에게 미안하기도 했으나 빈소에 온 것은 잘한 일이라고 생각했다. 버스가 천천히 흔들리며 터미널에서 빠져나갔다. 수원까지 가는 길은 멀 것이었다.

길 위에 쌓인 눈이 녹지 않은 날, 보건복지부 응급의료과 현수엽 신임 과장이 정우진 사무관과 함께 나를 찾아왔다. 현수엽이 눈을 밟으며 걸어오는 모습을 보았다. 검은 옷차림이 하얗게 덮인 눈과 대비되어 검은 것은 더 검고, 흰 것은 더 희게 보였다. 현수엽은 키가 컸고 서글서글한 인상에 눈빛이 살아 있었다. 현수엽은 자신이 데려온 정우진에게 따로 외상외과 현황을 파악하도록 지시하지 않았다. 정우진은 그저 현수엽 옆에 말없이 있었다.

현수엽은 나를 보고 짧게 인사한 뒤 준비해온 말들을 꺼냈다. 그는 손영래에게 나에 관한 말을 들었을 것이었고, 그래서인지 내게 폐를 끼치지 않으려는 기색이 역력했다. 나는 그와 함께 중환자실과 외상병동의 환자들을 둘러본 후 구내식당으로 향했다. 그 자리에 정우진과 김지영이 배석했다. 현수엽은 대한민국 응급의료 시스템에 대한 고민이 깊었다. 응급의료과에 이제 막 부임했을 뿐인 그는 현재 중증외상환자 의료 시스템의 문제를 환히 꿰고 있었다. 외상환자가 사고현장에서부터 상태의 경중에 따라 분류되지 않아 적절한 응급의료 선택과 이용이 이루어지지 않는 이 난제를 풀고 싶어 했다. 그것은 중증외상 의료 체계의 첫 번째 문제일 뿐이었다. 지금껏 그걸 어찌해보려고 몸부림치다 고꾸라지고 있는 게 나였다. 식당 종업원이 가져다준 음식들을 앞에 두고 나는 현수엽의 말을 듣기만 했다. 그의 말은 보건복지부 외상의료 정책의 전부였다. 나는 가까스로 꾸려온 병원 내 외상외과조차 제대로 지켜내기가 힘겨웠다. 당장 내일조차 알 수 없는 나는 현수엽에게 해줄 말이 없었다. 돌아가는 그에게 나는 단지 할 수 있는 데까지만 할 것이라고 말했다. 어디까지 할 수 있을지는 나도 알지 못했다.

사투

한 남자가 칼에 찔려 산에 버려졌다. 등산객에게 발견되기 전까지 남자는 흙바닥에서 식어갔다. 남자가 죽어가던 산은 수원시에서 멀었고, 산중에서도 그가 있던 자리는 깊었다. 권준식이 전은혜와 헬리콥터를 타고 남자를 데리고 왔을 때 그는 죽은 것에 다름없었다. 의식은 없고 목이 거의 잘려나가서 열려 있는 기도로 약한 숨이 들고났다. 절반 이상 잘려진 기관지로 하얀색 연골이 드러났고, 그 위를 흰 구더기가 뒤덮었다. 흰 연골과 흰 구더기의 경계가 희미했다. 이름 모를 벌레가 끓어 조직은 썩어 녹아들었다. 주위 피부는 모두 달아나 남은 조직들만 검푸른 보랏빛보다 더 짙은 색을 띠며 시커멓게 뭉개지고 있었다. 소독약을 부어도 구더기는 살아

꿈틀거렸다. 백숙자를 불러 살충제를 사다 달라고 부탁했다. 나는 붓고 썩어 떨어져 나간 조직을 수술방에서 간신히 추슬렀다. 남자를 중환자실로 보내놓고 감염내과 최영화 교수에게 전화를 걸어 해결방안을 찾을 수 있을지 물었다. 최영화는 환자를 살리기 위해 중환자실에서 살다시피 하며 매달렸다. 인공호흡기를 떼고 자발적으로 호흡이 가능하게 만드는 데만 20여 일이 걸렸다. 남자의 상태가 호전되어 연고지 병원으로 전원 보낼 때, 기관지 협착이 있을 수 있어 외래 일정을 잡아주었으나 환자는 다시 오지 않았다.

숨이 끊어질 듯한 핏덩이 같은 환자들이 연달아 실려 왔다. 교통사고였다. 고속으로 달리던 차들이 서로 들이받았다. 두 대의 차에서 빼낸 몸은 여럿이었다. 정경원조차 상황을 파악하느라 바빴고, 전공의 허요가 응급실 급성 구역에서 허덕이며 수술을 준비 중이었다. 정형외과에는 연락조차 하지 못했다. 2번 수술방에서 첫 번째 환자의 수술 준비가 빠르게 진행되고 있었다. 수술 전 보호자들에게 설명해야 했으나 응급실로 다시 내려가지 못했다. 보호자들이 왔는지조차 알 수 없었다. 정경원이 내가 있는 2번방으로 급히 건너왔다. 나는 정경원과 함께 들어온 전담간호사 두 명을 다시 응급실로 내려보내고 정경원에게 말했다.

— 경원아, 외상센터는 원래 사지나 마찬가지야. 어차피 환자가 응급실에서 수술도 못 받고 죽느니 수술방에서 하는 데까지 해보다가 죽는 게 낫다.

― 알겠습니다.

정경원의 답에는 군더더기가 없었다. 다시 응급실로 내려간 정경원이 권준식, 허요와 함께 수술을 준비했고, 마취과 조한범 교수가 2번방으로 건너왔다. 나는 받침대에 걸터앉아 조한범에게 말했다.

― 어떻게든 수술방을 열어보자. 환자들이 응급실에 있다가는 못 살 것 같아.

― 제가 2번방과 3번방을 동시에 열고 양쪽 다 뛰어보겠습니다.

3번 수술방은 2번 수술방과 뒤쪽으로 통해 있었다. 조한범은 마취 준비실로 빠르게 건너갔고 마취과 간호사들이 양측 수술방으로 진입했다. 권준식이 임상실습 중이던 의과대학생들을 올려보내고 본인도 곧장 2번방에 들어와 섰다. 나는 권준식과 첫 번째 환자 수술을 시작했다. 환자의 몸을 칼로 열고 들어가자마자 환자 몸에서 뿜어진 피가 수술방 바닥을 덮었다. 피가 솟구쳐 오르자 수술대의 의료진이 출혈부위를 확인하려고 서로 고개를 들이밀었다.

― 머리를 너무 들이밀지 말고 떨어져서 봐라!

권준식이 제2, 제3조수를 서고 있던 학생들에게 소리쳤다. 바로 전에 실려 온 응급실 환자가 결국 3번 수술방으로 밀고 들어왔다. 그 방은 정경원과 허요가 맡았고, 전담간호사들까지 수술방으로 모두 들어와야 했다. 백숙자가 김주량을 데리고 2번방과 3번 수술방으로 동시에 들어왔다. 둘 모두 이브닝 근무자들로, 입원 환자를 위해 중환자실에 배치해둔 전담간호사들이었다. 백숙자는 임상실습생을 대신해 내 수술대 왼쪽을 막아섰다. 백숙자가 부서진 장기 위로 계속 쏟아져 올라오는 핏물을 석션(suction)으로 빨아냈다. 김주량은 3번방에서 버텼다. 췌장 쪽에서 올라오는 핏물을 간신히 걷어내고는 백숙자를 중환자실로 내보냈다.

백숙자가 중환자실에 돌아갔을 때, 오후에 기관삽관을 제거한 환자가 다시 호흡이 막히기 시작했다. 백숙자가 황급히 수술방으로 들어와 상황을 보고하는 동안, 3번방에서 정경원과 같이 있던 허요가 뛰어나가 중환자실 환자에게 다시 기관삽관을 했다. 인공호흡기가 설치됐고 그 환자는 다시 안정을 찾았으나 중환자실까지 시끄러워졌다. 허요가 중환자실로 빠져나가자 혼자 남은 정경원이 다급해졌다. 정경원도 지독하게 지쳐 있었다. 그 옆에서 김주량이 제3조수를 맡아 섰다. 옴니(Omni Retractor)로 벌린 좌하복강 내 시야가 잘 확보되지 않자 정경원은 옴니를 풀어버렸다. 김주량은 리처드슨*으로 좌측 아랫부분의 시야를 확보하고, 테이프 위로 기어오르는 환자의 피를 걷어냈다. 김주량의 팔은 쉴 새 없이 움직였다. 나는 권준식에게 2번방의 수술 뒷정리를 부탁하고, 정경원

---

* '옴니'와 '리처드슨' 모두 절개된 부위를 벌릴 수 있도록 고안된 수술도구다. 다만 리처드슨은 사람이 직접 당겨 절개창을 벌려야 한다.

이 버티고 있는 3번방으로 들어갔다.

    3번방은 아수라장이었다. 환자의 비장과 내장, 장간막에다 콩팥에서까지 피가 솟아올라 왔다. 하행대장이 으스러지며 환자의 변이 가득 흘러나왔다. 심한 출혈이 모든 수술 시야를 막고 있었으며, 변이 모든 것을 오염시키고 있었다. 정경원은 핏물과 똥물이 뒤범벅 된 몸속을 헤치고 나가지 못했다. 정경원이 출혈을 막아내지 못하고 환자가 힘이 다하면 생명은 끝이다. 상황이 무척 위태로워 보였다. 나는 수술대의 제1조수 자리로 들어갔다. 무영등의 조준을 환자의 좌측 아래쪽으로 집중시켜 시야를 확보한 후 매톡스 술식(Mattox maneuver)**으로 좌측 대장을 들어올렸다. 결장간막에 큰 구멍이 뚫려 있었고, 그곳에서 핏물은 오른쪽으로 튀어 흘렀다. 정경원과 나는 좌측 신장까지 접근해가며 피를 잡아나갔다. 환자의 생체활력 징후는 계속해서 심하게 흔들렸다.

    신입 전담간호사 김효주가 허요가 있는 중환자실 쪽으로 붙었다. 밤에 출근하던 외상 중환자실 나이트 번 간호사들이 새로 기도 삽관을 한 환자 쪽으로 몰려들었다. 그 와중에 수술방에서는 조한범이 마취기를 잡고 RIS를 돌려댔고, 나와 정경원은 필사적으로 출혈을 막았다. 다시 한번 출혈이 사방에서 터져 나오자 환자의 생체

  ** 복강 내 내장들을 오른편에 반사해 왼편을 통해 후복막강으로 들어가서 대동맥을 노출하는 수술 기법.

활력 징후가 휘청했다. 벌어져 있는 환자의 입을 통해 TEE(Trans-Esophageal Echocardiogram)[*]가 심장 옆에 박혔다. 심장 마취에 뛰어난 마취과 김대희 교수까지 지원을 나와 죽어가는 환자를 모니터하며 버텼다.

— 이 교수님, 환자가 얼마 못 버틸 것 같습니다!

김대희는 그렇게 말하면서 심초음파 영상을 노려보았다. 그 순간 담배 한 대를 꼬나물고 싶어 할 김대희의 마음이 느껴졌다. 가능하다면 그는 정말 그리 했을 것이다. 조한범이 RIS를 잡고 속도를 높였다. 김대희는 다시 TEE를 밀어 넣었다. 피는 여전히 뿜어져 나왔다. 모두가 기진맥진했다. 옆에 선 전담간호사와 임상실습생들이 리처드슨을 당길 때마다 그들의 근육에서 힘이 빠져나가는 떨림이 내게도 고스란히 전해졌다.

환자가 쏟아내던 출혈을 간신히 잡아냈을 때, 조수를 맡고 있던 임상실습생들을 교대시키고 흩어진 대오를 수습했다. 수술대 장막 너머 마취기 모니터에서 환자의 생체활력 징후가 무영등 빛으로 반짝였다. 꺼져가던 숨이 일어나고 있었다. 점멸하며 빛나는 마취기와 심초음파 모니터에 의미 있는 숫자가 새겨질 때까지 나는 이 많은 출혈을 잡아가면서 나아가야 했다. 거기에서도 생사의 길이 어떻게 뻗어나갈 것인지는 전혀 알 수 없었다. 조금씩 잔잔해

---

[*] 식도내시경을 이용한 심장 초음파 기계.

지던 핏물이 진정되면서 장기 속 파열 부위가 확인됐다. 우리는 말 없이 버티며 계속 꿰매기 시작했다. 리처드슨을 버텨내는 전담간호사들과 임상실습생들이 안간힘을 쓰고 있었다.

— 당겨봐. 여기…… 좀 더…… 힘껏 당겨봐.

마취기와 심초음파에서 나오는 알람 소리가 길게 울렸고, 다급하게 수술방 인터폰 소리가 들렸다.

— 교수님, ABGA(Arterial Blood Gas Analysis, 동맥혈가스검사)** 결과입니다.

그 정신없는 와중에 나는 수술방에 있는 모두에게, 그리고 중환자실에서 버티고 있는 모든 이들이 고마워 마음이 벅차올랐다.

** 신체의 산염기 균형과 산소공급 상태를 파악하기 위한 검사로, 동맥혈의 산도(pH), 산소 분압(pO_2), 이산화탄소 분압(pCO_2), 중탄산염(HCO_3^-) 등을 함께 측정한다. 생명이 위급한 환자에게 가장 중요한 검사 중 하나이기 때문에 병원의 중환자실, 응급실 등에서 자주 시행한다.

허무한 의지(依支)

백령도에 주둔하던 해병 2사단에서 작전 중 폭발 사고로 해병대원 한 명이 치명상을 입었다. 해병대원은 사지가 너덜거리는 핏덩이가 되어 빠르게 숨을 잃어갔다. 현지 해군 군의관이 그 목숨을 필사적으로 붙들고 버텼고, 주종화 대령과 남화모 중령이 급히 내게 연락을 해왔다. 두 사람을 통해 환자의 상태를 듣는 사이 머릿속에서 백령도까지의 긴 해상 공로가 복잡하게 얽혀들었다. 중앙구조단 김민수, 이신기 기장이 의료진을 태우러 EC-225를 병원으로 몰고 오는 중이었다. 기상이 나쁘지 않은 것은 다행이었으나 백령도까지 가는 길은 마음을 놓을 수 없으므로 신경이 날카로워졌다. 해병대원의 상태도 나 혼자 감당하기 어려울 듯싶었다. 정형외과 조재호에게 전화를 걸었다. 서울에서 학회 일정을 마치고 저녁 식사 중이던 조재호는 해병대원의 상태를 말없이 듣다 중간에 말을 끊었다.

— 알겠습니다. 제가 다시 내려갈 테니까 살아만 있게 해주세요.

그는 길게 말하지 않았다. 나는 전화를 끊고 곧장 전담간호사 김주량과 EC-255에 올라탔다. 백령도까지 가는 길은 멀었다. 김민수와 이신기가 조종간을 번갈아 잡았다. 백령도에서 병원으로 돌아오는 길에 해군 군의관은 피에 전 환자를 끝까지 움켜잡고 있었다. 마취과 조한범 교수가 직접 환자를 받아 곧장 수술방으로 진입했다. 내가 정형외과 전공의들과 수술을 준비하고 있을 때 조재호가 수술방으로 들어와 곧바로 환자에게 붙었다. 나와 통화를 끝내자마자 곧바로 수원으로 출발했어야 가능한 타이밍이었다. 조재호는 날아가버린 환자의 사지를 다시 만들어 붙이다시피 했다. 나는 내 수술을 끝내고도 수술방에 남아 조재호의 수술을 끝까지 지켜보았다. 그는 과감하면서도 섬세했고 환자의 입장에서 수술을 진행했다. 환자는 아직 너무 젊었다. 조재호가 가능한 한 절단은 피하려고 애쓰고 있음을 알 수 있었다. 나는 그런 그가 고마웠다.

정형외과 수술에서 사지 절단은 문제의 원인을 잘라내는 것과 같다. 문제가 있는 사지를 초기에 절단하지 않으면 많은 피를 잃고 감염 확률은 높아진다. 그 이후 전신에 심각한 염증 반응이 일어나거나 합병증이 퍼지는 것은 온전히 의료진의 몫으로 남는다. 그러나 회복 후 환자의 삶을 고려할 때, 의사는 최선을 다해 사지를 보전해야 한다. 목숨이 달렸거나 전면전(全面戰) 혹은 그에 준한 전투 상황만이 예외다. 나와 조재호는 그 사실에 충실하려 애썼다. 2003년부터 함께해온 조재호는 내 비루한 일상을 버티어내는 데 큰 힘이 되는 동료였다. 나는 그 같은 사람을 만난 것이 인생이 내게 준 선물이라고 여겼다.

긴 수술 끝에 환자는 사지를 붙이고 인공호흡기에 의존한 채 중환자실로 옮겨졌다. 그를 붙들고 온 해군 군의관과 해병대 지휘관들은 환자의 곁을 지키며 밤을 지새웠다.

다음 날 최윤희 해군참모총장이, 그다음 날에는 이호연 해병대 사령관이 병원을 방문했다. 두 사람은 각기 다른 날 환자를 찾아왔으나 하는 말과 행동은 다르지 않았다. 둘 모두 인공호흡기에 의지해 견디고 있는 환자를 한참 응시했고, 환자 상태에 대한 브리핑에 말없이 귀를 기울였으며, 환자의 생명 유지 가능성과 장애 여부, 극복 가능성 등을 거의 같은 톤으로 무겁게 물었다. 나는 좋은 답변만 할 수는 없어 미안해졌다. 두 사람 모두 보호자들을 만나 위로한 후 돌아갔다. 나는 두 사람이 돌아갈 때 멀리까지 나가서 배웅하지 못했다.

해병대에서 병원에 남겨둔 의무요원들을 통해 해병대 측에 환자 상태에 대해 보고했고, 해군 의무처의 실무진과 향후 치료 계획을 협의해 나갈 수 있었다.

며칠 뒤 환자는 스스로 숨을 쉬었다. 외고정기를 달고는 있지만 이곳에 더 있을 필요는 없었다. 안정화 시기를 거쳐 전원이 가능해지자 해군포항병원으로 이송하기로 했다. 해군포항병원까지 가는 길에는 중앙구조단 헬리콥터가 투입되지 않아서 경기 소방항공대에 요청을 보냈다. 해군항공대 출신인 이성호 비행대장과 이인봉 기장이 주저 없이 AS365를 몰고 병원으로 왔다.

몸체가 작은 AS365는 소백산맥을 넘어 안동을 지나는 항로를 힘들어하는 듯했으나 하늘길은 비교적 순탄했다. 새하얗게 눈 덮인 산맥과 산맥 사이로 낙엽을 떨어내고 삐죽이 솟은 활엽수림이 선명하고 예쁘게 보였다. 때로 산악지형의 급격한 기류변화가 헬기의 배면을 치고 올라와 기체를 진동시키며 파열음을 만들어냈지만 심하지는 않았다. 우리는 동해의 해안가에 위치한 해군 제6항공전단의 포항비행장에 착륙했고, 해군포항병원 의료진에게 환자를 인계했다. 해병대원은 헤어지기 직전에 내 손을 잡으며 고맙다고 했다. 나는 그에게 마지막 격려를 남겼다.

— 힘내세요. 살다 보면 어려운 일이 많습니다. 힘들겠지만 이겨내다 보면 좋은 일도 있을 겁니다.

— 감사합니다.

해병대원은 고개를 끄덕이며 짧게 답했다. 나는 진심으로 그의 삶이 그러하기를 바랐다. 그래야 지리멸렬한 내 인생에도 의미를 부여할 수 있을 것이다. 희망 없이 버텨가는 나는 환자의 삶에 희망을 바라며 스스로를 다독였다.

　돌아오는 헬리콥터 안에는 로터 소리만 울렸다. 창밖의 발아래 세상은 순백이었다. 나는 내가 이겨나가고 있는 일들과 그 과정에서 겪게 되는 좋은 일들을 떠올려보려고 애썼으나 기억나는 것들이 거의 없었다. 조종석 너머로 눈 쌓인 산악의 풍광을 배경으로 이성호, 이인봉의 듬직한 어깨가 보이는 것은 좋았다. 비행복에 넣어 다니던 사탕을 한 개씩 꺼내 옆에 있는 김주량과 최준영, 박정훈 대원에게 주었다. 사탕을 입에 넣은 볼들이 뽈록해졌다. 그 모습들이 재미있었다. 대부분의 출동에서 병원으로의 복귀 비행은 환자를 처치하며 오느라 늘 피가 타들어간다. 그래서 가끔 있는 이런 편안한 비행은 몹시 비현실적이었다. 정말 오랜만에 부담이 없었다. 창밖의 겨울 풍경은 눈이 시리도록 아름다웠다. 나는 그 순간을 머릿속에 오래, 깊이 박아 넣고 싶었다.

모퉁이

한국에서의 외상외과와 중증외상 의료 체계는 모든 개별 의사들이 가진 제각기 다른 생각들이 산발적으로 뻗어나가는, 생각의 집합체 같은 성격을 띠었다. 어떤 전문가의 실체도 보이지 않았다. 단 한 부분도 의료계의 중지(衆志)를 모으기는 불가능했다. 한국에서 중증외상센터란 그 본질은 별 의미가 없고 정부의 '현금 지원 사업'으로서의 의미만이 커 보였다.

  회의는 길고도 답이 없었다. 정경원과 김지영, 권준식만 불러 보직교수와의 회의 내용을 알려주었다. 어차피 좋은 이야기는 없고, 더 아래 직원들에게는 말해봐야 불안만 가중될 것이다. 다른 팀원들은 모르는 채로 제 할 일을 하는 것이 나았다. 야간 근무 투입 전에 조금이라도 쉴 시간은 있어야 한다.

복잡한 회의 내용을 팀원들에게 전달할 때면 의료원 운영위원회나 보직교수들의 아침 미팅 자리가 그려졌다. 그 자리에서 오르내리는 우리에 대한 가시 돋친 말들이 마치 옆에서 들리는 듯했다. 병원이 중증외상센터 사업에 대해 대외적으로 표명하는 공식적인 입장과 실제 내부의 윗선에서 도는 말들이 전혀 다르다는 사실은 모두가 잘 알았다. 중증외상센터 사업 선정에서 탈락했으나 병원은 그 이후를 생각한다고 했다. 그러나 외상센터 운영에 대한 생각은 십여 명에 이르는 보직교수 모두 제각각이었다. 나는 서로 다른 물살을 '처맞아가며' 센터를 지키려고 최대한 납작 엎드렸다.

해군과 아주대학교 의료원이 업무 협약을 맺었다. 해군과 해병대에 대한 의무지원 강화를 약속한 것이었다. 아주대학교병원이 국책사업에서 탈락한 것을 이미 알고 있던 해군이 왜 우리 병원과 공식 업무 협약까지 체결하려는지 나는 이유를 알 수 없었다. 국군의무사령부에서조차 아무런 연락이 없었고 병원에서도 별다른 설명을 듣지 못했으므로, 나는 이 업무 협약이 비정치적인 것만을 알 수 있었다. 스스로가 초라했다. 마치 유효기간이 다 되어 폐기 직전인 편의점 김밥과 같았다. 처음부터 나의 자리는 모퉁이였고 갈수록 모퉁이의 모퉁이로, 다시 또 모퉁이로 밀려나는 것만 같았다.

협약식은 2월 첫째 날에 열렸다. 해군의 인사참모부장인 이범림 제독이 최윤희 참모총장을 대신해 휘하 고급 장교들을 대동하고 병원으로 왔다. 김병천 의무감이 안내를 맡았다. 나는 행정동 앞 귀빈 정차 공간에서 제독 일행을 맞아 병원의 본회의실까지 함께 걸어 올라갔다. 이범림 좌측에서 걸을 때 나는 그의 왼쪽 목 전체를 휘감은 수술 흔적을 보았다. 절개창의 흔적은 컸다. 절개 방향이 통상적인 경부 수술에 의한 것은 아니었다. 군의관들이 그가 큰 수술을 받고도 아무 일 없다는 듯이 복귀했다고 내게 귀띔해주었다.

해군들은 바다 한복판에서 살고 끊임없이 죽을 위험에 노출되면서도 말없이 버텨나간다. 나는 그들의 인생을 생각했고, 거기에 내 인생을 같이 올려보았다. 나는 얼마나 더, 어디까지 버텨나가야 하는가. 누군가가 명확한 시점이라도 알려주면 좀 나을까. 종착점이 어디인지 모르는 채로 버티는 삶은 오히려 형벌 같았다.

보직교수가 기다리고 있는 회의실에 닿았다. 김병천이 아주대학교병원과 외상센터의 헌신과 노고에 대한 해군 측의 감사를 건넸고, 병원의 기획팀장은 병원 측의 해군 협력 경과를 보고했다. 이범림과 보직교수는 아주대학교 의료원기와 해군기 앞에서 업무협약서에 서명하고 기념 촬영을 했다. 나는 게양된 해군기를 바라보았다. 석해균 선장이 사경을 헤매고 있을 때 김성찬 전 해군참모총장이 보내온 깃발이었다. 석 선장이 퇴원 후 병원에 기증한 그 해군기를 나는 소중히 보관하고 있었다. 벌써 2년 전이다. 그사이 많은 것들이 달라졌고 많은 것들이 여전히 제자리였다. 해군과 해병대에 의무지원을 강화하는 것은 좋은 일이지만 그것을 위해 필요한 것들은 지원되지 않을 것이다. 결국 한정된 인원과 자원을 갈아 넣어야만 유지라도 될 텐데 그조차도 확신할 수 없었다.

업무 협약식이 끝난 후 병원을 떠나는 이범림 일행을 따라 보직교수가 행정동 앞까지 내려갔다. 풀 죽어 있는 내게 김병천 의무감은 여태까지 하던 대로만 도와줘도 고마운 일이라고 말하며 부담을 덜어주려고 했다.

보건복지부의 공문이 보직교수를 경유하지 않고 곧바로 외상센터 사무실로 왔다. 보건복지부의 말은 화려했다. 나는 중앙응급의료센터장 윤한덕에게 전화를 걸었다. 윤한덕은 지난번 권역별 중증외상센터 선정에서 아주대학교병원을 탈락시키고 센터들을 잘게 쪼개는 통에 사업이 시작부터 삐걱거리게 되자 걱정이 컸다. 나는 그의 말을 묵묵히 들었다. 전화를 끊고 팀원들을 모아 윤한덕의 말을 전했다. 모두가 별다른 말을 하지 않았다. 체념이 팀원들의 얼굴에 스쳤다. 공문에는 중증외상 환자에 대한 적극적인 치료 독려와 2013년도 권역별 중증외상센터 공모사업에 대한 희망적인 말들이 적혀 있었다. 분명 우리에게 유리한 방향이었으나 팀원들의 표정은 어두웠다.

속에서 무엇인가가 자꾸 치솟았다. 내가 보건복지부를 이해하거나 긍정할 수 있을지는 스스로도 알 수 없었다. 경영팀에서는 공문에 대한 답신을 재촉해왔다. 나는 그저 그런 상투적인 어구를 끌어와 답을 적었다. 별것 없는 글을 오랫동안 들여다보았다. 답신은 경영팀을 지나 병원 윗선에도 전해질 것이다. 나는 마지막에 한 문장을 덧댔다. '저희 팀이 일하는 한 중증외상 환자를 최대한 잘 치료해나갈 것입니다.' 나는 마지막 한 문장이 그들 가슴에 깊숙이 박히기를 바랐다.

한배를 탄 사람들

봄을 목전에 두고 권준식이 육군에 입대했다. 그가 외과 전문의를 마치자마자 우리 팀에 합류할 때, 육군은 국군수도병원에 외상환자를 위한 핵심 인력이 필요하다고 했었다. 권준식은 입대를 미루고 먼저 우리 팀에서 임상강사로 2년간 집중 수련 받은 뒤, 군 의료의 중심 기관인 국군수도병원에 배치될 예정이었다. 그런 그가 육군의 최전방 부대로 보내졌다. 예정과는 다른 결과에 권준식도 나도 당황했다. 내가 아는 육군 의무처 모든 곳에 연락했으나 모두 아는 바가 없다고 했다. 어디에서 무엇 때문에 계획이 달라진 것인지 파악할 수 없었다. 처음부터 육군 의무처에서 권준식 같은 전문적인 외상외과 의사를 필요로 했던 것인지도 알 수 없었다. 윤태일은 그런 나를 위로했다.

— 원래 그런 거잖아. 아쉬워하지 마라.

그렇지. 세상은 원래 그렇다. 그런 것이다. 나는 윤태일을 보내고 사무실에 올라와서도 그 말을 오랫동안 곱씹었다. 입안이 쓰고 깔끄러워 찬물만 자꾸 들이켰다.

동해시에 주둔한 1함대에서 작전 중 수병 한 명이 크게 다쳤다. 출동을 부탁하는 조영주 제독의 목소리는 다급함으로 갈라졌다. 나는 곧바로 경기 소방항공대에 지원 요청을 보냈다. 이성호 비행대장과 이인봉 기장이 AW-139를 몰고 병원으로 왔다. 그 사이 김병천 의무감을 통해 파악한 수병의 상태는 심각했다. 출혈이 너무 컸다. 환자에게 닿으면 혈액부터 쏟아부어야 해서 캐빈 안에 혈액 냉장고까지 싣고 O형 혈액 5파인트를 얹어 이륙했다.

경기도 상공은 기상이 나쁘지 않았으나 태백산맥 줄기에 들어서자 운무에 휩싸였다. 안개가 짙고 바람이 심하게 불어 산봉우리에 걸린 무거운 구름들이 우리를 휘감아 덮쳤다. 시야가 흐리고 시정(視程)이 짧아 위험하기까지 했다. 헬리콥터가 희뿌연 구름을 뚫고 나왔을 때 조종석 방풍창 앞으로 태백산맥 능선이 들이닥쳤다. 그 순간 조종석의 낮은 외침이 캐빈 뒤로 들렸다.

— 어이쿠!

이성호는 급격히 좌측으로 선회하며 그 항로를 빠져나왔다. 연무와 산자락에 낮게 걸린 구름이 능선과 뭉개져서 한 덩어리처럼 스멀거렸다. 지도를 확인하고 있던 이인붕이 지도 다발을 캐빈 쪽으로 집어던졌다.

— 이거 하필 접힌 부위가 여기야. 안 보여. 좀 보이게 해봐.

최준영이 캐빈 바닥에서 들어 올린 낡은 지도는 주름이 잡혀 꺾여 있었다. 그는 주섬주섬 지도를 펼쳤다가 다시 가지런히 접어 현 비행 위치가 잘 보이게 했고, 나는 그것을 건네받아 이인붕에게 넘겨주었다. 이인붕이 계속 지도를 들여다보며 위치를 확인해나갔다.

산맥의 남측 능선을 따라 돌아들 때, 높은 산봉우리들이 헬리콥터를 내려다보았다. 좌우 창밖으로 산비탈과 산령들이 스치듯 지나갔고 짙은 연무가 로터를 휘감았다. 태백산맥의 높바람에 떠밀린 구름들은 헬리콥터 주위에서 어지럽게 부딪히며 깨져나갔다. 우리는 산마루를 넘고 산맥을 스쳐 앞으로 나아갔다. 동해의 1함대 상공에 도착했을 때 김판규 함대사령관과 조영주 제독이 헬기장까지 나와 우리를 맞았다.

1함대의 헬리콥터 착륙장에는 해군항공전단의 블랙호크가 대기하고 있었다. 우리가 오지 못할 것을 대비해 준비해둔 것이라고 했다. 천천히 돌아가던 로터는 속도를 더욱 줄였다. 해군 군의관들이 피투성이가 된 환자를 붙들고 사력을 다하고 있었다. 나는 숨고를 틈 없이 환자를 AW-139로 옮겨 실었다. 환자의 상태가 다급해 급유 받을 시간조차 없이 그대로 돌아가기로 했다. 이성호와 이인붕 모두 헬리콥터에서 내리지 않았고, 1함대 제독들에게 따로 인사하지 않았다. 왕복 항공유 소모량을 계산하고 있는 최준영의 이마에 땀방울이 맺혔다. AW-139가 급하게 이륙할 때, 나는 헬리콥터를 향해 경례하는 김판규와 휘하 해군 수병들을 지켜보지 못했다. 곧바로 환자의 중심정맥관을 확보하고 O형 혈액을 주입하며 항생제 등을 투입했다.

이성호가 캐빈 쪽을 여러 번 뒤돌아보았다. 그는 환자 상태가 정말 좋지 않으면 비행 중에도 환자가 있는 쪽을 돌아보곤 했다. 그런 행동은 파일럿에게 부담이 될 수 있어 지양해야 한다고 하지만, 전 세계의 뛰어난 에어 앰뷸런스 파일럿들은 대부분 환자 상태를 살피며 비행한다. 급박한 경우에 환자 치료는 이송하는 순간부터 시작되고, 빠른 이송이 전제되어야 환자가 살 가능성이 커지므로 파일럿의 담대함과 뛰어난 조종술은 필수다. 항공대원들과 동승한 의료진이 감수해야 하는 위험부담은 같다. 중증외상 환자 항공 이송 체계는 항공대원들과 의료진의 생명을 담보로 하여 세워지고, 그 체계가 얼마나 공고히 정립되는가에 따라 환자의 생존율이 결정된다. 나와 내 사람들이 죽음에 가까이 갈 때 환자는 죽음으로부터 멀어지는 이 아이러니를 나는 어찌하지 못했다. 이름조차 알 수 없는 타인을 살리고자 너무 많은 사람들이 자기 목숨을 걸어야 했으나 세속적 가치는 없었다.

사방에서 중증외상 환자의 항공 이송에 대해 회의적인 견해를 쏟아냈다. 나는 그 반대 의견들을 잘 알았고 이해할 수도 있었으나 그것이 내 업에 속한 것이었으므로 그저 해나갈 뿐이었다. 어차피 최종 결정은 정책 결정권자들의 손에 달렸고 내가 위험해지는 것은 상관없었다. 다만 동료들까지 사지에 몰아넣고 있다는 사실에 많이 괴로웠다. '오로지 국민의 생명과 안전'을 생각한다는 소방의 고위 간부들과 실제 자신의 대원들이 항공 출동을 해서 잘못될 경우 떨어질 '책임 소재'를 걱정하는 중간관리자급 간부들, 나와 현장으로 출동하고 있는 일선 '현장 대원들' 사이의 괴리, 나는 그 한복판에 서 있었다.

우리가 병원으로 돌아왔을 때는 땅거미가 짙게 깔릴 즈음이었다. 최준영은 항공유가 넥타이 하나 뺄 수 있을 정도만 남았다고 말했다.

환자는 곧장 수술방으로 직행했다. 미리 대기하고 있던 의료진까지 지원에 나섰다. 수술은 새벽이 되어서야 끝났고 인공호흡기에 의지한 채 환자는 중환자실로 실려 나갔다. 병원으로 찾아온 보호자들에게 수술 경과를 설명해주었다. 늦은 시간이었으나 망설이지 않고 조영주에게 전화했다. 조영주는 아직 함대 사령부에 있었다. 내 설명에 그는 안도하는 듯했다.

아덴만에서도 조영주는 1차 공격조로 공격에 참여했던 UDT 대원들이 피투성이로 돌아오는 전장을 지휘했었다. 그때도 휘하 수병들의 부상 현장을 떠나지 않았다. 고급지휘관들이 자기 휘하의 모든 하급자들까지 신경을 쏟기란 쉽지 않은 일인데 내가 만난 해군과 해병대는 많이 달랐다. 조영주는 서로가 '한배'를 탄 운명이라고 말했다. 한배라……. 나는 그 말에 캐빈 안의 파일럿들과 소방대원들을 생각했고, 내 팀원들을 떠올렸다. 며칠 후 환자는 인공호흡기를 떼고 스스로 숨을 쉬었고 안정을 찾아갔다.

지상의 헬리콥터 이착륙장 확장 부분의 보도블록이 봄만 되면 밑으로 꺼지거나 어긋났다. 깨진 보도블록 잔해가 하향풍에 휘날렸고, 바닥이 시커멓게 변했다. 해마다 부분 보수를 해도 소용이 없었다. 무거운 중형 헬리콥터의 하중을 받아내기에는 어설픈 임시방편일 뿐이다. 병원에 평탄화 작업을 포함한 기반공사를 계속 요청했으나 받아들여지지 않았다. 소방방재청에서 따로 예산을 지원받을 수도 없었다. 헬리콥터들이 뜨고 내릴 때마다 부서진 이착륙장에서 돌가루들이 튀어 올랐으나 출동을 멈추지 않았다. 결국 보다 못한 병원에서 공사를 승인했고 헬기장 공사가 시작됐다. 하필이면 주기장(駐機場)을 옮긴 날 중환자를 싣고 오는 헬리콥터가 유독 많았다.

병원 직원들 사이에서는 '이국종은 곧 잘려 다른 병원으로 간다', '외상센터는 병원 수익에 적자만 안기니 병원이 이번 기회에 모든 것을 정리하고자 한다'라는 소문이 돌았다. 그 와중에 외상외과 외래에서 근무하던 유진숙을 설득해서 외상외과 행정요원으로 영입했다. 불안정한 미래임을 알면서도 따라오는 유진숙에게 고마웠다.

내부의 적(敵)

 사석에서 만나 친분을 다지는 것이 본 업무에 도움이 된다는 것을 알면서도 나는 그러지 못했다. 일주일에 이삼 일은 야간 당직을 섰고, 당직이 없는 날에는 외부 일정을 소화하기에도 벅찼다. 외상외과의 야간 당직 때는 거의 자지 못한다. 당직을 선 다음 날은 늘 머리가 아팠고 사지가 쑤셨으며 때로는 걷는 것조차 힘겨워 비척거렸다. 팀원들 모두가 입에 약을 털어 넣으며 버텼다. 그러나 이세형 비행대장의 저녁 식사 요청은 거절할 수 없었다.
 이세형은 힘들어 보였다. 며칠 전 새벽 2시경 악천후 속에 감행한 출동으로 내부 반발을 겪고 있었다. 경기 소방항공대의 제1, 2 비행대장인 이세형과 이성호는 24시간씩 교대 근무를 하며 하늘을 지켰다. 환자가 발생하면 깊은 밤이나 악천후 속에서도 말없이 조종간을 잡았다. 큰 화재 현장으로 날아 들어갈 때면 파일럿이나 구조구급대원, 의료진 모두가 긴장을 늦출 수 없다. 발밑에서 화마(火魔)가 화염과 연기를 뿜어대고 불꽃 잔해들이 뿌연 먼지와 함께 헬리콥터 창을 스치고 지나가면, 검붉고 뜨거운 손길이 금세 우리를 휩쓸어 가버릴 것만 같다. 두 사람은 그 속에서도 늘 정확히 방향을 잡아 날아들어 갔다.

이세형의 조종술은 신기에 가까웠다. 부드러우면서도 빠르고 정확해서 국내 회전익 기체 조종사들 사이에서도 명망이 높았다. 나와 팀원들은 이세형과 이성호 두 사람을 깊이 신뢰했다. 그러나 후배 조종사들 일부는 생각이 달랐다. 비행대장들의 영웅 심리로 소방항공대 전체가 위험에 빠진다고 여겼다. 그들의 반감은 컸다. 며칠 전 야간 출동에 대한 조직적 반발도 그 맥락이었다.

나는 그 분위기를 이미 잘 알고 있었다. 일부 기장들은 '안전'을 최우선으로 했다. 우리가 밤이나 새벽, 악천후에 출동을 요청하면 그들은 고의적으로 말을 늘였고 내게 들리도록 전화를 천천히 끊으며 욕했다. 기장들과 잘못 충돌하면 간신히 정착되고 있는 항공구조구급 업무의 모든 것이 물거품으로 돌아갈 것이어서 나는 짓뭉개지는 속을 스스로 달래며 그들을 만날 때마다 감사하다고 말했다. 그들의 입장을 모르지는 않았다. 헬리콥터에 싣는 목숨은 여럿이고, 악조건 속의 비행은 위험도가 높다. 파일럿이 짊어져야 할 부담은 클 것이다. 출동을 많이 한다고 해서 월급이 오르는 것도 아니고 위험을 무릅쓴다고 별도 수당이 있는 것도 아니다. 다른 처우 또한 개선되는 바가 없다. 무엇으로든 보상은 필요한데, 그것은 내가 할 수 있는 영역의 일이 아니었다.

경기 소방항공대의 인력과 장비는 다른 자치 단체의 항공대에 비해서 결코 나을 게 없고, 중앙구조단에 비해서는 터무니없이 열악했다. 그런 사정에도 전체 소방항공대 응급환자 이송 건수의 반 이상을 해내고 있었다. 그럼에도 추가 지원은 없었다. 중앙정부 휘하의 소방방재청은 중앙구조단 지원에만 힘을 쏟았고, 경기도 지방정부는 소방항공대에만 예산을 투입할 수 없었다. 결국 경기 소방항공대 역시 개인들을 희생하여 굴러가고 있을 뿐이었다. 이세형은 그 같은 현실을 답답해했다.

— 일반 직장에서도 인사가 만사이지만 말입니다. 항공 분야에서야말로 파일럿의 기량 차이가 워낙 천차만별입니다. 중증외상 환자에 대한 구조, 구급임무 수행에서의 성패는 파일럿의 기량에 따라 크게 좌우된다고 보시면 됩니다.

그의 말은 옳다. 파일럿이 헬리콥터를 띄우고 안전하게 비행해줘야 헬리콥터 안에서 환자를 치료하는 게 가능하다. 출동 임무에서 파일럿에 대한 의존도는 70퍼센트를 웃돈다. 이세형은 말을 이어갔다.

— 우수한 조종사를 확보하는 것이 차세대 소방항공의 핵심 과

제입니다. 저야 이제 진급도 다 했고 옷 벗을 날이 얼마 안 남았다고 쳐도, 이제 막 군에서 전역해 나오면서 신규로 진입하는 파일럿들은 다릅니다. 현재 처우도 중요하고 향후 발전 가능성에 대해서도 생각할 겁니다. 처우를 개선해도 우수한 인재 확보가 쉽지 않은 상황인데 오히려 깎고 있으니 답답하죠. 무엇보다 대우가 너무 나빠서 우수한 조종사를 선발할 수가 없습니다. 그런 상황이니 계속 모집공고를 내도 아예 지원 자체가 없고 들어오는 사람들도 좀 더 나은 조건으로 계속 이직할 밖에요. 좀처럼 후대를 양성할 수가 없어요.

이세형은 파일럿에 대한 소방방재청의 낮아진 처우에 대해서 깊이 고민했다. 그는 비행대장으로서 후배 기장들에게 사선을 넘나들 것을 독려해야 하는 위치였다. 팀원들에게 전적인 희생을 말할 수는 없는 일이므로 조직 상부에 처우 개선을 청했으나 묵살되었다. 그가 가진 고민이 나와 같았다. 열악한 조건과 환경은 변함이 없고 우리는 매일 동료들을 이끌고 사지로 나가야 했다. 눈앞의 현실이 시궁창이었다. 경기 소방방재청의 최고 수장인 본부장도 이 점은 이해할 수 없다고 했다. 나는 소방항공의 모든 핵심 관계자들이 이해할 수 없다는데도 해결되지 않는 이유를 납득하기 힘들었다.

심각한 문제는 암덩어리처럼 단번에 조직을 죽이지 않는다. 그것은 천천히 악화되어 조직 전체에 깊숙이 파고들어 마비를 부르고, 마비는 조직을 사망으로 이끈다. 죽어버린 조직은 회생이 불가능하거나 재건하는 데 긴 시간과 노력이 필요하다. 그 책임과 지난함은 '다음' 사람의 몫으로 남겨진다. 문제를 확산시킨 책임자들은 대부분 다른 부서로 전출했거나 일부는 이미 퇴직했으므로, 정작 조직이 쑥대밭이 됐을 때는 책임 소재마저 아득해져 따져 물을 수조차 없다. 그러므로 문제가 있어도 지금 자리한 이들 중 일부는 앞날을 걱정하지 않고 제 잇속을 챙기거나 마땅히 해야 할 일을 제대로 하지 않는다. 그것이 주인의식이 불분명한 조직들의 생리였다. 나는 그것을 잘 알았고 이세형도 마찬가지일 것이다. 나는 묵묵히 눈앞의 잔을 거듭 비우다 입을 열었다.

― 사실 저도 갈등이 심합니다. 지금은 다들 별생각 없이 열심히 하고 있지만요…….

병원은 앞으로 있을 '제2차 중증외상센터 사업 공모' 지원을 원하면서도, 우리 팀이 그때까지 버티는 데 필요한 지원은 하지 않았다.

중환자실 자리가 없어 여전히 응급실 급성구역 병상을 얻어 써야 했고, 팀원들은 감당 불가능한 당직 일정과 환자 부담을 버텨내며 헬리콥터에 올랐다. 모두가 극심한 악조건 속에서 일하고 있으나 아무에게도 환영받지 못했다. 병원의 보직자들은 헬리콥터의 소음을 여전히 문제 삼았고 별것 아닌 환자들로 쇼를 한다는 말까지 뱉어냈다. 병원 앞 아파트에 사는 <u>직원 한 명</u>은 한밤에 병원을 오가는 헬리콥터 소음에 대해 권준식에게 불만을 토로했다. 외상외과 의사인 권준식에게는 '병원 전 단계'에서 헬리콥터를 타고 환자를 구조해오는 것도 그의 일이다. 넓게 보면 그 직원도 환자를 치료하는 업의 경계 안에 있는데도 그것을 생각하지 않는 듯싶었다. 일전에 권준식이 이런 조직에서 이 일을 강행하는 것이 옳은 일이냐고 내게 물었을 때 나는 대답하지 못했다. 그런 일이 나에게는 이미 새롭지 않았다. 야간에 출동하는 헬리콥터가 병원 근처에 거주하는 직원들의 수면권을 방해하는데도 노조에서 공식적으로 문제 제기를 하지 않는 것을 나는 오히려 고맙게 여겼다.

간호대학에서도 민원이 올라왔다. 간호학과 학생 한 명이 헬리콥터 소음에 '학습권'을 침해받는다며 항의했다고 보직교수는 내게 쏘아붙였다. 훗날 의료 현장을 지킬 간호대학의 학생일 텐데, 나는 그 학생을 만나 무엇을 위해 공부하는지를 묻고 싶었다. 그러나 이 민원의 명확한 출처가 어디인지 알 수 없었다. 보직교수들 사이에서 오가는 말들에 살이 붙어 퍼진 것인지도 알 수 없었다. 어쨌든 나는 간호대학 학장을 찾아가 사과하고 양해를 구했다. 학생을 직접 만나보고 싶다는 나의 말에 간호대학장은 손사래를 쳤다.

병원 운영위원회에서 병원의 한 고위보직자는 훈련 비행을 중단하여 비행 횟수라도 줄이라고 했다. 훈련 비행 없이 헬리콥터를 이용해 환자를 이송하라는 말은 파일럿과 소방대원들과 의료진,

환자들까지 모두 공중에서 죽으라는 말과 같았다. 회의석상의 누구도 환자 항공 이송에 도움이 될 것에 대해 논하지 않았다. 아무도 선진국형 중증외상 의료 시스템에 관심을 두지 않았고, 알려 하지 않았다. 오로지 외상센터 사업이 풍기는 돈 냄새만이 중요했다. 한국 사회의 모든 면이 늘 그러했다. 진실과 거짓 사이, 정치(政治)와 정리(情理) 사이, 그런 대척점의 중간 어디쯤에 나는 서 있었다.

　외상센터는 기관 차원에서도 버려둔 것이나 마찬가지였다. 적어도 나는 그렇게 느꼈다. 석해균 선장 덕에 홍보 효과는 많이 거뒀으니 충분하다고 생각하는 듯했다. 외상외과나 외상센터를 운영하지 않는다고 해서 병원이 문 닫는 일은 없다. 1,000병상이 넘는 규모의 병원이고, 다른 진료만으로도 병원의 존재 가치는 충분하다. 외상외과를 폐과시키고 국책 중증외상센터 사업을 받지 않으면 중증외상 환자 치료 수준을 선진국 수준까지 끌어올리지는 못할 것이다. 그러나 이것이 아주대학교병원만이 떠안을 문제는 아니다. 이 병원보다 훨씬 크고 유명한 서울의 다른 대학병원들조차 외상외과 없이도 잘만 운영되고 있다. 아주대학교병원이 나서서 굳이 이 임상과를 유지할 이유는 전혀 없다. 선진국형 중증외상센터가 없다고 해서 나라가 망하는 것도 아니다. 병원 안팎으로 내가 설 자리는 없었다.

　이세형을 보며 마음이 무거웠다. 내가 날뛰는 바람에 이가 갈리게 숨 막히는 일상이 그에게까지 전염된 것만 같았다. 왜 일을 열심히 하면 할수록 갈등이 생기고 조직에서 힘들어지는 것인지, 우리는 서로 한탄했다. 이세형은 취기가 오르자 조금 더 속내를 털어놓았다.

— 저는 어려서 군인으로 공직에 들어와서 나랏밥을 먹은 지 40년을 바라봅니다. 경기도에서 안 가본 하늘과 땅이 없어요. 자식들도 다 키워놨고요. 파일럿으로서 임무 중에 생을 마칠 수도 있지만 국립묘지에 가는 게 두렵지는 않습니다. 기본적으로 소방관이라는 게 그런 직업 아닙니까? 저는 파일럿이자 소방관이고, 누가 시켜서 이 길을 선택한 것도 아닙니다.

그는 1991년 육군항공대 전역을 앞두고 전직을 준비했다. 해외여행 붐이 일 때였고, 이세형은 화려하게 비상하던 국적기 항공사의 기장으로 옮겨 갈 예정이었다. 그러나 진로를 틀어 이제 막 창설된 경기 소방항공대의 창단 멤버로 헬리콥터 파일럿이 되어 환자를 구하러 다니기 시작했다. 모두가 선망하는 길을 포기하고 위험하고 힘든 이 일을 선택한 이유를 물었을 때 그는 웃었다.

— 이 일이 훨씬 보람 있습니다. 요즘 신형 고정익 기체들은 거의 GPS만 찍고 자동항법장치로 운행해요. 저는 그래도 한 번씩 비행할 때마다 사람 목숨을 구하지 않습니까?

야간이나 새벽, 장대비가 쏟아지는 악천후에도 그는 늘 조종석에 앉았고, 피투성이가 된 환자를 간신히 헬리콥터에 태워 돌아오면 반드시 나중에 전화해서 환자의 안부를 물었다. 이세형은 그렇게 파일럿이 된 이유를 스스로 찾아가는 것처럼 보였다. 하지만 한국 사회의 전형적인 잣대를 들이대면 그도 '정신 나간 사람'에 불과했다.

    내가 하는 일은 개인들의 노력과 희생에 기대어 간신히 유지되고 있었다. 한계는 명확해 보였다. 조직 전체에서 핵심부서와 인력에 대한 가치를 모르고 악화가 양화를 구축하는 사태가 지속되면, 조직의 미래 이전에 당장 조직의 구성원들이 일하는 패턴을 바꾸거나 사직을 결정할 것이다. 나와 이세형은 이 점을 잘 알았다. 문제와 대안을 알고 있으나 우리가 해결할 수는 없었다. 여전히 모든 결정은 실제 현장 바깥에서 이루어지고 있었다.

빈자리

여름에 신경과 용석우 교수가 세상을 떠났다. 유명을 달리하기에 서른여섯은 너무 이른 나이다. 영안실 영정 앞에 국화와 향을 태우고 묵념했다. 사진 속에서 웃고 있는 그가 낯설었다. 베이스 기타를 기막히게 치던 용석우를 생각했다. 숨을 거두기 1년쯤 전부터 연구하던 논문을 마무리하는 데 온 힘을 기울였고, 후배들에게 남기는 책을 만든다며 졸업생들을 인터뷰하고 다녔다. 나는 가슴 아팠으나 마지막 대화를 나누는 기분으로 그를 만났다. 인터뷰가 끝난 뒤 나는 의과대학 밴드부 동아리실로 그를 데려갔다. 베이스를 건네고 연주를 권했을 때, 용석우는 말없이 베이스를 받아들고 줄을 튕겼다. 그는 내 손가락보다 한 마디 이상이 더 긴, 연주자의 손을 갖고 있었다. 나는 그가 튕겨내는 베이스 소리를 한참 들었다. 용석우는 연주를 하다 말고 나를 보고 웃으며 말했다.

— 다음에 좀 더 연습해서 잘 쳐봐야겠는데요? 그때 꼭 같이 연주하시죠.

나는 옅게 웃었다. 당시에 그의 건강이 최악이었음은 그를 아는 모두가 잘 알고 있었다. 그래도 서로들 내색하지 않으려 애썼다.

그가 세상을 떠난 날 영안실 한편에 교직원들이 자리를 잡았다. 조문객들은 조용히 식사를 하고 술을 마시며 나지막한 목소리로 이야기를 나눴다. 내가 접견실로 다가가자 신경과 주임교수가 종이컵에 맥주를 따라 내밀며 와줘서 고맙다고 인사했다. 나는 받아든 술을 바로 비우지 못했다. 거품이 사라지고 컵이 젖어드는 걸 보며 생각했다. 의사들의 노력으로 더 많은 생명을 건진다고 해도 결국은 다 죽는다. 단지 연장할 뿐이다. 의사가 사그라드는 생을 애써 붙잡아 일으켜 세울 수는 있어도 죽음을 원초적으로 없앨 수는 없다. 나는 때때로 한없이 무력감에 사로잡혔다.

군에 입대한 권준식의 공백은 컸다. 그가 제대하여 돌아올 때까지 자리를 비워둔 채 버티기는 어려웠다. 그러나 외상외과를 하겠다는 사람은 없고 할 만한 사람이 찾아오지도 않았다. 나는 이 팀에 어울릴 만한 사람을 찾으러 사방을 돌아다녔으나 마땅한 사람이 없었다. 서울아산병원에서 근무했던 김영환이 외과 의사 한 사람을 추천했다. 서울아산병원에 간담췌 외과 임상강사로 있는 남정수라고 했다. '간담췌 전공'이라는 말에 귀를 기울였다. 간담췌 외과는 외과 세부 분야 중에서도 어렵고 세밀한 수술이 많았으므로, 조금만 힘을 기울이면 외상외과로 전환하기가 좋았다.

남정수와 약속하고 아산병원에 도착한 시각은 밤 11시에 가까웠다. 남정수는 아직 수술 중이었다. 메시지를 남겨두고 병원 로비 밖으로 나와 담배를 한 대 피워 물었다. 비가 온 뒤라 초여름 밤공기가 축축했다. 검은 옷을 입은 몇 사람이 두리번거리다 장례식장 쪽으로 걸음을 옮겼다. 무리 중 한 여자가 소리 없이 울며 나를 지나쳤고, 그 옆의 사내가 여자를 부축하며 걸었다. 누군가는 수술을 받고 누군가는 수술을 하고, 누군가는 죽고 누군가는 사는 것은 어디든 마찬가지다.

수술이 끝난 남정수의 연락을 받고 그가 있는 곳으로 갔을 때, 수술복 차림에 머리가 떡이 된 채로 걸어오는 남자가 보였다. 남정수였다. 그는 큰 키에 마른 몸이었으나 골격이 단단해 보였고, 눈이 한없이 맑고 깊었다. 나는 그 자리에서 남정수에게 우리 팀에 들어와달라고 부탁했다. 그는 잔잔한 미소만 띠었다. 거듭된 제안에도 명확한 답을 듣지 못했다. 서울을 떠나 수원에 도착했을 때는 새벽 1시를 넘어가고 있었다.

남정수는 독실한 가톨릭 신자였고 수도자같이 살았다. 나는 그런 면에서 정경원을 뛰어넘는 사람을 볼 수 있으리라고 생각하지 못했다. 그런 내 눈앞에 거짓말처럼 나타난 사람이 남정수였다. 그는 정말 가진 것이 없어 보였다. 낡은 옷 몇 벌과 더 낡아빠진 운동화 한 켤레, 그리고 의학 교과서들이 전부였다. 정경원이 가진 가정생활도 없었으며 연인조차 없었다. 기도하고 공부하고 환자 진료하는 것을 삶의 전부로 삼았고 그 외에 다른 것은 하지 않는 것 같았다. 나는 남정수를 집요하게 쫓아다녔다. 그를 따라 성당도 가고 밥도 같이 먹었다. 그를 설득하려고 무진 애를 썼다. 한번은 미사가 끝나고 함께 김치찌개 백반을 먹으며 그에게 물었다.

― 남 선생님은 진정한 꿈이 뭡니까?

내 질문에 남정수는 수저를 내려놓고 쑥스러운 듯 웃었다. 그러고는 담담하게 말했다.

― 저는 제 의술이 하느님의 뜻과 부합해 가장 필요한 곳에서 유용하게 쓰이기를 바랍니다. 수도회에 들어가 수련받고 나중에는 내전 지역으로 갈 생각입니다.

외과 의사로 수련을 받을 만큼 받았고, 이제는 신에게 가까이 가는 수련까지 하여 사지로 나가겠다고 했다. 가톨릭 수사가 되어 험한 땅에서 신의 도구로 살겠다는 말이었다. 그가 실로 순교를 마음에 품고 있다고 생각했다. 그럴수록 나는 그를 설득하고 싶었다.

― 남 선생님이 하고자 하는 뜻은 여기에서도 펼칠 수 있습니다. 저희 팀에 와서 보시면 가진 것 없이 죽어나가는 사람들이 수없이 많습니다. 의료진도 헬리콥터 출동하다 죽을 수도 있으니 여

기도 사지라고 보시면 됩니다.

누군가 내 말을 들으면 실소할 것이다. 스스로도 내 말의 우스움을 잘 알았다. 그러나 그것이 사실이어서 씁쓸하고도 부끄러웠고, 부끄러웠으나 말할 수밖에 없었다. 가진 것 없는 사람들이 하루가 멀다 하고 찢겨나가 피를 쏟아내고 있었다. 의료진은 격무에 시달렸고 죽음을 무릅쓴 채 출동을 나가고 있으니, 나는 그가 가려는 사지와 내가 선 사지에 차이가 없다고 느꼈다. 외상센터에는 그와 같은 사람이 필요했다. 내 말에 흔들리는 남정수의 눈동자를 보았다. 그와 꼭 함께 일하고 싶었고 그럴 수 있을 것도 같았다. 시간이 날 때마다 그를 만나 설득해보려 했다. 그는 내 뜻을 정확히 알았고 우리의 일을 이해하기도 했으나 끝내 자신의 뜻을 돌리지는 않았다. 남정수는 예수회에 입회하여 수사가 되었으며 세속의 삶으로부터 선을 긋고 사라졌다. 나는 결국 그를 붙잡지 못했다.

그해 여름이 끝나기 전, 보건복지부는 제2차 권역별 중증외상센터 네 개소를 선정해 발표했다. 아주대학교병원, 울산대학교병원, 을지대학교병원, 전남대학교병원이었다. 팀원들은 기뻐하면서도 불안해했다. 그간의 경험으로 기대는 낮아지고 절망에 익숙해진 채 간신히 버티고 있는 상황이었으므로, 온전히 기쁠 수만은 없었다. 그래도 작년처럼 내쳐지는 것보다야 나았다. 그해 가을에 전담간호사 윤상미가 합류했다. 팀원들은 계속 아팠고 언제나처럼 환자들은 밀려들었다. 설상가상으로 중증외상센터 선정 이후 몰려오는 행정 업무까지 폭주하는 바람에 모두가 정신없는 나날을 보냈다.

아직 예수회에서 수련 중인 남정수는 그때 이래로 매년 성탄에 안부 인사를 전해왔다. 신의 뜻을 따라 산다는 것이 녹록지는 않겠지만 사진 속에서 그는 편안해 보였다. 다시 이 세계로 돌아오지 않을 것임을 알면서도 나는 여전히 그를 기다린다.

거인(巨人)

브라질 외과학회의 초청을 받았다. 그들은 내게 미국의 중증외상 의료 시스템을 배우고 돌아와서 어떤 방식으로 한국의 기존 의료 체계에 접목하고 발전시켜나가고 있는지를 말해달라고 했다. 나는 실상 '접목'도 '발전'도 온전히 이루고 있지 못하고 있었다.

사실 브라질 외과 의사들은 나 정도의 외과 의사를 초청할 필요가 없었다. 유럽에 기원을 둔 나라들이나 제2차 세계대전 이후 선진국들로부터 영향을 많이 받은 나라들은 국적을 뛰어넘어 의료진 간 교류를 지속적으로 해왔다. 그중 많은 수가 이미 성숙된 중증외상 의료 시스템을 가지고 있다. 미국에는 브라질 출신의 마이클 로톤도(Michael F. Rotondo) 교수를 포함해 세계적으로도 명성이 자자한 외상외과 교수들이 많았고, 그들은 미국에서 일하는 동시에 모국의 외상외과 수준을 발전시켜 나갔다. 그러므로 내 발표 따위는 별 의미가 없을 것이었다. 나는 이 초청이 라울 코임브라 교수의 추천 덕분일 거라고 생각했다. UC 샌디에이고 외상센터의 교수들은 그곳에서 수련한 의사들이 각자 자국으로 돌아가 중증외상 의료 체계를 만들어가는 과정을 지켜보며 자랑스러워했다.

학회에는 UC 샌디에이고 외상센터의 데이비드 호이트, 라울 코임브라, 브루스 포텐자 교수도 와 있었다. 오랜만에 보는 얼굴들이 반가웠다. 2003년 이후 세 사람이 함께 걸어가는 모습을 10년 만에 다시 보았다. 세 사람은 모두 키가 185센티미터가 넘는 거구다. 보폭이 커서 같이 걸으면 성큼성큼 앞으로 치고 나갔다. 거대한 코끼리들이 앞으로 나아가는 것 같았다. 전 세계적으로 적용되는 중증외상 환자 치료의 표준 교과서를 집필했던 그들은 체구만큼이나 중증외상 분야의 거목들이었다.

외상외과 분야에서 세계적으로 유명한 케네스 매톡스(Kenneth L. Mattox) 교수 같은 명의들도 와 있었다. 대부분 체구가 컸다. 나는 그들이 천천히 걸어가며 특유의 중저음으로 심도 있게 토론하는 것을 따라다니며 들었다. 거인들의 대화였다. 그 거인들에 의해 이 분야는 발전해왔고, 그들에 의해 많은 사람들이 목숨을 건지고 있다. 그러나 사람들은 그들의 존재 자체를 잘 모르고, 거인들 또한 사람들의 관심에 마음을 두지 않았다.

일본의 마시코 구니히로 교수나 그 제자인 마츠모토 히사시(松本尚) 교수도 나와 같은 과정을 겪었다. 마시코 교수는 10여 년 전에, 마츠모토 교수는 내가 런던에 도착하기 바로 두 달 전까지 로열런던병원 외상센터에서 배우고 돌아갔다. 일본인들은 상대의 좋은 점을 배우는 데 주저함이 없었다. 일단 배우기로 마음먹으면 원형을 유지하며 성실하게, 모든 것을 복사하듯이 체득해간다. 마시코 교수가 이끄는 지바호쿠소병원 외상센터를 방문했을 때 나는 그 점을 다시 확인했다.

지바호쿠소병원 외상센터는 영국과 미국의 외상센터에 근간을 두고, 그 위에 일본의 장인 정신에 가까운 확실한 수술 술기를 접목해가고 있었다. 그곳에서 본 마츠모토 교수의 수술은 몹시 빠르고 화려했다. 수술의 속도와 손놀림은 아주대학교병원 외과에서 가장 빠른 서광욱 교수를 능가했고, 술기에 조금의 어긋남이나 흔들림이 없었다. 사무라이의 화려한 칼춤을 보는 것 같았다. 그의 칼날이 환자의 환부 위로 어지럽게 돌아다녔으나 그 움직임은 아름답기까지 했다. 자그마한 응급의료 헬리콥터 안에서 그의 제자들도 자유자재로 환자를 수술했다. 그때 나는 한·일 간의 엄청난 격차를 절감했다. 지바호쿠소병원 외상센터에서 본 그들은 작은 체구를 지닌 또 다른 거인들이었다. 나는 눈앞의 작은 거인들 앞에서 한없이 작아졌다.

그해 가을, 로열런던병원 외상센터의 카림 브로히(Karim Brohi) 교수를 학회에 초청했다. 여전히 수려한 외모에 세월이 느껴졌다. 세월은 빨리 흘러가고 있었다.

끝없는 희생

병원 홍보팀에서 TV 프로그램 출연을 권했다. 비공식적으로 사직을 강요당하며 내몰릴 때는 병원 홈페이지 진료 스케줄에서 내 이름을 지웠던 사람들이 팬한 권유를 했다. 내 이름을 스케줄에서 삭제한 이유를 홍보팀 관계자에게 물었을 때 그들은 어떤 것도 말해주지 않았다. 담당자는 위에서 내려오는 지시를 따랐을 뿐이니 그들에게도 답이 있지 않았다. 언제나 그렇듯 나의 말은 허공에서 산산이 부서졌다.

수술방과 중환자실 사이를 지나는 중에 호흡기내과 정우영 교수에게서 전화가 걸려왔다. 내 숨소리가 가쁘게 느껴졌는지 정우영이 조심스럽게 물었다.

— 지금 혹시 많이 바쁘신가요? 잠시 통화 가능하십니까?

정우영은 평소에도 중증외상 환자들의 진료 협진을 정성스럽게 보아주었고, 나는 늘 그에게 감사했다. 통화 가능하다는 나의 답에 정우영이 어렵게 말을 이었다.

— 교수님 파트 전담간호사들 중에 송미경이라고 있죠?

송미경은 2012년 봄에 김주량, 전은혜와 함께 우리 팀에 들어와 온갖 궂은일을 묵묵히 해내는 팀의 중추였다. 정우영의 목소리가 심상치 않았다.

— 예. 무슨 일이 있습니까?

정우영은 차분하지만 명확하게 말을 이어갔다. 송미경이 누구에게도 알리지 않고 자신을 찾아와 진료를 받았고, 그 결과 송미경의 몸은 현재 일을 할 수 있는 상태가 아니어서 당분간 쉴 것을 강권하였다고 했다. 하지만 송미경은 약만 지어달라고 해, 정우영이 내게 상황을 전하게 된 것이다. 정우영이 송미경의 말을 전했다.

— 송미경 선생이 지금 외상외과에 일할 사람이 너무 없어서 본인까지 빠지면 파트 유지가 되지 않을 거라고 했습니다. 약만 지어주면 버텨보겠다고, 주사도 본인이 놓겠다고 했고요. 그리고…… 자기가 아프다는 걸 알리지 말아달라고 부탁했습니다. 팀원들이 지금은 조금 더 버텨야 한다면서요.

나는 그 자리에서 멈춰 섰다. 바닥이 울렁거려 더는 걸을 수 없었다. 가슴에 바윗덩이가 내려앉는 듯했다. 그대로 복도 벽에 기대어 서서 계속되는 정우영의 말을 묵묵히 들었다.

― 교수님, 제 소견으로는 송미경 선생, 이미 열까지 오르고 있어서 이 상태로 업무에 투입되다가는 정말 위험합니다. 당장 충분히 쉬면서 약물 치료를 엄격하게 시행해야 하고요.

나는 정우영에게 알려줘서 정말 감사하다고 하고 전화를 끊었다. 그러고도 한참을 복도에 서 있었다. 내 앞을 지나가는 사람들이 초점 없이 흐리게 보였다. 숨길이 조여오는 것만 같았다. 뒤로 돌아서서 벽을 바라본 채로 숨을 골랐다.

간신히 정신을 챙겨 사무실에 도착해 김지영을 불렀다. 송미경을 병가 처리하게 조치했고, 그의 집으로 전화를 걸었다. 송미경의 모친이 전화를 받아 한참을 통화했다. 죄송하다는 말 외에 할 수 있는 말이 없었다. 그 모친이 도리어 나를 위로할 때 나는 도무지 입을 열지 못했다.

얼마 뒤 김지영이 나를 찾았다.

― 효주가 입원했어요.

― 왜?

내 물음에 김지영이 말을 이었다.

― 다리에 생긴 봉와직염*이 허벅지까지 타고 올라갔어요. 걷

---

* 모세 혈관과 신경이 있는 진피와 피하 조직에 나타나는 급성 화농성 염증. 주로 다리에 잘 발생하며 열과 통증을 동반한다. 림프관을 따라 염증이 퍼지면 염증 부위가 부어오르며 상태가 심하면 괴사성 근막염으로 발전할 위험이 있다.

지도 못하고 열이 펄펄 끓어요.

나는 전날 회진을 돌 때 김효주가 다리를 절던 모습을 떠올렸다. 내가 괜찮은지 물었을 때 김효주는 다리를 살짝 삐었다고만 하고 입을 닫았다.

― 약간 삔 거라며.

― 아니에요.

나는 더 묻지 않고 김지영을 내보냈다. 병동으로 올라가 입원한 김효주를 보았다. 이불 밖으로 나와 있는 다리는 사람의 다리가 아닌 듯했다. 코끼리 다리처럼 부풀어 올랐고 시뻘건 불기둥처럼 열이 끓고 있었다. 나는 김효주의 다리를 한참 보았다. 염증이 허벅지를 넘어 체간부를 향하고 있었다. 더 퍼지면 위험할 수 있다. 김효주에게 투입되고 있는 약들이 이 상황을 꺾어낼 수 있을지 불안했으나, 해줄 수 있는 말이 없어서 입을 열지 못했다. 쉬라는 말만 던져놓고 병실 밖으로 나와 그대로 복도 벽에 기대어 쪼그려 앉았다.

전은혜가 많이 아파 쓰러졌고, 윤상미도 수술을 받고 입원했다. 윤상미는 수술을 마친 후에도 많이 아파서 병가를 연장시켜 쉬게 했다. 그 공백을 다른 전담간호사와 응급구조사들이 돌아가며 초과근무를 해서 메웠다. 보충 인원은 없이 핵심 전력들이 계속 쓰러져나갔다. 병원 윗선에서는 내가 일을 과하게 시킨 탓이라고 질책했다. 내가 일반적인 외과의 정규 수술 분야를 맡고 있다면 문제가 없다. 외래 진료를 중심으로 하고 수술 예약 환자의 수를 조절하면 되는 일이고, 가끔 오는 응급실 당직만 때우면 그만이다. 심지어 내 나이는 이미 응급실 진료에서 멀어지는 나이였다. 그러나 나는 외상외과 의사였다. 사고의 발생 빈도를 줄이거나 사고가 발생하지 않게 하거나 중증외상 환자의 수를 적정한 선으로 유지하는 일은 할 수 없다. 나는 사고 후에 벌어지는 일들을 받아낼 뿐이다.

방법은 둘 중 하나다. 병원 차원에서 외상센터와 외상외과를 해체하여 중증외상 환자들의 호송과 전원을 받지 않든가, 아니면 뼈와 살을 쪼개고 피가 마르는 한이 있어도 이 일을 유지해나가는 것. 내가 생각할 수 있는 또 하나의 선택은 나의 사직이었다. 생각할수록 머릿속 실타래는 이쪽과 저쪽으로 엉켜들어가며 방향을 잃고 표류했다.

헬리콥터를 타고 출동했던 전담간호사 김지민이 손가락이 으스러져 돌아왔다. 김지영이 내게 엑스레이 사진을 보여주며 말했다.

— 여기 좀 보세요. 완전히 부러졌어요.

나는 김지민의 부러진 손가락과 나의 목이 날아갈 시점을 번갈아 생각했다. 김지영은 김지민의 부상에 대한 상황 파악과 처리 방향을 이미 염두에 두고 있었다.

— 일단 알아보겠지만, 부러진 손가락이 전부터 좋지 않아서 조심하라는 얘기를 듣고 있었대요. 병원 측에서 공상(公傷) 처리를

해줄지 모르겠어요.

그 말을 들으며, 일년 전 출동 당시 부러져나갔던 내 어깨와 아무런 답이 없던 보험사를 생각했다. 그럼에도 병원에서 공가(公暇) 처리라도 해주었으면 좋겠다고 김지영에게 말했다. 김지영은 간호팀장과 상의하겠다며 총총히 자리를 떠났다.

병원 측의 배려를 기대하진 않았다. 우리가 하는 일의 대부분은 병원의 지시가 아니었다. 많은 병원 관계자들 눈에 외상외과란 쓰레기 폐기장 같은 혐오시설인 듯싶었다. 이제는 국가 지정의 중증외상센터를 병원에 끌고 들어오는 구심점까지 됐으니 병원 내부의 반감은 더욱 컸다. 나는 아주대학교병원조차 이렇게 싫어하는 중증외상센터를 다른 병원들이 어떤 사명감을 가지고 정관계와 학계, 언론계까지 총동원하여 유치하려고 경쟁하는지 이해할 수 없었다. 그 모습을 볼 때마다 속에서 한마디가 울컥 솟구쳤다.

적자라며…….

수익구조를 찾아 달리는 의료계에서 정의의 사도인 척 달려드는 많은 병원들에 그 한마디를 뇌까리고 싶었다. 나는 내게 날아오는 것이 돌이든 화살이든 상관하지 않았다. 그것은 이제 두렵지 않았으나 단지 지겨웠다. 두려운 것은 단 하나였다. 팀원들이 아파 쓰러지고 다치는 것이야말로 정말 큰 공포였다.

8월 말에 김지영마저 쓰러졌다. 통상적으로 간호사의 한 달 평균 근무시간은 200여 시간이었으나 김지영은 그 곱절에 달하는

380시간을 근무하곤 했고, 진통제를 달고 살면서도 앞장서서 고난이도 항공 출동에 따라나섰다. 그는 똑바로 걷지 못할 만큼 몸 상태가 좋지 못했다. 그동안 쌓인 문제들이 한꺼번에 터져 나온 것 같았다. 그의 이탈이 팀에 미치는 영향은 컸다. 그만큼 김지영이 맡고 있는 영역이 넓었다. 모두가 그의 몸 상태에 긴장했다. 2010년 가을에 팀에 합류하여 일해온 송서영은 김지영의 옆을 지키며 울었고, 다른 간호사들도 소식을 듣고 깊이 걱정했다. 밤새 검사를 받고도 김지영은 병원에 그 꼴로 누워 있는 게 싫다며 일어나 퇴원했다.

김지영의 병명은 무리한 항공 출동을 계속해온 것과 밀접한 연관이 있었다. 김지영의 회전익 기체 비행시간은 이미 웬만한 위관급 장교 못지않았다. 더 이상의 비행은 불가능했다. 그 시기에 중앙정부 차원에서 외상센터 사업의 관리를 담당할 사람들의 교육이 필요하다고 했다. 보건복지부 과장 현수엽과 중앙응급의료센터장인 윤한덕이 김지영의 중앙응급의료센터 파견을 요청해왔다. 김지영을 비행시키지 않으려고 애썼지만, '죽기 직전'까지 업무를 붙들고 있는 김지영은 어려움을 참으며 각종 임상 및 행정 문제들과 씨름했다. 주치의였던 신경과 문소영 교수가 쉬어야 차도가 있을 거라고 말렸으나 김지영은 듣지 않았다. 복도를 걷다가 자주 옆으로 쓰러졌고, 그런 김지영을 볼 때마다 나는 가슴이 아팠다.

중증외상 환자의 치료에는 손이 정말 많이 필요하다. 일반적인 중환자에 비해 관리해야 하는 장비와 약재의 수가 절대적으로 많고 환자 상태는 끊임없이 흔들리므로, 간호사들은 중증외상 환자 담당을 힘겨워했다. 한국의 대학병원은 겉만 화려한 한국 사회의 축소판이다. 돈이 연관된, 돈이 벌리는 부분은 초고속으로 발전하지만 그렇지 않으면 발전은커녕 바닥 없이 퇴보한다. 한국 대학병원들의 고용인원은 선진국인 미국이나 일본의 절반에도 미치지 못했고, 웬만한 동남아시아 국가의 병원들에 비해서도 중환자실 간호사 대 환자 비율이 엉망이었다.

대한민국에서 1등급 간호등급을 가지고 있는 초대형 대학병원들조차 중환자실의 간호사 한 명이 중환자 두 명 이상을 담당해야 하는 현실인데, 간호등급이 2~3등급이거나 거기에도 미치지 못하는 병원들이 중증외상센터 유치에 적극적으로 나서는 모습은 기이했다. 간호사 대 환자의 비율이 1대 2가 되어 간호 1등급이 되어도 힘들어 사직자가 끊이지 않는 판국에 도대체 어떻게 중증외상 환자 치료를 하는 것인가……. 정부는 이렇게 적은 수의 간호사를 고용해야 병원들이 견딜 만큼 의료 현실이 엉망이라는 사실을 들여다보지 않았고, 나는 이 문제가 절대로 개선이 불가능할 것이라고 생각했다.

팀원들 모두가 자주 아팠고, 아픈 것이 기본이 되어 아픔을 일상으로 여기는 지경에까지 이르렀다. 아플 때에 아프다고 알리는 일조차 없었다. 어딘가 부러지고 쓰러질 때가 되어서야 보고가 되었다. 그것이 마치 이곳에서의 생존법칙인 것만 같았다. 무엇을 위해 이렇게 하느냐는 질문에 나는 원론적으로는 '사람을 살리기 위해서'라고 말하고는 있으나, 사실 왜 지속하고 있는지 알 수 없게 된 지가 오래다. 좋은 사람들과 일할 수 있다는 것 하나만이 유일한 장점이었으나, 그것을 위한 대가는 너무 컸다. 쉴 새 없이 고꾸라져 나가는 팀원들을 볼 때마다 억장이 무너져 내렸다.

 김지민은 결국 공상 처리를 받지 못했다. 자비를 들여 수술 받고 쉬었다. 자신이 부주의해서 손가락을 다쳤고, 이 일로 심려를 끼쳐 죄송하다고 반복해서 내게 말했다. 김지민의 말이 진심이라는 것을 잘 알고 있으나 아무런 도움도 주지 못하는 나는 괴로웠다.

신환자(新患者)

외상외과의 신환자는 대개 사선에서 헤매고 있는 이들이고, 이들은 의식이 불분명한 채로 외상외과 의사들에게 떠밀려 와 맡겨진다. 환자가 회복해서 퇴원하고 난 후에야 '외래 진료'로 얼굴을 마주하게 되므로, 외상외과 의사와 환자 사이에 '의지'와 '선택'은 낯선 단어다. 그러므로 외상외과에 외래 진료로 찾아온 신환자는 흔치 않은 경우였다. 진료실 문이 열리고 신환자가 들어올 때, 그는 한쪽 다리를 절룩거렸다.

예비역 해병 대원이라고 했다. 2년 전 해병대 작전 중 하지에 관통손상을 당했고, 몇몇 병원들을 거쳤으며, 최종 수술은 국내에서 제일 큰 대학병원에서 받았다고 했다. 시진해보건대, 눈앞의 다리는 심하게 구축(拘縮)된 채로 굳은 것 같았다. 내게 올 환자가 아니었다. 2년 전의 부상이므로 이제는 정형외과로 가는 게 맞았다. 무엇보다 이미 아주대학교병원보다 훨씬 크고 유명한 병원에서 수술을 받았으므로 나는 우리 병원에서 할 일은 없다고 생각했다. 나는 그에게 다시 그 큰 병원으로 가보라고 말해주려다 물었다. 나를 찾아온 이유가 궁금했다.

― 왜 저를 찾아오셨어요? 수술 받았던 그 병원은 국내 최고 병원입니다. 저희가 더 잘하기는 쉽지 않을 겁니다.

나는 솔직히 그렇게 생각했다. 환자의 답도 짐작해보았다. 나를 총상 전문가로 아는 이들이 있었으므로 이 예비역 해병도 그중 하나일 거라고 짐작했다. 환자는 떨리는 목소리로 답했다.

― 교수님이 해군 출신이라고 들었습니다. 아주대학교병원이 해군과 해병대 의료 지원 기관이라고도 들었고요. 그래서 찾아왔습니다.

예상 밖이었다. 마주한 얼굴에 절박한 희망이 비쳤다. 나는 예비역 해병의 꺾이지 않는 다리를 한참이나 쳐다보았다. 이미 굳어서 구부러지지 않는 뼈를 다시 구부리는 것은 내 영역 밖의 일이다. 하지만 정형외과 조재호 교수라면 최선을 다해 환자를 보아줄 것이다.

내 연락에 조재호가 거친 숨을 내쉬며 진료실로 들어왔다. 그는 오자마자 환자의 다리를 살피고 검사 소견서를 한참 들여다본 후 이학적 검사를 시작했다. 거의 꺾이지 않는 환자의 무릎을 끌어안고 다리의 최대 굴절각도와 신전(伸展)각도를 정밀하게 측정했다. 조재호의 이마에 땀방울이 맺혔다. 환자는 긴장한 얼굴로 조재호에게 다리를 맡겼다. 나는 두 사람을 옆에서 말없이 지켜보았다. 한참이 지나 조재호는 환자에게 상세히 설명했다.

— 이런 상황은 완전히 고치기는 쉽지 않습니다. 그러나 믿어주신다면 제가 분명히 드릴 수 있는 말씀은…….

조재호가 잠시 눈을 감았다 떴다. 불과 2~3초였으나 그 사이에 환자에게 해야 할 말들을 정리했을 것이다.

— 최소한 지금보다 10도 이상은 더 구부러지게 할 수 있습니다. 단, 환자분께서도 노력을 많이 해주셔야 합니다.

조재호는 말에 헛된 희망을 담지 않는다. 가능한 정도를 명확히 했다. 눈물을 멈추지 못하는 해병대원을 조재호가 가볍게 안았다. 그리고는 입고 있던 가운을 들춰보였다.

— 해병대원이죠? 저는 공수부대원입니다만, 전에 한 해병대원을 치료해줬을 때 이걸 받았습니다.

조재호의 바지춤에서 해병대 벨트 버클이 빛나고 있었다. 몇 년 전 백령도에서 다 부서진 해병대원을 데려왔을 때 조재호는 나와 함께 수술하고, 치료를 맡았다. 그 해병대원은 건강을 회복해 해군병원으로 복귀했다. 이호연 해병대사령관은 감사 인사를 벨트 버클에 담아 전해왔다. 나는 조재호가 그 벨트를 실제 착용하고 있음을 그날 처음 알았다. 조재호는 눈물을 쏟는 해병대원의 등을 다독이며 웃었다.

— 그러니까 말이죠. 나도 해병이라고요. 힘내세요.

조재호가 환자를 데리고 진료실 밖으로 나가며 가볍게 눈인사를 했다. 그에게 또다시 짐을 안긴 셈이었으나 조재호는 기꺼이 그 어려움을 받아 안았다.

조재호는 환자에게 한 약속을 지켰다. 모든 치료가 끝났을 때, '최소한'의 10도를 훌쩍 넘어 크게 호전되어 있었다. 환자는 예상보다 훨씬 나아진 제 다리에 기뻐했다. 취미가 금속공예라던 그는 솜씨를 발휘해 조재호와 내게 큰 모형 장검을 남기고 떠났다. 칼은 이순신 제독의 장검을 본땄다고 했다. 해군과 해병대원들 사이에서는 익숙한 '이순신의 검'이었다. 조재호는 자신의 연구실 책장 위에 검을 올려두었다. 환자의 정성을 소중히 여기는 조재호가 고마웠다. 나는 정작 한 일 없이 받은 환도를 보며 부끄러워졌다. 검을 다시 케이스에 넣어 책상 한쪽에 보관해뒀다. 좁은 사무실에 꺼내 올려두기에는 검의 크기도, 내 부끄러움의 크기도 컸다.

밥벌이의 이유

— 밥 벌어먹고 살게 되었으면 돈 욕심은 더 내지 마라.

어머니는 의사가 된 내게 자주 말씀하셨다. 밥이라고 해서 다 같은 밥은 아닐 것이므로, 어리석은 나는 밥을 벌어먹고 사는 것과 욕심내어 더 벌어먹으려는 것의 경계를 알기 어려웠다. 나는 어머니에게 물었다.

— 얼마만큼이면 충분합니까?

— 시장기를 스스로 없앨 정도면 된다.

어머니의 답은 어머니처럼 곧았다. 살아오면서 나는 있어야 할 것 이상을 바라지 않았고, 분수에 넘치는 끼니를 원한 적이 없다. 빈 그릇에 채워지는 것을 채워지는 대로 먹었다. 그리 특별하지 않은 밥을 벌어먹는 것만으로도 허덕였다. 어쩌면 나의 허기는 밥으로부터 온 것이 아니어서 아무리 끼니를 채워도 가시지 않는지도 몰랐다.

 김성동 검사가 아덴만 여명 작전 당시의 소말리아 해적들을 기소했던 노선균, 유병국, 최재만, 한용희 검사와의 연말 모임에 나를 초대했다. 허정훈 검사는 속초 지원 판사가 되어 오지 못했다. 해가 바뀌었어도 그들에게는 아덴만 여명 작전의 의미가 컸다. 약속 당일에 응급수술이 있어 출발이 늦었다. 근무복 위에 대충 코트만 걸치고 급히 나섰으나 차가 많이 막혔다. 약속보다 1시간 늦게 도착했다. 이미 모두 식사 중이었다. 나는 뒤늦게 들어서서 인사와 안부를 나눴다. 얼마 전 해군에서 전역한 유병국은 나보다 더 늦었다.

 최재만 검사는 의사가 발급하는 '진단서'에 대해 말했다. 아주대학교병원과 가까운 수원지검에 근무 중이어서 내가 발급하는 진단서를 여러 번 접했다고 했다. 의사가 쓴 진단서의 내용과 치료 결과에 따라 가해자의 죄목과 구형이 달라진다는 점을 짚었다. 의사로서 내가 말할 수 있는 것은 사실에 준한 칼의 궤적과 자상의 깊이였고, 할 수 있는 것은 가능한 한 피해자를 살려내는 일뿐이다. 그러나 검사는 그것으로 가해자의 살해 목적 여부를 판단하고, 피해자의 생사 여부를 살핀다. 가해자에게 상해나 살인의 의도가 있을 때 경우의 수는 여럿이다. 피해자가 죽으면 가해자는 '살인'

의 죄목을 피할 길이 없으나 칼에 맞은 자가 죽지 않으면 그때부터 다른 문이 열린다. 피해자가 살았으므로 가해자는 살인자라는 굴레를 벗을 수 있으며, 죗값을 치른 뒤 사회에 복귀할 수 있는 최소한의 가능성을 얻는다. 나로 인해 피해자가 살아나면 가해자와 피해자 모두가 새 삶에 대한 단초를 얻는 셈이다. 이 일을 두고 검사들은 각자 자신들의 경험을 말하며 최재만의 말에 동의했다. 나는 그 자리에서 내 업의 '사법적 의미'를 생각했다.

식사를 마치고 헤어질 때 노선균 검사가 두르고 있던 회색 목도리를 풀어 내 목에 감아주었다. 근무복 위에 코트만 걸친 내 모습이 추워 보인다고 했다. 만류했지만 그는 한사코 목에 목도리를 감아주고는 택시를 타고 사라졌다.

검사들은 때로 법복을 벗고 나와 로펌에 들어갔고, 로펌에서 변호사가 되어 위치를 바꿔 다시 법정에 섰다. 한용희 검사가 그들 중 한 명이 되었다는 소식을 들었다. 그는 말수가 적고 점잖은 사람이며 여러 문제에 항상 정확하고 논리적인 답안을 제시했다. 나는 그에게 따로 연락해 의료진을 위한 특강을 부탁했다. 사람을 살리고 치료하는 일에 대한 법의 경계가 애매모호하여 곤란한 일들을 자주 겪는 의료진에게 도움이 될 수 있을 것 같았다. 중증외상 환자가 갑자기 들이닥칠 때 대부분 보호자는 없고, 의료진은 긴박한 상황에 환자의 신원조차 파악하지 못한 채 '무명남(녀)'라는 코드네임만 적어 수술방으로 올린다. 소방대원이나 경찰에게 사인을 부탁하기도 한다. 환자를 살리기 위한 의료진의 '어쩔 수 없는' 선택은 나중에 나타난 보호자들의 이의 제기로 문제가 되곤 했다. 종교적인 문제로 수술이나 치료를 거부하는 경우도 있었다. 나는 변호사가 된 한용희에게 수술 전 고지 의무를 지키지 못한 경우와 다양한 이유로 환자 치료를 거부하는 보호자들과의 갈등에 대해, 법리적 측면에서 살펴보고 강의해달라고 청했다.

특강을 위해 병원으로 온 한용희의 목소리는 밝았다. 그는 준비를 많이 해왔고 구체적인 예를 통해 상세하게 설명하는 강의는 정성스러웠다. 의료진은 기막힌 경험들이 많았으므로 묻고 싶은 것도 많았다. 환자가 종교적 신념 때문에 극심한 출혈에도 수혈을 거부하면 의료진은 어떻게 해야 하는지, 세속과 연을 끊은 스님을 보호자 없이 수술할 수 있는지에 대한 질문도 있었다. 한용희는 환자의 신앙적 양심은 존중하되 의료 현장에서의 의학적 판단을 우선시하라고 일러주었다. 그의 답은 막힘없었고 명확했으며 이해하기가 쉬워 모두가 좋아했다. 기대했던 대로 한용희는 우리에게 선명한 방향성을 제시해주었다. 법에는 감정이 없으나 법을 해석하고 집행하는 사법부 사람들은 생각보다 따뜻하다고 말하고 싶은 듯도 했다. 그의 강의를 지켜보며 교수를 했어도 어느 교수보다 잘했겠다는 생각을 했다. 의료진과의 질의응답이 길어져 강의는 예정보다 2시간 가까이를 훌쩍 넘겨 끝났다.

최재만이 중앙지검에 차출되어 수원을 떠났다. 떠나기 전 식사라도 하자고 했는데, 둘 다 시간을 내지 못해 결국 병원 구내식당에서 보기로 했다. 약속한 날 그는 후배 검사를 데리고 지검에서 병원까지 걸어서 왔다. 후배 검사는 여자였고 최재만은 병원의 미혼인 의사를 소개시켜달라고 진지하게 부탁했다. 후배 검사가 얼굴이 빨개졌다. 나는 그 모습을 보며 오래전 칼에 찔려 실려 왔던 폭력 조직원 환자와 그 일로 나를 찾아왔던 강력부 여성 검사를 떠올렸다. 그때 검사는 사시미 칼이 환자의 몸을 썰고 지나간 칼의 궤적과 각도와 특성을 묻고 또 물었다. 병원 복도를 울리던 그 검사의 구두 굽 소리가 다시 귓가를 스치고 갔다. 눈앞의 후배 검사는 청소년부에서 근무한다고 했다. 최재만이나 그 후배나 순해 보였다. 검사들이 원래 이런 것인지 아니면 김성동 검사가 그런 사람들만 차출해서 일했던 것인지 알 수 없으나, 나는 여전히 학생 같은 해적 검사단 검사들이 신기해 보였다.

　구내식당에서 간단히 식사를 마치고 외상센터 소속의 정형외과 교수 연구실로 둘을 데리고 올라갔다. 미혼인 그에게 최재만의 후배 검사를 소개했다. 연구실에서 먹고 자면서 일하는 그의 참상을 보면서도 후배 검사는 그저 재미있어 하는 것 같았다. 둘이 나중에 몇 번 더 만났다고는 했으나 진전은 없었고, 정형외과 교수는 국경 없는 의사회에 합류해 시리아 내전 지역으로 떠났다.

　검사들은 인사이동이 잦았다. 수원지검에 배치되었다가 떠나는 기간이 불과 수개월에 지나지 않았다. 그사이 얼굴 한번 보기도 어려웠다. 해적 검사단 시절 현역 해군법무관이었던 유병국 검사가 수원지검에 파견되어 있던 짧은 기간에도 간신히 병원 구내식당에서 그를 만났다. 우리는 해군에서 군 복무하던 때를 이야기하며 밥을 먹었다. 남자들이 모이면 흔히 군 시절을 말했고, 나는 직위나 나이에 관계없이 해군 출신들을 만나는 것이 편했다. 하지만 유병국은 수원지검에서 금방 떠났고 그 이후에 해적 검사단 중에서 수원지검에 배치되는 사람은 없었다.

나는 해적 검사단의 검사들을 만날 때면 내 팀원들을 생각했다. 김성동이 꾸린 팀에 한용희와 최재만, 노선균, 허정훈, 유병국이 있었고, 팀은 아덴만 여명 작전이 끝난 뒤에는 제각기 새 임무를 받고 해체됐다. 외상센터의 경우도 정경원과 권준식을 필두로 김지영과 전담간호사들 모두가 내가 꾸린 사람들이다. 팀이란 영원할 수 없는 법이다. 내 몫이 어디까지인지 나조차도 모르지만 내가 더 나아가지 못하게 될 때가 오면 정경원이, 권준식이, 김지영이, 그다음의 누군가가 또다시 이어나갈 것이므로 아직은 조금 더 버텨야 한다고 생각했다. 내 밥벌이의 이유는 늘 헐거웠으나 그것만큼은 중요했다.

생과 사

원주 인근의 사고 현장에서 앰뷸런스가 환자를 싣고 원주공항으로 오기로 했다. 다친 사람은 노인이었다. 기상은 좋지 않았다. 거꾸로 돌아서는 구름이 바람에 쓸려 원주 쪽으로 몰려왔다. 우리는 원주공항 격납고 쪽으로 헬기를 물리고 상황을 점검했다. 공항은 비바람에 젖어 서늘했다. 하늘을 봐서는 나아질 듯 보이지 않았다. 노인 환자를 실은 앰뷸런스가 도착했으나 돌아갈 항로는 확보되지 않았다. 우리는 육상으로 이동하기로 했다. 황병훈 기장에게 인사하고 앰뷸런스에 올랐다. 환자의 기도를 확보한 후 중심정맥관을 잡았다. 구급차는 영동고속도로 위에 올라탔으나, 용인부터는 차들로 가득해 앞으로 나아가기 힘들었다. 앰뷸런스는 경광등을 켜고 사이렌을 울리며 차들을 헤치고 서진했다. 하늘이 개고 있었다. 떠나온 원주 쪽 하늘이 붉었다. 놀이 지는 차창으로 날아가는 새들이 보였다. 환자는 아직 살아 있었다.

여섯 살 여자아이가 심한 복통으로 응급실에 실려 왔다. 아이의 옷은 더러웠고 체구는 심하게 작았다. 머리는 군데군데 뽑혀 있고 온몸에 각기 다른 색 멍이 들어 있었다. 나는 아이를 데려온 여자에게 물었다.

— 보호자가 누구시죠?

여자는 자신이 친척이라며 아이 엄마가 아이의 배를 밟았다고만 했다. 부모는 어디에 있는지, 애가 어디에서 실려 오게 된 것인지 빠르게 물었으나 답은 돌아오지 않았다. 복부 CT상으로는 완전히 부서진 췌장과 그 주위로 가득 찬 핏물만이 보였다. 갈라진 췌장의 덩어리가 상어의 아가리처럼 입을 벌리고 있었고, 혈액검사 수치들은 당장 수술을 진행하지 않으면 아이가 곧 죽을 것임을 알려주었다. 채윤정이 5번 수술방에서 아이와 나를 받아주었다. 아이를 그대로 수술대 위에 올리고 몸을 열고 들어갔다. 어린애의 조각난 췌장 조직을 남길 수 있는 췌두부 쪽을 최대한 확보하면서 그대로 비장과 함께 절제해냈다. 아이는 극적으로 생명을 건졌다. 제1형 당뇨가 오지 않은 것만도 다행으로 여겼다.

차에 받힌 어린아이가 내장이 파열되고 머리가 부서졌다. 아이는 이송 중에 거의 숨이 끊어진 채로 왔다. 마취과 민상기 교수에게 부탁해서 수술방을 열었으나, 아이는 많이 어렸고 사고는 너무 컸다. 아이의 장기는 으스러져 흘러내렸으며 부서진 뼈들은 제자리를 찾지 못했다. 찢겨나간 여린 살은 빠르게 온기를 잃었다. 가망 없는 수술을 마치고 환아를 중환자실로 옮겼으나 아이는 몇 분도 채 버티지 못했다.

중환자실 앞에서 나를 기다리고 있던 보호자는 두 노인이었다. 깊이 팬 주름으로 가득한 눈이 말없이 나를 보았다. 검버섯이 핀 얼굴에 불안과 희망이 교차하며 흘렀다. 부모가 버리고 간 아이는 두 노인의 손에서 자랐다고 했다. 환아가 세상을 떠난 사실을 말했을 때 두 노인은 대답하지 않고 울었다. 울음이 너무도 슬프고 깊었다. 그 슬픔의 깊이를 상상조차 할 수 없었다.

중환자실에서는 간호사들이 커튼 안쪽에서 더는 쓸모가 없어진 인공생명유지장치들의 각종 도관들을 아이에게서 뽑아내고 있었다. 나는 죽은 아이의 곁으로 다가갔다. 아이는 어린이라기보다 '애기'에 더 가까웠다. 몸은 몹시 작았고, 힘을 잃고 말라 터진 손등은 핏자국으로 발갰다. 핏물에 젖어 헝클어진 머리칼이 아이 얼굴에 엉겨붙어 있었다. 얼굴에서 핏덩이가 된 머리칼을 떼어낼 때, 피부에 닿은 손가락 끝으로 냉기가 신경망을 타고 올라 들어왔다. 죽음의 기운이었다. 비루한 내 인생은 숨 쉬고 있고 봄 같은 아이는 죽었구나······. 열려 있는 아이의 눈동자는 맑았다. 생명이 떠난 후에도 눈빛이 마치 호수처럼 맑아서 나는 시선을 오래 두지 못했다. 옆에 있던 간호사에게 눈을 감겨달라고 부탁했다. 간호사가 아이의 눈을 덮었으나 아이의 열린 눈동자는 내 눈에 선명하게 남았다. 커튼 밖으로 나와 중환자실 복판에 서서 천천히 둘러보았다. 사방이 생사를 오가는 침상으로 가득했다. 그 발치마다 도사린 사신들이 환자들을 응시하고 있었다. 내 주변이 온통 죽음으로 둘러싸여 있는 것만 같았다. 중환자실 밖에서 죽은 아이의 조부모가 토해내는 울음은 쉬 멈추지 않았다. 나는 밖으로 나가지 못한 채 그 자리에 못 박힌 듯 서 있었다. 자꾸 목이 말라 냉수를 끝없이 들이붓고 싶었다.

2013, 기록들

‥ 밤에 잠을 자지 못하고 피곤에 전 채로 환자의 피를 뒤집어쓰며 수술을 하고 있노라면 이승과 저승의 경계가 사라진다. 내 몸을 깎아 사신을 막아내는 바리케이트로 쓰고 있다는 느낌이 엄습했다. 그것은 언제나 나와 대치 중이었다. 정경원을 비롯한 팀원들, 마취과 의사들, 간호사들이 그 싸움에서 시간을 벌고 있는 것 같았다. 우리는 때로는 이기고 때로는 패하며 다 함께 내상을 입고 쓰러져 갔다. 나는 환자와 의료진의 운명 공동체적인 성격에 몸서리쳤다.

‥ 작년 초 나와 정경원, 김지영은 일본 지바호쿠소병원에 방문해서 헬리콥터에 싣고 출동하는 의료 장비 시스템을 배웠다. 마시코

교수와 그의 수제자인 마츠모토가 이끄는 지바호쿠소병원 외상외과 의사들은 1년에 1,200회가 넘게 헬리콥터 출동을 해 사람들을 살려냈다. 후쿠시마의 원자로가 터져서 방사능 낙진이 흩날리는 상황에서도 그들은 두려워하지 않고 사지로 뛰어 들어가 자국민들을 구해냈다. 그러면서도 그들은 조용하게 일했고 자신을 드러내지 않았다. 마시코 교수는 일본 후생성과 진행한 한 연구에 대해 말했었다. 매달 최소 20명 이상의 중증외상 환자를 받지 않는 병원은 중증외상 환자를 받으면 안 된다고 했다. 그만큼 중증외상 환자를 다룰 수 있는 숙련도가 중요했고 그 핵심은 '실전에 가까운 훈련'이 아니고 '실전' 그 자체였다. 나는 마시코 교수가 했던 말을 거듭 생각했다.

‥ 설에 최윤희 해군참모총장이 멸치를 보내왔다. 잘 마른 멸치는 선도(鮮度)와 빛깔이 좋았다. 남해바다 내음이 콧속으로 스몄다. 나는 멸치 냄새를 맡으며 남해상 너머 작전 중일 해군 수병들을 떠올렸다. 수병들을 잘 치료해줘서 고맙다던 최윤희의 마음을 생각했다. 그는 오산에서 나고 자란 육지 사람인데, 생소한 바다로 나가 해군의 수장이 되어 내게 멸치를 보내온 것을 생각하니 웃음이 났다.

‥ 대통령의 취임식이 열리는 국회 앞마당에 전개해놓은 의자들

이 밤새 내린 눈을 맞았다. 행정 관료들은 소방방재청에 연락했고 영등포소방서를 비롯한 서울 지역 100여 명의 소방관들이 차출되어 눈 묻은 의자들을 닦았다. 비가 내려 젖은 물기가 아닌 그냥 '눈'이었다. 나는 누가 소방관들을 시켜 눈을 닦아내라 했는지 궁금하지 않았다. 이 나라에서 책상머리에 앉아 말하는 사람들은 현장 근로자들을 너무도 쉽고 하찮게 여겨 함부로 부렸다. 그 일은 밖으로 알려져 비난이 일었다. 소방의 고위층에서 누구로 인해 이 일이 외부에 알려지게 됐는지 조사했다는 말이 돌았으나 범인은 잡히지 않았고, 나는 그 진위 여부조차 알고 싶지 않았다.

‥ 집에 자주 가지 못하는 정경원을 위해 때마다 부인이 병원에 들러 세탁할 옷을 가져가고 먹을 것을 놓고 갔다. 가끔 그의 어린아이들이 동행했다. 내가 쓰고 있던 수술용 모자를 벗어 정경원의 아들에게 씌워주었다. 아이가 신기한 듯 재미있어 하며 복도를 뛰어다녔다.

‥ 2013년 2월, 전담간호사 김윤지가 합류했고, 석 달 뒤 응급구조사 이수현이 합류했다. 전담간호사 유자영이 함께 오고 싶어 했지만 현재 소속 중환자실에서 놓아주지를 않았다. 나는 긴 협의에 들어갔다.

·· 김문수 경기도지사는 당적을 한나라당에 두고도 경기도 의회의 다수 의석을 차지한 민주당 소속 도의원들을 설득해나가며 중증외상센터 설립을 지원할 예산 확보에 힘썼다. 경기도에서 발생하는 중증외상 환자들이 다른 자치단체에 비해 더 많이 회복한다는 결과를, 가시적인 지표로 확인하며 기뻐했다. 지방정부에서도 사람을 살리는 데 있어서만은 각 당의 목표가 선명하게 합쳐지는 모습은 보기가 좋았다. 대의민주주의 사회를 이루는 사람들의 마음이 정책에 반영되는 모습이었다. 때로 정치권과 행정부에서 전해오는 정책들은 성탄절 선물과 같았다. 나는 옆으로 물러나 상황을 관망하는 입장에 불과했다. 어차피 내가 할 수 있는 것은 많지 않았다. 국내 응급의료 체계의 허점을 분석하고 지원 정책의 방향을 잡아가는 것은 정치권과 관료조직의 몫이다. 나는 거기에 의존해야 하는 처지일 뿐이다. 내 업무의 영역은 정·관계의 정책 전문가들이 중증외상 환자들의 실태를 들여다보고 지원 초점을 맞춰가는, 일종의 시험대 같은 역할을 하고 있었다.

·· 해병대 주종화 대령이 팀원들 사용하라고 목 베개를 보내왔다. 우리가 병원에서 숙식하는 것을 알고 잠시라도 편히 자라고 마음을 써줘 고마웠다.

·· 날이 풀리며 병원 식당 밥의 메뉴가 다양해졌다. 맛있는 반찬이

나오면 그날은 다 같이 즐거웠다. 느닷없이 들이닥치는 환자들 덕에 끼니를 거르기 일쑤여서 어쩌다 만나는 제대로 된 식당 밥은 반가웠다. 어느 밤에 소화기내과 이기명 교수가 우리 병원 인턴 모집에서 외상외과를 보고 지원한 친구가 있다고 연락해왔다. 그의 목소리는 밝았다. 지원자가 생기는 것 자체가 너무 기쁘다고 했다. 나는 지원자가 있다는 사실보다 늦은 밤 기쁜 목소리로 연락을 준 이기명의 마음이 고마웠다.

·· 정경원이 수술해서 회복시킨 젊은 남자 환자가 퇴원하면서 선물을 남기고 갔다. 그가 들고 온 큰 상자 안에는 우리가 출동할 때 주로 탑승하는 헬리콥터 프라모델이 정교한 도색 작업까지 마친 채로 담겨 있었다. 주한 미 육군항공대 소속 블랙호크 UH-60과 AS365를, 1대 36 정도의 비율로 거의 완벽하게 재현한 프라모델이었다. 정경원은 환자가 마지막 외래에 왔을 때 앞으로 더 열심히 살겠다고 다짐하면서 그 헬리콥터 모형 두 대를 주고 갔다고 했다. 환자는 북쪽 일반병실에 입원해 있는 동안, 우리가 계속 헬리콥터에 올라타고 출동하는 광경을 내려다 보았다고 했다. 때로는 본인과 비슷하게, 때로는 본인보다 더 많이 다친 사람들이 피투성이가 되어 수술방으로 향하는 모습도 지켜보았으리라. 그렇다고 해도 그가 만든 모형들이 실물과 몹시 같아서, 나는 그가 어떻게 그렇게 정확히 우리의 주력 헬리콥터 기종을 재현해냈는지 신기했다. 나

는 그 환자가 고마웠고 그 환자를 다시 사회생활로 복귀시킨 정경원이 자랑스러웠다. 정경원도, 그 환자도 다 하늘이 내려준 사람들 같았다.

‥ 갑자기 쏟아진 드럼통 더미에 깔려 다리 아래부터 하복부까지의 몸이 롤러에 말려 들어가듯이 으스러진 환자가 실려 왔다. 간신히 살려냈는데 걷기 힘들어했다. 환자는 기타를 잘 친다고 했다. 회진을 돌 때마다 눈에 기타가 들어왔다. 환자한테 다시 기타를 칠 수 있을 거라고 위로해주었다. 훗날 외래 진료 때 만난 환자는 연말 공연에서 연주를 잘해냈다며 즐거워했다. 사무실로 돌아와 논문을 들여다보고 교정을 보았다. 논문이 눈에 들어오지 않았다. 오래전 죽은 환자의 아이들이 눈에 밟혔다. 책의 활자는 보이지 않았고 아이들의 환영이 논문 더미 위에서 돌아다녔다. 산 자와 죽은 자가 논문의 종잇장처럼 갈라져 흩어졌다.

중증외상센터

중증외상 환자들은 준(準)종합병원에서 대학 병원으로 왔고, 대학 병원에서 받아주지 못한 환자들은 밖으로 밀려 다시 준종합병원으로 갔다. 환자들은 늘 밀려오고 밀려갔다. 대학 병원에서 떠밀린 환자들이 다시 준종합병원으로 향할 때, 일부는 죽음을 맞이했고, 숨을 잃은 자들은 영안실로 옮겨졌다. 그곳은 마지막 종착지였다. 더는 살아서 괴롭게 병원과 병원 사이를 떠돌지 않아도 된다는 사실은 망자에게 위안일지 모르지만 살아남은 자들의 울음은 애끊을 듯 슬펐다. 빈소를 찾아온 이들은 영안실 밖 흡연 구역에서 삼삼오오 모여 담배를 피웠다. 입과 입에서 새어 나오는 연기는 슬픔과 허망을 안고 공기 중으로 흩어졌다. 부모를 따라왔을 뿐인 아이들은 조문의 의미를 모른 채 해맑게 뛰어 놀았다. 사멸해버린 생으로 부서지는 울음과 피어나는 생으로 번지는 웃음은 멀고도 가까웠다. 나는 삶과 죽음 사이의 무한한 연속성을 헤아려보려 했으나 그 깊이에 닿을 수 없었다.

중환자실과 외상 병동의 중증외상 환자들은 그 어느 쪽에도 속하지 않았다. 그들의 삶과 죽음은 경계가 모호했고, 매 순간 소멸과 회복 사이에 있었다. 그들을 삶에 가까이 끌어다 놓는 것이 내 일이었다. 그러므로 병원 관계자가 들고 온 '경기남부권역외상센터' 기초 설계 도안을 보고 나는 눈을 감았다. 그가 내민 도면 위의 외상센터는 죽음을 기초(基礎)로 삼았다. 지하 영안실 위에 외상센터 건물을 신축하여 운영하겠다는 것이 병원의 안이었다. 학교는 여유가 없었고 담당자는 부지의 효율적 이용을 말했다. 그러나 나는 살 가능성을 찾으며 사투를 벌이는 환자들과 죽은 자들을 한 공간에 둘 수 없었다. 중환자실은 사신이 아가리를 벌린 채 기다리고 선 곳이다. 내가 난색을 표하자 담당자는 당황하여 설명했다.

— 건물은 같지만 출입구를 다르게 하고 층간을 통제하면, 마치 다른 건물인 듯한 효과를 낼 수 있습니다. 세브란스병원 의과대학 건물도 지하에 장례식장을 두지 않았습니까?

10년 가까이 외상외과 의사로서 일하며 떠나보낸 환자의 수가 100을 넘겼을 때, 더는 그 수를 세지 않았다. 필사적으로 피를 막아내는 속도와 피를 부어 넣는 속도의 합이 파열된 장기로부터 터져 나와 쏟아지는 피의 속도에 미치지 못할 때, 핏물 속에서 환자의 장기를 더듬던 내 손은 서늘해졌다. 차갑게 식은 피와 굳어가는 장기가 손끝에 느껴지면 사신이 환자를 데려갔음을 알았다. 마취과 쪽에서 기계 경고음과 의사들의 다급한 고성이 터져 나오면 나는 그저 멍하니 모니터를 바라보았다. 산목숨으로 왔던 환자가 끝내 흰 포에 싸여 영안실로 내려갈 때마다 복도가 더 축축하고 서늘하게 느껴졌다. 죽음과 가까이 살아오며 죽음에 둔해지고 싶었으나 좀처럼 둔감해지지 않았다.

한참의 논란 끝에 의료원*에서는 재단의 승인을 받아 영안실을 신축하기로 했다. 새로 지어질 영안실은 외상센터와 거리를 둘 것이었다. 신축 비용에 대한 우려가 내게 쏟아졌다. 나는 뜻을 굽히는 대신 사방에 허리를 굽혔다.

이쪽저쪽에 나의 사과를 욱여넣어 공사는 시작됐다. UC 샌디에이고 외상센터에서 연수를 마칠 때 데이비드 호이트 교수가 준 책, 《외상 환자의 최적 진료를 위한 지원(Resources for Optimal Care of the Injured Patient)》을 기반으로 주요 시설들을 세워나갔다. 그 책의 근간은 첫째도 둘째도 환자가 우선이며 모든 것을 그 원칙 위에 세우고 말했다. 나는 이 책과 UC 샌디에이고 외상센터에서

---

* 아주대학교의료원은 아주대학교 의학대학 및 의학대학원, 병원, 첨단의학연구원을 포함한다.

가져온 자료에 준해 30퍼센트 정도 따라가는 모사판을 간신히 만들었고, 다시 UC 샌디에이고 외상센터를 찾아가 확인한 뒤 내부를 꾸렸다.

표준과 원칙에 대한 철저한 모방은 시스템을 구축하는 근간이 된다. 나는 외상센터 건물을 지을 때 그 점을 기본으로 삼았다. 트라우마 베이(Trauma Bay, 외상소생실)는 규모가 작을 뿐 90퍼센트 이상의 수준으로 복사해냈다. 새 헬기장은 본관 건물 옥상에 마련하기로 했다. 미 육군의 브라이언 앨굿 대령은 외상센터의 헬기장이 민간인뿐 아니라 병사의 생명을 보호하는 최후의 방어선이나 다를 바 없다고 강조했었다. 나는 앨굿이 완공된 헬기장을 보면 어떤 표정을 지을지 궁금했다. 그러나 영상의학 장비와 중환자실과 병동과 수술방은 예산 부족으로 힘에 부쳤고 표준과 원칙을 따라가지 못했다. 60병상의 병동 수준은 세계적 기준에 못미쳤고, 40병상의 중환자실은 내가 보기에 빈약한 수준이었다. 그럼에도 사람들은 그것을 알지조차 못했다.

한국의 많은 병원들이 충분한 전문 의료인 채용을 통한 진료 내실을 다지기보다 화려한 외장과 외래 공간에 공을 들인다. 보이지 않는 부분은 선진국은 고사하고 중진국 수준에도 못 미치는 경우가 많고, 그 수준을 좇을 생각도 없어 보였다. 환자들은 그것을 알 길이 없으므로 번쩍거리는 외관과 맛있는 지하 식당, 편리한 에스컬레이터 같은 것들에 쉽게 홀렸다. 병원들의 행태가 과대 포장한 불량식품 같았다. 그 모습을 보며 나는 자꾸 입안이 썼다.

완공을 8개월 앞두고 지하층 공사를 하다가 도면에 없던 낡은 콘크리트 배관들을 발견했다. 사용 중인 것과 폐기된 것들이 뒤섞여 있었다. 공사장에 인접한 교회 건물 뒤쪽 축대가 무너질 수 있어서 더는 공사를 진행할 수 없었다. 그 사이 공사장 주위를 감싸는 병원 쪽 골조가 30미터 이상 무너졌다. 시설팀장은 공사 기간 연장이 불가피하다고 알려왔다. 준공이 늦어지면 또다시 불이익을 받을 것이다. 김지영은 공사를 속개시킬 방안을 찾거나 개소(開所) 일정을 늦추도록 병원에 요구하라고 나를 다그쳤다. 그 말을 듣고도 나는 방도를 찾지 않았다. 병원 보직자들도 공사 지연 시 불이익을 잘 알고 있었고, 그 책임 소재는 병원 전체에 있었다. 결과가 나쁘면 타격을 입을 것이 명약관화(明若觀火)라고 했으나 그 또한 어쩔 수 없는 일이다. 공사 자체를 없는 것으로 되돌릴 수도, 벌어진 일을 없던 것으로 할 수도 없다. 나는 내가 해결할 수 없는 공사 관련 일들에는 관여하지 않은 채 내버려두었다.

이미 안팎으로 문제가 산적해 있었다. 중증외상센터 사업을 받으면 부서 운영비 사정이 좀 나아질 것으로 기대했으나 그렇지 못했다. 현장 출동을 위한 장비를 구입해야 하는데 그 부분은 늘 비었다. 빈 항목은 환자와 병원 직원들, 일부 교수들이 기부한 발전기금으로 채워졌다. 고마운 일이지만 항공 관련 장비들은 우리의 빈곤한 사정을 비웃듯 몹시 비쌌고, 돈은 금세 바닥을 보였다.

미군의 블랙호크가 거센 하향풍을 일으키며 지상 헬기장에 급히 착륙했던 날, 헬기장 CCTV 케이블이 떨어졌고 착륙장 바닥이 또다시 내려앉았다. 전담간호사들의 근무복도 오랫동안 새로 지급하지 못해 닳았으나 더 지급할 예산은 없었다. 그래도 공사는 멈추지 않았다. 아주대학교병원에 '경기남부권역외상센터' 이름을 붙인 건물이 올라가기 시작했다.

호의(好意)

보건복지부 응급의료과의 공인식 사무관이 보험급여과로 보직 이동한 지 좀 되었다. 자리를 옮긴 후로 나는 공인식을 거의 보지 못했다. 보험급여과는 '포괄수가제'라는 난제와 엮여 있었고, 공인식은 보건복지부와 의료계 사이에 끼어 정신없이 바쁠 것이었다. 그런 와중에 공인식의 전화를 받았다. 오랜만에 듣는 목소리가 반가웠다.

― 교수님, 제가 지금은 보험급여과에 와 있습니다.
― 예, 알고 있습니다. 요즘 복잡한 일이 많아서 힘드시겠습니다.

내 인사에 공인식은 오히려 나를 걱정했다.

— 외상 쪽 일이 병원 내에서 적자가 크게 난다고 하셨잖아요. 다른 병원들도 그런 얘기 많이 하거든요.

공인식은 응급의료과 사무관 시절 직접 보고 겪었던 참상을 기억하고 있었다.

— 그래서 저희 부서에서 협의가 있었는데요. 일단 아주대학교 병원을 포함해서 서울의 대형 병원 몇 개소를 대상으로 중증외상 환자 치료로 인한 적자 규모를 파악해보려고 합니다. 일단 최근 몇 년간이라도 불합리하게 삭감된 규모를 알려주시면 먼저 조치를 할 수도 있을 듯합니다.

큰 호의였다. 적절한 치료 행위에도 불구하고 불합리하게 삭감된 진료비를 보전해주려는 것이다. 나는 중증외상 환자 치료로 인한 적자 문제로 병원 내에서 늘 어려운 처지였고, 공인식은 그런 나를 안타까워하곤 했다.

— 심평원(건강보험심사평가원)에서 중증외상 환자 치료비에 일반 환자 기준을 적용해서 부적절하게 삭감한 부분이 있으면 자료를 제출해주세요. 최근 5년간이면 좋고 좀 더 긴 기간이면 더더욱 좋겠지만, 적어도 최근 2년간의 자료는 꼭 필요합니다.

중증외상 환자들은 대개 부서지고 터진 부위가 한 곳이 아니다. 그러나 한 번 열어 그 파열 부위들을 동시에 수술해도 한 곳만 인정받는다. 한 번 수술 시에 한 장기만 수술하는 일반적인 수술 기준에 따른 셈법이다. 신체 상태를 파악하기 위해 시행되는 검사들도 비교적 상태가 안정적인 일반 환자를 전제로 한다. 검사 횟수에 대한 기준은 정해져 있고, 그 기준은 '일주일에 몇 번씩'으로 명시되어 있다. 그러나 중증외상 환자의 경우 초 단위로 변해가는 몸 상태를 추적해야 하므로 기존 지침보다 훨씬 많은 검사가 필요하다. 하지만 이 역시 일반 환자 기준이 적용되어 대부분의 검사가 삭감 대상에 오른다.

공인식의 말마따나 최소한만이라도 돌려받을 수 있다면 다행이었다. 중증외상 환자 치료에서 발생한 병원의 적자를 다 보전하지는 못하더라도, 이런 일들은 외상센터에 대한 병원 수뇌부의 시선을 개선하는 데 도움이 될 것이었다. 이처럼 외부로부터 좋은 신호를 하나라도 얻게 되면, 나는 그것을 기반으로 윗사람들에게 조금만 더 인내심을 가져달라고 부탁했다. 아주대학교병원이 조금만 더 버텨준다면 지속가능성을 가지고 외상센터를 운영할 수 있도록 보건복지부 차원에서 지원해줄 것이라고 보직교수들에게 말했다.

공인식의 호의는 고마웠다. 그의 요청대로 최근 수년간 삭감된 보험급여 청구내역을 산출해 그 총액을 제출해야 했다. 이는 중증외상 환자의 치료에 따른 병원 전체의 감가상각과 경영손실까지 고려해야 하는 고차원적인 재무회계 분석은 아니다. 단순 산수 결과를 공인식은 주문했다. 그는 웃으며 말했다.

— 너무 복잡하게 하지는 마세요. 일단 눈에 잘 들어오고 파악

하기 쉽게 만들어주시면 됩니다. 제일 불합리하다고 여겨지는 부분만 먼저 살펴보겠습니다. 심평원에 청구했다가 삭감된 금액만 알려주시죠.

보험심사팀과 원무팀의 보고서는 그로부터 보름이 지나 내게 넘어왔다. 보고서의 숫자들은 정밀한 부분에까지는 접근하지 못했다. 자체삭감을 얼마나 해서 올라갔는지, 심평원에서 어떤 근거로 최종 삭감한 것인지 등 구체적인 정보는 없었다. 나는 공인식에게 자료를 보내면서 별다른 도움을 받지 못할 것을 직감했다. 보건복지부로부터는 아무것도 내려오지 않았다.

그해 가을, 이호연 해병대사령관이 전역했다. 전역식은 해병대사령부에서 열렸다. 전역사를 하는 이호연의 목은 중간중간 잠겼다. 나는 뒤편에 앉아 그의 고별사를 들었다.

— 청주에서 가난한 집안의 아들로 태어나 (…) 과도한 국가의 은혜를 입어 해군사관학교에서 공부할 수 있었으며 (…) 나에게 계급은 중요한 것이 아니었습니다. 단지 정의롭고 용맹한 전우들을 만나 영광스럽게 해병대원으로서 저를 키워준 국가에 봉사할 수 있었음에 감사하고…….

출생지와 병과를 제외한 많은 부분이 최윤희 해군참모총장과 같았다. 최고 지휘관에 오른 군인들의 성장 배경과 정신세계가 비슷하다고 생각했다. 안 되면 될 때까지 했고 최후에 실패하더라도 마지막 순간을 두려워하지 않았다. 이호연의 전역사가 끝난 뒤

17발의 예포가 울렸다. 포성이 주변 산세에 부딪쳐 메아리치며 사령부를 휘돌아 창공으로 퍼져 나갔다. 이호연이 사령부를 빠져나갈 때, 정복 차림의 해병들이 박수치며 희고 붉은 꽃을 던졌다. 세상은 전과 다름이 없는데 사람만이 떠나가고 들어왔다. 평생 몸담았던 조직에서 떠나가는 사내의 뒷모습이 오래도록 내 마음에 남았다.

돌고래

외래와 응급실 진료, 입원 환자 치료, 각종 검사, 수술적 치료가 의사들의 업(業)이다. 그 사이에 강의와 회의, 컨퍼런스를 하고 논문을 쓴다. 대학병원 의사들은 학생들에게 임상실습도 시켜야 한다. 이 모든 것에 대한 1년간의 '실적'들이 전산 시스템에 입력되면, 보직교수들은 그 실적으로 의사들을 평가했다. 결과에 따라 전공의는 강사가 되고 강사는 조교수로 임용됐으며, 임용된 이후에는 절차에 따라 승진했다. 한 계단 올라서기 위해 진료와 연구에 집중하다 보면 가장 기본이어야 할 학생 교육은 뒤로 미뤄지곤 했다. 임상강사 또는 연구강사라는 직함을 시작으로 전임강사나 진료교수 등으로 분화되어 나가는 과정에서 누구도 승진이라는 굴레로부터 자유롭지 못했다.

간호사나 일반 행정직 역시 승진 여부에 희비가 날카롭게 엇갈렸다. 직급과 직함의 차이일 뿐인데도 모두들 직위 변화에 예민했다. 조직 내에서 승진이나 진급이 갖는 의미는 직위에 따른 처우 차이도 있겠으나 한국 사회 분위기와도 연관돼 있다. 대부분 나이가 들어감에 따라 그에 걸맞은 직급을 원하고, 자신보다 어린 사람이 상사가 되는 경우를 꺼린다.

런던에서 근무할 때 병동의 수간호사는 불혹(不惑)을 갓 넘긴 나이였다. 그 아래에서 일하는 말단 간호사들 중 몇몇은 예순에 가까운 나이였으나 누구도 나이에 따른 직급의 수직 서열화를 말하지 않았다. 한국에서는 그럴 수 없다. 그나마 의사 쪽은 젊은 교수들이 주임교수가 되면서 실제 일이 가장 많은 연령층으로 보직이 내려오는 경향이 있다. 그러나 간호와 행정 쪽은 변화가 적어 연공서열의 틀을 벗어나지 못했다.

어쨌거나 조직원들은 적절한 공적을 쌓아 승진해야 하고, 조직은 우수한 인재 영입을 위해서라도 적절한 직급을 부여해야 한다. 소방방재청도 신규 파일럿에 대한 계급 부여를 소방위*에서 소방장으로 낮췄다가 다시 소방위로 되돌렸다. 가뜩이나 고난이도 비

---

* 소방위(消防尉, Fire Captain)는 소방관 계급 중 하나로, 소방경의 아래, 소방장의 위이다. 6급 주사에 해당하며, 경찰관의 경우 경위에 대응한다.

행에 대한 부담에 채용이 쉽지 않던 파일럿 모집이 더욱 힘들어졌기 때문이다.

나도 이미 나이 오십 줄에 접어들고 있었다. 호기롭게 시작한 젊음은 세월에 길을 달리했고, 고등학교 동창들 중 누군가는 승승장구했고 누군가는 제자리걸음이었다. 여기저기 치이다 뒤처지는 이들이 속출했다. 이정엽은 부장이 된 이후에는 승진이나 여타 보직 발령을 생각하지 않는다고 했다. 자기 자리에서 최선을 다하면 될 뿐이라고도 했다. 그런 마음으로 산다고 해도 대한민국에서 중년 사내의 삶은 자주 비루해졌다.

어린시절 친구인 조현철과 마주 앉아 술잔을 기울였다. 해군 중령인 그가 최종적으로 진급에 실패한 다음이었다. 나는 조현철과 초·중·고등학교를 내리 같이 다녔다. 조현철은 고등학교 시절 공부도 잘했고 운동도 잘했으며 리더십도 있었다. 그 시절 그런 친구들은 으레 사관학교에 진학했고, 조현철도 그중 하나였다.

대학교 1학년 여름, 동네 어귀에서 조현철과 우연히 맞부딪친 나는 소스라치게 놀랐다. 원래도 다부졌던 그인데, 매일 반복되는 기초체력 훈련과 전투 수영으로 몸이 바위처럼 단단해져 있었다. 청년(靑年), 말 그대로 푸르른 나이였다. 그때로부터 벌써 30년 가까운 시간이 지났다. 조현철과 나는 어느새 고민 많은 중년 사내가 되어 있었다. 내가 조현철을 달랬다.

— 현철아, 난 네가 대령으로 진급하고 제독이 될 거라서 친구

하는 거 아니다. 그리고 중령이면 커맨더(Commander)*잖아. 이미 충분히 높아.

　해군은 소군(小軍)인 관계로 사람 수에 비해 진급 자리는 한정되어 있었다. 대령 수가 육군 장군들 수보다 적고 진급 경쟁이 치열했다. 조현철은 209급 잠수함인 이종무함의 함장을 지냈고, 잠수함에 대한 연구논문으로 석사학위를 받았다. 동기 기수인 해군사관학교 46기들은 하나둘 주요 함정의 함장이 되거나 해군의 핵심 보직을 맡으며 고위급 장교로 진급하고 있었다. (나는 묘한 인연으로 그들과 만나곤 했는데 인천함의 성준호 함장, 미 육군 의무항공대와 비행할 때 우리를 함정 갑판에 착륙시킨 독도함의 이동희 함장, 청해부대를 이끌고 아덴만으로 떠났던 최영함의 안상민 대령 등은 대부분 나와 연배가 비슷했다.) 이렇게 동기들이 대령으로 진급해 올라갈 때 조현철은 전보(轉補) 발령을 받아 육지로 나와 있었다. 해군항공대 파일럿 윤기희 대령과 함께 해군의 차세대 전력을 강화하는 업무를 맡았고 기획재정부와 국회를 오갔다. 직장인에게 승진이 중요한 것 이상으로 군인에게는 진급이 중요할 터였으므로, 조현철의 상심은 클 것이었다. 그러나 내가 특별히 해줄 수 있는 말이 없었다.

　이종무함은 한국 해군이 보유한 몇 안 되는 공격형 무기 체계

---

*　해군에서의 중령 계급. 육군의 중령(Lieutenant colonel)에 해당된다. 계급을 불문하고 '지휘관'으로서의 의미를 가지기도 한다.

가 탑재된 함이다. 그 잠수함의 위치와 임무는 해군 최상위 수뇌부와 국군통수권자만이 알고 있다. 그만큼 중요한 무기였으나 크기가 작아 '돌고래'라 불렀다. 엄청난 규모의 러시아, 중국, 일본의 잠수함은 차치하고, 북한의 주력 잠수함보다도 몸체가 작았고 속도마저 실제 돌고래보다도 느렸다. 조현철은 그 함으로 태평양 심해에 들어가기도 했고, 서해와 동해와 남해, 그리고 여러 공해상을 넘나들며 주변국의 잠수함대와 맞서기도 했다. 나는 조현철이 정확히 어디까지 들어가 무슨 작전을 하는지 알 수는 없었지만, 그곳에서 살아남기 위해 사력을 다해 애써왔다는 사실만큼은 알았다. 조현철이 소주를 들이켜며 담담히 말했다.

― 그래도 열심히 일만 해온 걸 사람들이 알아줘서 고마워. 보람이 있어.

조현철은 술을 마시고도 흐트러지지 않았으나 말수가 줄었다. 심해에서의 잠항(潛航) 습관이 몸에 밴 듯했다.

잠수함 안에서는 크게 말할 수 없고 어떤 소음도 내선 안 된다. 암흑 같은 침묵 속에서 음파를 던지며 돌아오는 반사파를 분석해 움직이는 게 잠수함이다. 기도비닉(企圖秘匿)** 상태로 바다 밑을 지나고, 승조원들은 눈빛과 손짓만으로 작전을 수행한다. 조현철과 함께 승선한 승조원들은 소수정예였고 모두 자진해서 함에 들어

** 흔적이나 자취, 소리를 남기지 않고 은밀하게 움직인다는 뜻.

왔다.

 아무것도 보이지 않는 심해에서 이종무함보다 서너 배는 큰 주변국의 잠수함대와 조우하는 것은 공포였을 것이다. 나는 그가 느꼈을 공포와 중과부적(衆寡不敵)의 상황을 짐작했다. 정작 조현철은 스스로 어려움을 말하지 않았다. 그는 바다에 있기를 바랐고 자신을 따르는 승조원들과 심해로 잠항해 들어가기를 원했다. 조현철이 지휘하는 함정에서 승조원들은 함께 사선을 넘었을 것이다.

 잠수함 내의 침대 숫자는 승조원 머릿수보다 훨씬 적었다. 근무 환경은 열악하고 처우도 좋지 못했다. 그런데도 불나방처럼 심해로 잠수해 들어가는 그들의 정신세계를 나는 이해할 수 없었다. 내가 잠수함을 선택한 이유를 물었을 때 조현철은 무심히 답했다.

 ─ 말을 많이 안 해도 되니까. 사실 크게 소리를 낼 수도 없어. 심해에서는 소리가 끝도 없이 멀리까지 퍼져나가거든. 자의 반 타의 반으로 말수를 줄이는 거지.

 조현철은 어려서도 말이 많지 않았다. 정치적이고 말이 지배하는 육지에 어울리지 않았다. 조현철이 내게 물었다.

 ─ 국종아, 너 돌고래가 말하는 소리 들어본 적 있냐.

 나는 갑판수병으로 있을 때 돌고래들이 무리지어 빠르게 헤엄치며 함정을 따라오는 광경들을 보곤 했다.

 ─ 가끔 우는 소리 들어본 적 있지. 왜?

 ─ 심해에서 저쪽 잠수함은 보이지 않아. 정말 앞이 하나도 안

보여. 검은 우주를 항해하는 것 같아. 되돌아갈 수도 없고 나아갈 수도 없는 제3의 공간에 고립된 기분이랄까. 그런 상황에서 음향 하나에 의지해서 적을 쫓아가. 그럴 때 청음기가 없어도 돌고래 울음소리가 들리곤 했어. 꼭 돌고래들이 우리를 도와주는 것처럼 느껴졌지. 그럼 돌고래가 우리 편인가보다, 그런 생각을 했어. 마치 내 호위무사 같더군.

조현철은 그 말을 하고 웃었다. 순간 그가 있는 곳은 세속의 잡사(雜事)로 가득 찬 육지가 아닌 먼 심해였다. 돌고래들과 함께 보이지 않는 상대를 쫓으며 바다 밑바닥에서 웅크리고 있는 것 같았다. 조현철은 그날 많이 마시지 않았다. 우리는 많은 말을 하지도 않았다. 마주한 침묵 속에서 돌고래의 울음소리를 떠올렸다.

헤어져 돌아와보니 변변한 위로 한마디 못한 것이 마음에 걸렸다. 짧은 말이라도 건네고 싶어 휴대전화 메신저 창을 열었다. 조현철의 이름 옆에 쓰인 글귀가 눈에 들어왔다.

'고귀한 임무를 수행한다는 사실 자체가 우리에겐 보상이다.'

스스로를 향한 위로였을 테지만 이정엽이 한 말과 다르지 않았다. 아무리 국가관이 투철하다고 해도 진급하지 못한 아쉬움은 있을 것이다. 조현철은 흔들리는 자신을 부여잡고 있었다. 나는 몇 글자를 적다 말았다. 말 없는 세상이 어울리는 그에게는 그 어떤 말도 불필요할 것 같았다.

변방의 환자

중국 외곽 지역에서 한국인 중년 남자가 추락해 크게 다쳤다. 한국과 중국을 오가며 벌인 사업이 성공해 알려진 사람이었고, 건축 중인 건물 5층에서 바닥으로 곤두박질쳤다. 그를 받아낸 중국 병원에서 보내온 진료기록은 명확하지 않았다. 환자는 의식이 없고, 병원에 도착했을 때는 이미 심장이 뛰지 않아 응급 개흉심마사지로 소생시켰다고 했다. 인공호흡기에 의지해 입원 치료 중이라고 했으나 상세한 내용은 알 수 없었다. 외상센터로 전해오는 환자의 정보는 중국어와 영어가 뒤섞여 있었고 일관되지 못했다. 나는 혼재된 두 언어 사이에서 오직 환자가 매우 심하게 다쳤다는 사실만을 알았다. 현지 병원과 접촉하려는 노력은 실효가 없었다. 환자의 생존 여부는 극히 불투명했으나 한국인 보호자들은 간절히 그를 한국으로 데려오기 원했다. 의사는 보호자들이 환자를 포기하지 않으면 힘이 닿는 한 적극적인 치료 계획을 세우고 진행해야 한다.

중국 변방에 누워 있는 환자를 데려오려면 에어 앰뷸런스가 필요했으나 이번에도 나라의 도움은 받지 못했다. 개별 환자에 대한 항공 이송 체계 설립에 대한 논의는 석해균 선장 이송 직후 번개탄처럼 타올랐으나 추가 논의 없이 빠른 속도로 차갑게 식어버렸다. 여러 차례의 회의, 당장이라도 진행할 수 있다는 헛된 공수표들, 논의석상의 결의에 찬 얼굴들은 금방 사라졌다. 몇몇 기관에 출동을 요청하면 늘 위아래의 말이 달랐다. 제일 윗선은 적극적으로 검토해보고 연락을 주겠다고 했고, 기다림 끝에 받게 되는 실무자들의 반응은 대부분 난색이었다. 나는 이런 상황을 예상하면서도 끊임없이 반복하는 스스로가 한심했다. 그렇다고 연락조차 하지 않으면 윗선의 관계자들은 뒤늦게 아쉬움을 표명했다. 어쨌든 윗선에게 연락을 하든 안 하든 결과는 같았고, 전화를 걸고 기다리다 하루를 낭비하는 일은 잦았다. 이번에도 마찬가지였다.

누군가는 이런 과정을 거쳐 시스템이 발전해간다고 했다. 틀린 말은 아니지만 적어도 이 분야에는 해당되지 않는다. 한국 사회에서 시스템의 발전은 최소한의 권력이라도 쥔 자가 추락한 남자 같은 상황에 처하거나 언론이 주목해야 그나마 진일보를 보인다. 그러나 힘 있는 자들의 문제는 별다른 어려움 없이 잘 해결될 여지가 많고, 힘도 돈도 없는 자들의 문제에 있어서 언론의 지속적 관심은 기대하기 어렵다.

　시간은 없고 환자는 죽어가고 있었다. 보호자들은 포기하지 않았다. 다행히 환자는 크게 사업을 하는 사람이었고 보호자들은 가진 재산을 총동원해서라도 환자를 데려오겠다고 했다. 환자의 자녀들은 부친에게 받은 사랑이 컸다며 어떤 희생도 감수하겠다고 마음을 모았다. 돈이 많다고 모두가 그렇게 하는 것은 아니다. 나는 환자가 좋은 아버지였고 좋은 가정을 꾸려왔음을 짐작했다. 아까운 하루를 날리고 돈으로 해결하는 쪽으로 방향을 잡았다. 해외에서 에어 앰뷸런스를 수배했다. 가성비가 좋은 싱가폴, 독일 비행기들이 물망에 올랐고, 미국의 방위산업 기업인 레이시언(Raytheon)의 비치호커(Beech Hawker)로 환자를 데리고 오기로 결정했다. 외교부에서는 상하이 총영사관의 부영사를 현지에 급파해서 환자 이송을 준비하겠다고 알려왔다.

　그날 밤 김지영과 함께 에어 앰뷸런스를 수배해둔 싱가폴로 향했다. 병원은 정경원에게 부탁해두었다. 머릿속으로 이동 시간과 경로를 그렸다. 임무 완료시간은 24시간 이내로 잡았다. 밤새 민항기로 새벽에 싱가폴에 도착해 에어 앰뷸런스로 갈아타고 중국의 국경 지역 공항으로 날아간 다음, 차량으로 환자가 있는 병원에 도착하면 오후 2시가 될 것이다. 최단 시간 내에 병원에서 환자를 데리고 출발하면 8시간 이내에 중국 영공을 벗어날 수 있을 것 같았다. 시간이 없었다. 한국 영공으로 들어온 후에는 공군 제8전투비행단장 이병권 장군이 활주로를 내주기로 했고, 경기 소방항공대에서는 이세형이 원주공항에 대기하고 있다가 환자와 우리를 싣고 병원으로 복귀하기로 했다. 이 모든 것이 문제없이 진행된다면 24시간 안에 모든 일이 끝난다. 계획은 좋아 보였다.

그러나 모든 계획은 뒤틀리기 마련이다. 계획을 추진하는 사람의 열정과 노력으로 그 비틀어진 간극을 얼마나 메워나가는가에 따라 계획의 성패는 갈린다. 계획이 통째로 무너지면 '상황 종료'다. 계획의 붕괴는 환자의 죽음을 의미했다. 중국 변방의 환자를 데려오는 미션에서 계획대로 이루어진 것은, 에어 앰뷸런스를 끌고 중국 국경을 넘은 후 환자가 있는 병원에 도착한 시점까지였다. 그때부터 지옥문이 열렸다.

환자의 상태는 극도로 좋지 않았다. 중국인 의사들이 개흉술에 이어 진행됐다는 수술에 대해 설명했으나 그 설명을 이해할 수 없었다. 나는 깊이 따져 묻지 않았다. 빨리 환자를 살려서 데리고 오는 것만을 생각했다. 김지영과 나는 환자에게 필요한 각종 약제와 휴대용 인공호흡기까지 챙겨 병원 안으로 들어갔다. 우리가 준비해 간 장비는 좋은 것들이었다.

갑자기 중국인들의 말이 바뀌기 시작하더니 환자를 내주지 않았다. 중국인 의사와 현지인들은 환자의 상태를 핑계대며 이송은 불가하다고 우겼다. 현지 회사 사람들 사이에 이견이 있어 안 된다고 했고, 이해할 수 없는 이유를 들며 시간을 끌었다. 나는 보호자들의 절박한 심정을 생각하며 진심을 다해 사정했다. 시간은 속절없이 흘러가고 있었다. 적어도 4시까지는 환자를 데리고 나가야 했다.

에어 앰뷸런스를 기동할 수 있는 시간은 매우 제한적이다. 피가 타들어갔다. 다급해진 현지 외교부 부영사가 중재에 나섰다. 그 병원의 행정 직원들과 의사를 모았고, 환자의 한국 이송을 막아선 현지 직원들과 환자의 가족, 나와 김지영까지 참여한 회의 자리를 마련했다. 정확한 의사 전달을 위해 재중동포까지 데려와 통역을 맡겼다. 내가 할 일은 환자를 빨리 데리고 돌아가는 것이었으므로, 나는 중국인들이 어떤 반응을 보여도 그들을 좋게 설득하려 애썼다. 사정하는 가족들의 심정은 말할 것도 없었다. 그러나 그들은 거대한 벽과 같았다. 환자를 내줄 수 없다는 말만 되풀이 했다. 일정한 톤으로 반복되던 말은 점차 강도가 세졌다. 짙은 청색 재킷을 입은 젊은 중국인이 뱉은 마지막 말에 날이 섰다. 재중동포의 입에서 번역돼 전해진 말은 느리고 건조했다.

— 지금 한국 정부는 중국 인민을 상대로 전쟁을 선포하는 겁니까?

나는 내 귀를 의심했다. 나는 그를 보며 물었다.

— 환자를 한국으로 이송해 치료하겠다는 말인데 무슨 뜻입니까?

젊은 중국인은 내 물음에 답하지 않았다. 조금 전의 말을 같은 톤으로 세 차례 이상 반복했다. 그 말의 진의가 무엇이든 단 한 가지는 분명했다. 환자를 데려갈 수 없다. 병원 관계자들은 가족이어도 현지 중국인들의 동의 없이는 환자를 내줄 수 없다며 버텼다. 나는 배석한 김지영에게 에어 앰뷸런스 상황을 물었다. 김지영이 귓속말로 대답했다.

— 시간이 정말 없어요.

ICAO(International Civil Aviation Organization, 국제민간항공기구) 규정에 따라 기장들은 공항에 비행기를 주기해둔 채로 마냥 기다릴 수 없다. 규정에 따라 정해진 시간이 지나면 그들은 무조건 비행기에서 내려야 한다. 저녁 9시 안에 이륙하지 못하면 당일 환자를 데리고 돌아갈 수 없고, 나와 김지영, 비행기까지 중국 변방에 처박히게 된다. 중국 병원의 관계자들은 내 빈곤한 시간을 더욱 가파르게 소진하고 있었다. 창밖이 붉어지며 시간이 오후 5시에 가까워지기 시작했다. 뒤에서 김지영이 다시 귓속말을 해왔다.

— 교수님, 이제 정말 돌아가야 해요. 지금 돌아가서 비행기 이륙 못 시키면 우리 여기에 발 묶여요.

머리가 아파왔다. 한국에서 많은 사람들이 기다리고 있었다. 의료진과 이병권 휘하의 제8전투비행단 장병들, 임시 입출국을 위해 다른 부처 직원들까지 비행단 안에 끌고 들어와 협의하고 있을 보건복지부 정우진 사무관, 헬리콥터를 준비해 출동 대기 중일 이세형의 모습이 겹쳐서 떠올랐다. 환자 이송을 위해 수많은 사람과 수억 원을 쏟아부은 계획이 내 눈앞에서 무너져가고 있었다. 속이 다 타들어가는 것 같았으나 그것은 내 사정이었을 뿐이다.

환자는 시시각각 죽음에 근접해가고 있었다. 항생제 내성균주가 초기부터 검출되자 중국인 의사들은 보호자들에게 병원 밖 약국에서 약을 사오라고 권했다. 그들이 말한 것은 리네졸리드(Linezolid) 계열의 약물이었다. 강력한 항생제인 리네졸리드를 투여할 만큼 항생제 내성균주가 빠르게 퍼져나간 원인과 필수 의약품인 리네졸리드를 병원에서 왜 직접 투여하지 않는지 나는 알 수 없었다. 오후 5시가 되자 병원 관계자들은 일제히 자리에서 일어나 빠져나갔다. 같은 말만 정확히 반복하던 중국인들도 뒤를 따랐다. 우리 일행은 병원 앞 길바닥으로 내몰려 나와 섰다. 망연자실한 채로 눈앞의 차들을 응시하고 있을 때, 상하이 부영사가 다가왔다.

— 고생하셨는데 어쩝니까?

고개를 돌려 그를 보았다. 화려한 외교관의 업무와는 거리가 멀어 보였다. 준수한 외모였으나 얼굴에 주름이 깊었다. 고생이 심한 것 같았다. 그는 내 대답을 기다리지 않고 말을 이어나갔다.

— 최근 10여 년 사이 중국 국력이 무섭게 성장했어요. 현지에서 일어나는 여러 외교 문제들을 대하는 중국 정부의 입장이 과거에 비해 상당히 달라졌다고 느낄 때가 많습니다. 저희가 힘이 못

되어서 죄송합니다.

　사회주의 국가 체제인 중국에서 이런 규모의 종합병원들은 대부분 국가 조직 내에 속해 있다. 내가 본 현지 병원 직원들은 모두 공무원 같았다. 환자는 중국인들과 사업을 크게 하고 있던 사람이었고, 그를 놓아주려 하지 않는 현지 업체 사람들 뜻에 병원 관계자들은 협조했다. 나는 그들이 환자의 이송을 막는 정확한 이유를 알 수 없었다. 수없이 떠도는 흉악한 말들도 있었으나 생각하지 않으려 했다. 남쪽이어도 11월 후반이었다. 공기가 차가웠다. 그런데도 이후에 추가될 앰뷸런스 비용을 생각하자 식은땀이 흘렀다. 상하이 부영사가 걱정하며 나를 재촉했다.

　― 일단은 빠져나가셔야 합니다. 비자도 없이 들어오셨죠? 하루를 넘기면 출입국관리법 위반이 됩니다. 이미 병원에서 중국 공안들에게 연락을 했답니다. 문제가 아주 커질 수 있습니다.

　중국 공안들에게 연행될 수는 없었다. 경황이 없는 와중에도 환자의 가족들이 나서서 그날 밤 안으로 빠져나갈 수 있는 항공권을 급히 구해 나와 김지영을 차에 태워 공항으로 향했다. 중국에서 생산된 도요타 캠리(Toyota Camry) 안에서 나와 김지영은 아무말도 하지 않았다. 나는 차창 밖을 초점 없이 보았다. 하늘은 검게 물들고 있었다. 고속도로 중앙분리대 쪽에 늘어선 노란 등이 스쳐 지나갔다. 속도를 더하며 시야 밖으로 벗어나는 불빛의 수를 헤아리다 그만두었다. 낱개로 멀어지던 빛은 하나의 선이 되어 지나갔다.

그것은 마치 나를 지옥으로 끌고 들어가는 사슬 같았다.

공항에 도착하자마자 에어 앰뷸런스 기장들을 찾았다. ICAO 규정에 묶여 있는 그들은 이미 공항 내 에어텔에 투숙 중이었고, 나는 틀어져버린 상황에 대해 깊이 사과했다. 말레이계 싱가폴인인 기장은 싱가폴 공군 파일럿 출신이라고 자신을 소개했다. 수많은 작전 경험이 있고 실제 임무에 대한 이해도가 높았다. 그만큼 실전에서 현장 상황은 언제든 뒤틀릴 수 있음을 그는 잘 알고 있었다. 기장은 행운을 빈다며 나를 위로했다. 나는 아무 말도 하지 못한 채 씁쓸하게 웃었다.

나와 김지영을 태운 비행기는 자정 직전에 중국을 떠났다. 돌아오는 비행기 안에서도 김지영과 나는 입을 열지 않았다. 김지영은 곧 잠에 곯아떨어진 듯 보였으나 그저 눈만 감고 있는 것 같기도 했다. 우리가 수렁에 빠진 패잔병의 꼴을 하고 인천공항에 떨어진 것은 새벽이었다.

병원에 돌아와서도 일을 할 수 없고 잠을 잘 수 없었다. 화가 가라앉지 않았다. 이 분노의 원인이 중국 변방에서 죽어가는 한국인 환자를 걱정해서인지, 중국 병원에서 당한 수모가 분해서인지, 계획대로 임무에 성공하지 못해서인지, 아니면 그 모든 것이 뒤섞인 탓인지 분간하기 어려웠다. 몸은 돌아왔으나 머리 한쪽이 아직 중국 변방의 병원을 떠돌고 있었다. 김지영은 환자의 보호자들로부터 계속 연락을 받는 것처럼 보였다. 나는 모르는 체하며 놓아두었다.

사흘이 지나서 김지영이 나를 찾아와 물었다.

— 교수님, 만약에 그 환자 이송 요청이 다시 들어와도 가시겠어요?

김지영의 눈을 보았다. 두 눈이 시뻘겠다. 나는 김지영의 성격 중 일부를 안다. 분명히 나보다 더 잠을 이루지 못했을 것이다. 이 일을 어떻게든지 마무리 짓지 않으면 우리의 머리 한쪽은 중국 변방에 붙잡혀 있을 게 분명했다. 나는 무심한 척 물었다.

— 아직 살아 있긴 하대요?

김지영은 기다렸다는 듯 자신이 파악한 환자 상태에 대해 소상하게 보고했다. 환자에 대한 모든 정보와 중환자실의 환자 모니터, 투약 정보, 피검사 결과 등 훔쳐볼 수 있는 모든 것들이 휴대전화 사진을 통해 전해왔다. 환자의 가족들이 찍어 김지영에게 전송한 것들이었고, 그것들을 종합해 이루어진 김지영의 보고는 상세했다. 환자의 신장 기능이 이미 마비되어가고 있었다. 인공신장기들 중 특수기종을 이용해서 CRRT(지속적신대체요법)를 시작해야 할 시점이었으나, 사진 속 환자 옆에 붙어있는 장비들은 인공호흡기를 제외하고는 단출했다. 리네졸리드 정도의 필수 의약품조차 병원 밖에서 사다 투약해야 하는 병원에 CRRT 장비가 있을 것 같지 않았다. 나는 다시 물었다.

— 이번에는 환자를 내준대요?

김지영이 대답했다.

— 네. 그쪽에서도 환자가 다시 안 깨어날 거라는 걸 아는 것 같아요. 그래서 그런지 아니면 가족 분들이 그쪽 관계자들을 잘 설득해서 바뀐 건지는 모르겠어요. 하여간 세상을 떠나더라도 고향에 모시고 와서 묻히게 해야죠.

그의 마음은 이미 갈 준비를 마친 것같이 보였다. 살아서든 죽어서든 의료진과 환자가 함께 고향으로 돌아온다……. 이것은 석선장 때부터 우리를 일관되게 지배해온 업무의 기본 방향이다. 중증외상 환자가 죽을 확률이 높아 보이더라도 어떻게든 빨리 데려와 끝까지 치료를 이어가면서 회생 기회를 엿봐야 한다. 이렇게 하면 최악의 경우에 죽더라도 환자는 고향에 묻힐 수 있다. 나머지 결정은 가족들 몫이고 이런 의료 행위에 대한 방향 설정은 정책적 판단에 따라 이루어지며, 그것은 정치권과 행정부의 업무다. 그러므로 확실한 방향이 잡히기 전까지의 모든 행위에 대한 부담은 가족들과 의료진이 함께 진다. 나는 가족들에게 돌아갈 막대한 경제적 부담을 생각하지 않으려 애썼다. 돈 문제를 생각하고 환자를 대하는 순간 많은 것이 왜곡된다.

— 갑시다.

나는 곧장 경기 소방항공대의 이세형과 공군의 이병권에게 다시 부탁했다. 그들은 성공을 빈다는 말 외에 긴 말을 하지 않았다. 보건복지부의 현수엽과 정우진이 또다시 온갖 잡일을 떠안았다.

공군 제8전투비행단의 활주로를 다시 임시 개방하기로 했다. 국제공항에서 하게 되는 외국인 파일럿들의 입출국 수속과 검역 등이 전투비행단에서 이루어져야 했다. 국토해양부와 법무부, 검역기관들의 실무부서들을 다시 끌어들이느라 두 사람의 허리가 휘었다. 나는 김지영과 휴대용 인공호흡기부터 각종 의료기기용 배터리에 약물까지 챙겨서 곧장 싱가폴로 다시 날아갔다. 환자의 상태가 극심하게 나쁜 만큼, 소형 배터리팩 하나만 오작동을 일으켜도 환자는 생명을 잃을 수 있었다.

우리가 다시 그 병원에 도착했을 때 어떤 혈액 투석 장치도 환자에게 붙어 있지 않았다. 환자의 신장 기능은 이미 마비되어 있었다. 나는 중국 의료진에게 아무 말도 하지 않았다. 다만 문제없이 환자를 데리고 빠져나가기만을 바랬다. 환자 이송을 반대하며 전쟁을 운운하던 현지인도 더는 우리를 가로막지 않았다. 환자를 태운 이송용 침대를 끌고 긴 병원 복도를 빠져나오면서, 지난 사흘간 이곳에 남아 겪었을 보호자들의 고생이 짐작됐다. 몸과 마음이 모두 닳아 없어졌을 것이다.

환자를 태우고 갈 비치호커는 챌린저 604보다도 훨씬 작았다. 지난번 내게 행운을 빌어줬던 그 싱가폴인 기장이 다시 조종을 맡았다. 그는 경쾌한 발걸음으로 조종석에 올라타며 저음의 목소리로 힘을 실어 말했다.

— 오케이, 가보죠. 해봅시다.

중국에서 빠져나오는 중에 작은 기체는 난기류에 진동했고, 소변이 전혀 나오지 않는 환자의 활력 징후는 심하게 흔들렸다. 환자의 소변줄에는 짙은 커피색의 탁한 분비물만 맺혔다. 신장 기능이 무너진 환자들에게서 관찰되는 증상이었다. 충분히 준비해서 간 약제와 장비들이 아니었으면 환자는 하늘에서 숨이 끊어졌을 것이다.

우리 영공에 들어오자 공군이 나섰다. 제8전투비행단의 공군 장병들이 관제탑과 활주로를 개방하고 비치호커를 부드럽게 유도했다. 자정을 30분 넘겨 비행장에 착륙했을 때 공군 장병들은 활주로 주기장에 도열해 있었다. 이세형과 정경원이 AW-139를 활주로에 주기해놓고 기다리는 모습이 보였다. 비치호커의 해치가 열리고 공군 간호장교가 뛰어들어와 환자를 AW-139에 옮겨 싣는 것을 도왔다. 우리는 외상센터에 도착하자마자 환자 몸에 흉관을 추가 삽입해 폐에 차 있는 피를 뽑아냈고, CRRT로 환자 핏속에 가득 찬 노폐물들을 걸러내기 시작했다. 센터 의료진 전부가 집에 가지 못했다.

다음 날 흉부외과를 찾아가 환자의 CT 사진을 보여줬다. 흉부외과에서는 중국에서 환자에게 시행했다는 개흉심장마사지 소견을 확인할 수 없다고 했다. 개흉술을 통해 심장마사지를 하고 나면 심장 주위 조직이 바뀌고, 흉부 전산화 단층 촬영을 통해 그 변화 양상을 볼 수 있다. 환자의 가슴을 열었다 닫은 피부 흔적은 뚜렷했으나 보여야 할 심장 주위 조직의 변화 양상은 뚜렷하게 관찰되지 않았다. 그러나 나는 환자의 수술적 치료에 대한 정보를 중국 병원에 더는 요구하지 않았다.

기관절개 수술을 하고 환자에게 인공호흡기를 달았다. 신장내과, 순환기내과, 호흡기내과, 감염내과, 혈액내과를 비롯한 거의 모든 내과계 교수들에게 협진이 의뢰되었고, 나는 진단검사의학과에 내려가 환자에게서 검출된 항생제 내성균주에 대해 상의했다. 환자가 중국 현지에서 가져온 항생제 내성균주는 통상적인 국내 항생제 내성균주와는 감염성과 항생제 반응 정도가 전혀 달라 병원 전체가 긴장했다. 심한 경추손상과 뇌손상, 골절 등에 대해서는 신경외과와 신경과, 정형외과 등 여러 임상과와 협진했다. 환자의 숨을 붙들고 있는 것만으로도 힘에 부쳤다.

빨리 회복될 수 없는 환자였으므로 입원 기간이 길어질 수밖에 없었다. 주치의별로 환자 재원일을 감시하는 적정진료실에서 경고가 날아 들어왔다. 환자를 놓을 수는 없는 일이어서 나는 경고를 받아 삼키고 의식 뒤편으로 밀어버렸다.

수개월이 지났다. 환자는 안정되는 양상을 보였으나 회복되지는 못했다. 보호자들은 모든 심적, 물적 자원을 총동원해 환자에게 쏟아부었다. 종국에는 실험적으로만 이루어지고 있는 줄기세포를 이용한 치료에까지 나섰다. 그러나 더 이상 호전되지 않았다. 환자는 살아 있으나 다시 살아갈 수는 없을 것 같았다. 나는 보호자들의 지치지 않는 노력이 고마웠다. 그 고마움을 전하자 보호자들은 되레 내 처지를 걱정했고, 결국 환자를 재활 전문병원으로 전원시키겠다고 했다. 보호자들의 마음을 잘 알고 있었으므로 그 결정을 막지 않았다.

전원 간 지 반년이 지나 환자의 딸은 환자가 편히 영면했다고 알려왔다. 딸의 목소리는 담담했다. 환자의 사고를 둘러싸고 수많은 말들이 떠돌았으나 환자는 끝내 사망했다. 사고 당시의 상황을 유일하게 알고 있던 당사자가 없어졌다. 나는 그 가족들에게 미안했다. 환자는 행복한 마지막을 보냈을 것이다. 혼란 속에서도 그것 하나만은 선명했다. 죽음이란 누구에게든 동일하지만 모두에게 같은 모습으로 오지는 않는다. 나는 버려진 죽음을 수없이 보아왔다. 가족이 없고 돈이 없어서 쓸쓸하게 허물어져 가는 목숨들이 너무 많았다. 그러므로 생의 마지막 순간에 가족들이 이처럼 모든 것을 다 쏟아붓는 상황은 아무나 받는 축복이 아니다. 그 지점에서만큼은 분명히 행복했을 환자였다.

그날 저녁 센터장실 의자에 몸을 파묻은 채로 한참 동안 창밖을 내다보았다. 수많은 생각들이 머릿속을 스쳤다.

나는 과연 잘한 것인가. 아니면 무모한 일에 너무 많은 사람들과 자원을 투입해가며 소모전을 벌인 것인가.

고요한 밤 창밖의 희미한 가로등을 보고 있으면 뒤엉킨 생각들이 때로 정리가 되었고 때로는 파편적으로 갈라져 나갔다. 현수엽,

정우진, 이병권, 이세형……. 미안한 얼굴들이 계속 떠올랐다. 많은 생각들이 교차되었으나 그 어떤 결론에도 닿지 못했다. 가장 쉬운 결말은 누군가 나서서 내 일의 종료 시점을 정해주는 것이리라. 내게 맡겨놓는 한 나는 이 일을 그만두지 못할 것이고, 이 일을 지속하는 한 나는 위험한 상황을 좇는 본능에 따라 또다시 움직일 것이다. 나는 단지 내가 잘하고 있는 것인지를 알고 싶었다. 그러나 어떤 답을 들어도 무엇도 선명해지지는 않을 것 같았다.

지원자

경기남부권역외상센터 건립 사업은 경기도의 일이기도 했다. 보건복지부 외에 경기도 또한 이 사업에 큰 예산을 투입했고, 많은 돈이 들어간 만큼 필요로 하는 자료들도 많았다. 외상센터의 내부 행정력만으로는 경기도에서 요구하는 양식에 맞춰 자료를 준비해 제출하는 데 한계가 있었다. 그해(2013) 말, 경기도 보건정책과 류영철 과장이 도청 소속 직원 한 명을 외상센터에 파견하겠다며 의견을 물어왔다. 나는 회의적으로 되물었다.

— 이런 골치 아픈 일을 할 만한 사람이 있겠습니까? 있다고 해도 경기도 공직자가 어떻게 민간 기관에 와서 일해줄 수 있습니까?

류영철은 조심스럽게 말을 꺼냈다.

― 저희 주무관 중에 인제대학교 서울백병원 중환자실 근무 경력이 있는 간호사가 있습니다. 경기도 보건정책과 공무원 생활을 한 지는 10년 됐고요.

그는 '지원자'에 대한 설명을 이어나갔다.

― 이 친구는 제가 함께 일해온 의료인 출신 공무원 중 최곱니다. 임상 지식도 탄탄하고 행정 업무까지 완벽하게 소화해내고 있어요. 업무에 대한 열정도 남다르고요. 최근에 경기도 선발 해외 연수 대상자로 선정돼서 내년에 미국 워싱턴대학교에서 연수 예정이었는데요. 이 친구가 해외 연수도 포기하고 아주대학교병원으로 파견 근무를 가겠다고 나섰어요. 어차피 저희 입장에서는 해외 연수로 빠질 인원이었기 때문에 인력 손실은 없습니다.

나는 설명을 들으면서도 이해되지 않았다. 소속 기관에서 해외 연수 대상자로 선발되었다는 것은 기관의 지원하에 수년간 해외 경험을 쌓을 수 있다는 말이고, 직장인으로서 매우 큰 기회였다. 그것을 포기하고 이 복잡하고 난해한 판에 뛰어들겠다는 사람을 이해할 수 없었다. 류영철은 당사자를 만나보기를 권했다.

단정한 용모에 단단한 표정을 한 지원자가 나와 마주 앉았다. 들은 대로였다. 이미 경기도 지방직 6급 주무관으로, 해외 연수를 다녀와 조금만 더 경력을 쌓으면 사무관이 될 사람이었다. 나는 그를 물끄러미 보았다.

— 정말 해외 연수를 포기하고 저희 병원으로 오겠다는 말씀인가요?

— 예, 맞습니다. 중증외상센터 설립은 최근 경기도 보건국에서 가장 큰 규모로 추진하는 사업입니다. 그 현장에 있고 싶어서 지원했습니다.

나는 당사자의 답을 듣고도 여전히 이해할 수 없었다. 눈앞의 공직자가 '현장'의 격렬함을, 중증외상이라는 이 지리멸렬한 판을 과연 얼마나 제대로 이해하고 있을지 의문이었다. 우리 팀원들의 일상과 격무를 알고도 버텨나갈 수 있을지도 알 수 없었다. 어쨌거나 인력은 필요했다. 경기도청 주무관인 만큼 행정 업무는 이 지원자 이상으로 해나갈 사람은 없을 터였다. 나는 길게 묻지 않았다. 류영철의 제안과 지원자의 의지를 받아들였다. 파견 행정 절차는 급속도로 진행됐다. 류영철은 박수영 경기도 행정부지사에게 직접 결재받았고, 지원자는 곧바로 우리 외상센터에 합류했다. 그가 김태연 주무관이었다.

김태연은 파견 나온 이후 거의 매일 제때 귀가하지 못했다. 임상과 행정을 넘나들며 엄청난 양의 업무들을 처리해나갔다. 대우그룹 출신인 박재호 아주대학교병원 행정부원장은 김태연을 각별하게 챙겼다. 그는 대기업 형식의 효율적 행정을 김태연에게 가르쳤고, 김태연이 만들어내는 정부 형식의 각종 문서들과 행정 처리 방식은 아주대학교병원 행정에도 영향을 미쳤다.

김태연은 여느 전담간호사들과 마찬가지로 비행 훈련을 받았고 항공 출동을 했다. 공직에 들어온 이후 임상 경험은 없었으나 눈썰미가 좋았다. 경기 소방항공대의 헬리콥터가 중앙구조단의 AS365와 기본 모델명만 같을 뿐 기체 옵션의 많은 부분이 빠진 낡은 항공기임을 금방 알아챘다. 항공기에 문외한인 그가 각 기체의 특성까지 쉽게 파악해내는 것이 신기했다. 김태연은 궂은 날씨에도 출동을 자처했고 두려움 없이 공중 강하를 해냈다. 인력이 부족한 우리에게 행정 업무와 출동 모두를 무리 없이 해내는 김태연은 선물과도 같았다.

그러나 중증외상센터 사업을 받은 것이 잘한 일인지 알 수 없을 만큼 몰려오는 일들이 너무 많았다. 보건복지부와 외상 관련 학회 등을 돌며 시급한 외부 현안을 간신히 막아두면, 그사이 병원 내에서 또 다른 문제들이 터져 나왔다. 나와 팀원들이 일당백으로 움직여도 해결되지 않는 문제들이었다.

힘들게 선발해놓은 전담간호사 두 명이 동시에 사직원을 던졌다. 일을 시작한 지 일주일 만이었다. 김지영이 개별적으로 면담해보았으나 잡지 못했다. 면접 당시에는 강한 의지를 불태우던 사람들인데 너무 쉽게 사표를 썼다. 나는 우리의 상황이 얼마나 끔찍하기에 기껏 선발한 전담간호사들의 70퍼센트가 한 달을 채우지 못하고 도망치듯 사라지는지 알 수 없었다. 김지영도 모르겠다고 했다. 그는 지옥에 있는 사람들은 자신들이 지옥에 있다는 사실조차 모른다는, 자신이 다니는 교회 담임 목사의 설교 내용을 말했다. 나는 담담히 들었다. 사직한 이들에 대한 기대가 컸기에 김지영의 충격이 꽤나 큰 듯했다. 나는 익히 봐온 상황이어서 놀랍지 않았다.

아직 의사로서 여물지 않은 시기부터 과도하게 외상외과에 집착하거나, 큰 기대를 가지고 이 일에 뛰어드는 외과 의사들 중에도 뜻밖의 중도 탈락자가 많았다. 이 분야는 오히려 큰 기대를 가지지 않고 시작해야 지속할 수 있다. 한 번의 수술로 기적같이 환자를 살려내고 보호자들의 찬사를 받는 모습은 영화에서나 존재한다. 실상은 답답하고 지루한 긴 호흡으로 환자를 살펴야 하고, 그런 중에 더없이 비루한 현실까지 감내해야 하는 것이 외상외과의 일이다.

부상들

최준영 소방대원이 몇 주가 지나도록 출동에 나오지 않았다. 그 자리를 서신철 대원이 메웠다. 최준영은 항상 이세형 비행대장의 뒤를 지켰으므로 나는 그의 부재가 불안했다. 서신철에게 최준영의 근황을 물었을 때, 그는 머뭇거리다 입을 열었다.

― 최준영 대원 딸이 좀 많이 아팠습니다. 중환자실에 입원까지 했었어요. 한 달 동안 집중치료 받고 얼마 전 간신히 호전돼서 재활병원으로 옮겼답니다.

나는 아무 말도 할 수 없었다. 소방대원은 남의 생명을 구하려고 목숨을 내걸고, 의료진은 그들이 구해온 환자를 수술하려고 고통을 감내한다. 그들 역시 가족의 병마와 자신의 부상이나 아픔에 노출되어 있기는 마찬가지다. 수개월씩 바다에 떠 있는 해군들도 자식의 출생을 보지 못하고 부모의 임종을 지키지 못한다. 하지만 그 사실을 받아들이고 버티며 각자 자리를 지킨다. 그런 이들 덕분에 세상이 돌아가지만 사람들은 그것을 알지 못한다.

 경기도 북부와 남부에서 동시에 화재 사고가 터졌다. 경기 소방특수대응단 서석권 단장이 직접 헬리콥터에 탑승해 남부 현장으로 날아갔다. 그가 안산시 상공을 지날 때, 북부 현장 상황이 악화되어 건물이 붕괴됐다. 소방대원이 무너진 건물 잔해에 깔렸다는 무전이 터져 나오자 그는 북부 쪽으로 기수를 틀었다. 그러나 매몰된 소방대원이 이미 사망했다는 보고를 받고 서석권은 하늘 위에서 눈물을 뿌리며 다시 기수를 남쪽으로 돌렸다. 소방대원들은 늘 위험한 임무에 노출되어 있고, 특수대응단을 이끄는 서석권은 항상 괴로워했다.

 그런 서석권이 특수대응단 훈련장 건립 공사를 지휘하던 중에 쓰러져 AW-139에 실려 왔다. 땀과 흙으로 뒤범벅된 임한근 소방대원이 숨이 약해진 서석권을 잡고 헬리콥터에서 뛰어내렸다. 서석권은 부족한 예산 때문에 소방대원들을 독려해 직접 공사를 해나갔고, 작업 중에 말벌 떼의 공격을 받았다고 했다. 해병대 출신인 건장한 서석권의 나이도 이제는 반백이 훌쩍 넘었다. 상태를 보니 아나필락시스 쇼크(anaphylaxis shock)였다. 기도에 부종이 심해 숨을 쉬지 못했고 의식이 없었다. 임한근이 헬리콥터로 실어오지 않았으면 서석권은 길바닥에서 죽었을 것이다. 내가 기관삽관을 했다. 중심정맥관을 확보하고 충분한 수액과 약물을 투입한 후, 인공호흡기를 걸어 중환자실에 입원시켰다. 며칠 후 서석권은 퇴원해 바로 업무에 복귀했다. 나는 더 쉬어야 한다고 했지만 그는 말을 듣지 않았다.

영상의학과 김재근 교수가 오른쪽 어깨를 많이 아파했다. 김재근은 복부초음파 진단을 누구보다 잘했다. 초음파를 볼 때 환자의 좌측 부위의 후면까지 잘 들여다보려고 자신의 몸 전체를 이용하며 애썼다. 흔히 오른손잡이의 경우 이런 식으로 체위를 잡다보면 오른쪽 어깨에 무리가 많이 간다. 어깨 통증은 김재근의 고질적인 직업병이었다. 김재근은 아파도 특별히 내색하지 않았고, 잘 먹지 못하고 돌아다니는 나를 불러 빵과 갓 내린 커피를 내주곤 했다. 그에게 항상 고마웠으나 달리 갚을 길이 없었다.

이성호 비행대장이 많이 아팠다. 큰 수술을 받느라 3개월간 비행하지 못했다. 그 공백을 이세형 비행대장과 이인봉 기장이 메웠다. 이성호가 합병증까지 겪는다는 소식을 전해 듣고 불안했으나 복귀 소식이 들려와 안도했다. 어느 날 자정 안성에서 환자가 발생했을 때, 나는 헬리콥터 조종석에 앉은 이성호를 보고 반가워 숨이 막혔다. 복귀 후 이성호의 첫 출동이었고, 야간 출동이었다. 그가 나를 보고 먼저 인사했다. 로터 소리에 목소리는 들리지 않으나 그의 표정에서 반가움을 읽었다. 내게는 그의 복귀 자체가 가장 큰 인사였다.

　임한근 대원이 어깨를 다쳤다. 산악 구조작업에 투입되어 환자를 구하다 부상을 입었다. 산악 사고의 경우, 환자에게 닿는 방법은 헬리콥터가 공중에서 정지비행하는 동안 의료진이나 소방대원이 강하하는 것뿐이다. 환자를 안정시키고 들것에 실어 헬리콥터로 인양하는 과정은 적지 않은 위험을 감수해야 한다. 임한근은 치료를 받고 며칠 후 업무에 바로 복귀했다. 다른 대원들에게 일을 맡기기 미안해 쉴 수 없다고 했다. 서석권은 위기 상황마다 자원해 사지로 들어가는 그를 말릴 수 없어 안타까워했다.

의료 공백(空白)

행복한 명절이라는데 사고는 늘었다. '민족의 대이동'이라 할 만큼 오가는 사람이 많으니 각종 사고가 줄을 이었다. 병원 직원들도 명절을 쇠러 빠져나가므로, 가뜩이나 부족한 중증외상 환자 진료 역량은 더욱 악화되었다. 일반 병동은 환자들마저 퇴원을 앞당기거나 외래가 문을 닫아 스산하기까지 한 시기다. 우리는 당직을 짜놓고 병원에서 버티며 밀려드는 환자들을 받아냈다.

대학 병원의 전문의 당직 시스템은 아래 연차의 교수진이나 임상강사진으로 채워지기 마련이다. 최고 실력을 가진 교수진은 멀리에서 자신을 찾아온 외래환자 진료에 집중한다. 그것이 병원의 수익성 제고에 도움이 되니 마치 한국 의료의 대도(大道)인 것 같왔다. 이로 인해 발생되는 의료 공백은 많은 의료기관들의 공통적인 문제였으나 의료진의 희생만으로 이것을 메우라고 할 수는 없다. 우리나라 의료는 대부분 민간 의료에 기대고 있고 국가는 일부 국립대학의 의사들을 길러낼 뿐이다. 국내 의사들이 숙달된 전문의로 성장하는 것은 대부분 개인의 노력의 결과다. 소명이나 사명은 꿈같은 말일 뿐 '자발적 희생'에 지나지 않고, 국가든 누구든 그들에게 희생을 강요할 수 없다. 어쨌거나 나는 어쩔 수 없이 발생하는 의료 공백의 블랙홀에 빨려 들어가지 않으려고 몸부림쳤다.

구정 전날 부산에서 전라도로 넘어가는 국도에서 교통사고가 발생했다. 운전자였던 젊은 부산 여자가 많이 다쳤다. 다급한 환자 상태가 전화선을 타고 내게 넘어왔다. 지역 의료원과 대학 병원 두 곳을 거치며 시행한 CT 검사에서 의사들은 대량 간 파열을 확인했고, 환자가 피를 많이 쏟아내고 있다고 알려왔다. 혈압은 이미 바닥으로 치닫고 있었다. 그러나 전해지는 사고 상황과 환자 상태 같은 기본 정보는 대부분 부정확하고, '현재' 상태를 반영하지 못한다. 나는 그것을 알고자 시간을 많이 쓸 수 없었다. 어차피 항공출동이란 최악의 상황을 대비해야 한다. 아수라장 같은 사고 현장에서 환자들이 얼마나 다쳤는지 이쪽에서 정확히 알 방법은 없다. 우리는 단지 교과서의 중증외상 환자 분류 기준에 따라 움직였고, 그 와중에 유무선상으로 추가적인 환자 정보를 확보하려 애쓸 따름이었다.

　어둑한 하늘에서 눈발이 날리고 있었다. 김주량, 김효주와 함께 출동을 준비했다. 설 연휴에 경기 소방항공대에 출동을 요청하기가 미안했다. 저편에도 명절을 가족과 보내지 못하는 사람들이 있었다. 그래도 이세형 비행대장의 목소리에 나는 미안함보다 반가움이 앞섰다. 이세형은 전라도 쪽에 눈구름이 심하게 깔려 있어서 목적지까지 비행은 힘들 것이라고 알렸다. 나는 다시 환자가 있는 병원에 연락해, 비행 한계 지점에서 환자를 태운 앰뷸런스와 만나기로 약속을 잡았다.

　몇 분 후 이세형과 이인붕 기장이 조종해 온 AW-139가 우리를 싣고 남쪽으로 날았다. 암흑 속에서 흰 먼지 같은 눈발이 시야를 가렸다. 논산에 접근할 무렵 기상이 악화됐다. 헬리콥터는 한 치도 전진할 수 없었다. 우리 사정을 안 육군항공학교에서 악천후 때문에 폐쇄한 활주로를 열어줬다. 헬리콥터가 내려앉을 때, 하향풍에 하늘 가득 눈보라가 일었다. 모래알 같은 눈송이들이 중력을 이기고 하늘로 솟아올라 사방으로 흩날렸다. 멀리서 당직사관이 활주로까지 달려 나왔다. 앰뷸런스는 아직 도착하지 않았다. 나는 당직사관에게 고맙다는 인사부터 했다.

　— 활주로를 열어주셔서 감사합니다. 새해 복 많이 받으세요.

　— 별말씀을요. 명절 전날인데도 수고 많으십니다. 시장하실 텐데 좀 드세요.

당직사관은 악수하려고 내민 내 손을 잡으며 검은 비닐봉지를 건넸다. 봉지가 묵직하고 따뜻했다. 두유였다.

— 뭘 이런 걸 다. 감사합니다.

내 인사에 그는 환히 웃었다. 프로펠러가 멈추자 사방이 고요했다. 방향을 잃고 춤추던 눈발이 옅은 사선을 그리며 땅에 내려앉았다. 어둠 속으로 이어진 활주로는 하얀 솜뭉치로 뒤덮인 것처럼 보였다. 그 위에 선 채로 소방대원, 팀원들과 두유를 나누어 마셨다. 하얗고 따뜻한 것을 함께 나누자 명절 기분이 났다. 당직사관이 가져온 고소한 온기가 목구멍을 타고 흘러 몸을 덥혔다.

잠시 후 어둠 끝에서 달려오는 앰뷸런스가 시야에 들어왔다. 바퀴의 움직임을 따라 바닥에 쌓인 눈이 펄럭이며 흩어졌다. 주변 공기가 일순간 차갑게 얼어붙었다. 우리 앞에 멈춘 앰뷸런스 안에서 응급구조사가 문을 열고 뛰어내렸다. 그는 몸을 밖으로 빼내자마자 환자의 상태를 알렸다.

— 전라북도 국도의 운전자 사고입니다. 현재 내부 출혈이 심해 혈압이 떨어지고 있습니다.

의식을 잃고 누운 환자의 복부는 이미 심하게 부풀어 터질 듯했다. 이세형은 이륙을 준비했고 남은 이들이 환자를 급히 헬리콥터로 옮겼다. 로터 소리가 한밤의 정적에 균열을 냈다. 가능한 한 빨리 수원으로 돌아가야 한다. 돌아가는 길에 눈발이 세졌으나 이세형은 능숙하게 어둠 속을 가르고 나아갔다.

병원에 착륙하니 김영환이 헬기장에서 우리를 기다리고 있었다. 김영환은 당직이 아니었다. AW-139의 배기음 속에서 내가 소리쳤다.

― 왜 병원에 나와 있는 거야?

― 헬리콥터가 날아다니길래 나와 봤습니다.

김영환은 병원 바로 근처에 살고 있었다. 김영환이 외쳤다.

― 박성용 교수님이 마취 준비 중입니다.

나는 곧장 환자를 수술방으로 올렸다.

환자의 부푼 배를 열자 피가 솟구쳤다. 뿜어져 나오는 피만 간신히 막아내며 간 뒷부분의 하대정맥까지 파열된 실질을 하대정맥에서부터 복구하고 흐트러진 간 실질만 부분적으로 절제했다. 간이 파열됐다고 간을 다 제거할 수 없다. 심장 없이 사람이 살 수 없듯 간이 없으면 사람은 죽는다.

나는 남아 있는 간 실질을 최대한 끌어모아 지혈제를 채워 넣으며 봉합해나갔다. 간 실질을 통과하며 간을 붙여가는 특수바늘의 각도는 과해서도 안 되고 부족해서도 안 된다. 8센티미터 길이의 스테인리스강으로 만들어진, 아름답게 구부러져 부드러운 C자 커브를 그리는 커다란 간 봉합바늘과 미세한 실의 연결체가 제일 선두에서 간 조직을 뚫고 들어가는 궤적을 정확히 따라가야 한다. 그러지 못하고 간 조직을 헤집게 되면, 가뜩이나 파열되어 너덜거리는 간의 남은 조직들이 한꺼번에 붕괴되어버린다. 그러면 피는 절대로 멎지 않고 환자는 살아서 수술방을 나갈 수 없다.

간 실질을 헤집어나가는 길을 조금이라도 잘못 짚으면 끝이라는 생각에 나는 숨을 몰아쉬었다. 손끝에 느껴지는 감촉에 의지하면서 너무 과도하게 힘이 들어가지 않도록 주의했다. 나도 모르게 어깨와 팔 전반에 들어간 힘을 최대한 빼기 위해 다시 심호흡했다. 오래전부터 외과 왕희정 교수가 가르쳐준 간 수술 철칙이었다. 내가 전임강사 발령을 받은 이후 왕희정은 나와 함께 수술할 때 제1조수 자리를 고수했다. 내가 요청해도 움직이지 않았다. 그는 늘 그 자리에서 조용하게 설명하며 차분하게 내 손을 이끌었다. 그날 나는 혼자 수술했으나 왕희정 교수와 함께 한 것이나 다름없었다.

수술은 무사히 끝났다. 흉관삽관까지 한 후 개복된 상태로 환자를 중환자실로 보냈다. 이후로도 환자는 두 차례의 수술을 더 받아야 했다. 전라도에 있는 애인을 만나러 가다 사고를 당했다고 들었는데, 그 애인은 수원까지 올라와 환자의 병상을 지켰다. 구정 연휴 내내 환자는 생사를 오갔으나 다행히 살아 있었다.

연휴를 지나 해군사관학교에서 강의를 했다. 학교 측은 임관 예정인 4학년 생도들에게 바다에서의 생활과 실무에 투입될 시 주의할 점에 대해 강의해달라고 했다. 내가 바다에 머물렀던 시간은 길지 않고 바다를 떠나온 지는 오래되었다. 그러나 외상센터는 '섬'과 같다. 이곳에서의 삶이 바다 위의 그것과 다르지 않고, 여기에도 심한 파도와 같은 충격이 있다. 어디든 사지이기에 견뎌야 하고 버텨야 한다. 나는 그 점을 생도들에게 전달하고자 했다.

강의 당일, 3시간 가까이 생도들과 함께하며 많은 이야기를 나눴다. 모두 사기가 높았고, 함상 훈련을 통해 자신의 임무에 대해 명확히 인지하고 있었다. 일선에 투입되기 직전의 긴장과 흥분이 뒤섞인 생도들의 떨림이 내게도 전해져왔다. 강의를 마치고 병원으로 돌아가려는 참에 이기식 해군사관학교장이 내 이름이 새겨진 해군 함상 점퍼를 주었다. 방풍 기능과 통기성이 뛰어나면서도 가볍고 기능적이었다. 마음에 들어 김지영에게 추가로 구입할 방법을 알아보라고 일렀다. 예산 부족에 시달리는 김지영이 점퍼를 받아들고 고개를 저으며 돌아섰다.

얼마 뒤 환자는 호전되어 일반병실로 옮겨졌다. 대부분의 장기 기능이 돌아왔으나 하대정맥 파열과 복구 후유증인 하대정맥 협착으로 하지 쪽에 부종이 발생했다. 영상의학과 원제환 교수가 중재적 시술로 혈관을 다시 확장했고, 환자는 극적으로 회복해 퇴원했다. 스스로 만들어낸 환자의 복원력이 기적 같았다.

그해 여름에 환자가 애인과 함께 외래로 왔다. 환자는 많이 좋아 보였고, 사고 전과 크게 달라진 것은 없다고 했다. 진료를 마치고 두 사람은 환히 웃으며 나갔다.

나는 빈 진료실에 앉아 환자를 실어왔던 날을 생각했다. 모두가 쉬는 설날 자정에 이세형과 이인붕이 헬리콥터 조종간을 잡았다. 서신철, 이몽영, 임한근 소방대원이 함께 출동했고 김주량, 김효주가 목숨을 걸었다. 헬리콥터 이착륙 유도를 위해 병원의 보안요원들과 주차요원들이 눈보라를 뒤집어썼다. 공군에서 헬리콥터 항로를 유도해줬고, 육군항공학교 당직사관들이 나서서 활주로를 열어줬다. 박성용, 김영환이 응급수술을 위해 명절을 포기하고 달려 나왔고 수술방 간호사인 임혜령, 류강희를 비롯한 여럿이 고향에 내려가지 못했다. 건강히 두 다리로 걸어와 웃으며 돌아간 환자는, 명절에 벌어지는 의료 공백을 여러 사람들이 메워낸 결실이었다.

그러나 나는 갈수록 보람보다 부담이 더 커져갔다. 외상외과를 필요로 하지 않는 한국 사회에서 목숨 하나를 살리기 위해 모든 고통을 '몸으로 감내해야 하는', 말도 안 되는 시스템의 최종 희생자는 내 주위 사람들이다. 거의 완벽하게 건강을 회복한 젊은 환자는 연인과 행복해 보였으나, 외상외과 의료진은 강도 높은 노동 현실에 꺾이며 쓰러져나갔다.

민족의 명절 좋아하시네…….

습관성 멘트처럼 나도는 '민족의 명절'이라는 말을 들을 때마다 나는 속으로 뇌까렸다. 사방에서 떠드는 '민족'이나 '국민' 안에 나나 우리 팀원들은 속하지 않았다. 분명히 우리는 다른 세상에서 살고 있었다.

4월 16일 오전은 모든 것이 평소와 같았다. 스태프들과 모여 환자들의 차트를 확인하고 각자 오전 회진을 돌았다. 여느 때처럼 중환자실에는 끊이지 않고 들리는 기계음과 간호사들의 낮은 목소리만이 감돌았다. 간호사들에게 필요한 사항들을 일러두고 일반 병동으로 걸음을 옮길 때 사무실에서 걸려온 전화를 받았다. 김효주였다. 무슨 일이냐는 내 물음이 끝나기도 전에 그가 다급하게 말했다.

— 교수님, 남해에서 배가 침몰해 들어간답니다. 안산의 고등학교 학생들이 수학여행을 가고 있었는데 배가 침몰하고 있다고 합니다.

전화기 너머 김효주의 목소리는 심하게 떨리고 있었다.

기울어진 배

1

급하게 쏟아내는 전담간호사 김효주의 말은 이해하기 어려웠다. '고등학생들의 수학여행'과 '배가 침몰한다' 사이에서 명확한 연결고리를 찾지 못했다. 나는 걸음을 멈춰 섰다.

─ 효주 선생, 무슨 얘기야? 천천히 차근차근 설명해봐.

─ 정확한 건 모르겠습니다. 수학여행 가는 학생들이 탄 배가 바닷속으로 가라앉고 있다고만 나옵니다. 빨리 좀 와보셔야 할 것 같습니다.

배의 크기와 침몰 이유를 재차 물었으나 김효주도 상황을 정확히 파악하기 힘든 것 같았다. 회진 중이었으므로 곧바로 확인은 어려웠다. 불안이 피어올랐으나 바다의 일은 멀고 환자들은 눈앞에 있었다. 나는 김효주의 말을 머리 뒤로 밀어 넣었다.

회진을 마치고 사무실로 돌아갔을 때 YTN 채널에서 사고 지역이 생중계되고 있었다. 화면 속 배는 내 생각보다 훨씬 거대했다. 관광객을 태우는 평범한 유람선이 아니었다. 화물선이 아닌 여객선으로 저 규모라면 수백 명을 태울 수 있는 배다. 이미 옆으로 심하게 기울어 침몰하고 있는 선체는 별다른 파손 흔적 없이 매끈했다. 화염도 보이지 않았다. 배 주위에 항로를 방해할 만한 것이 없고 바다의 조류 또한 잔잔했다. 선박 주변은 이상하리만큼 고요했다. 욕조에서 장난감 배가 가라앉는 것만 같았다. 기이한 장면이었다.

나는 화면만 뚫어지게 쏘아보았다. 배가 저만큼 기울었으면 승조원과 승객들은 이미 퇴선하여 구명보트를 타고 선박을 떠나야 했다. 구명보트에 여유가 없으면 구명조끼라도 입고 배 주위를 떠다니는 사람들이 보여야 했다. 그러나 화면 속에서는 별다른 탈출 흔적도, 구조작업도 보이지 않았다. 몇 대의 RIB(Rigid Inflatable Boat, 단정)*들만이 여객선 주변을 맴돌았다. 거대한 배가 오롯이, 고요히 가라앉고 있었다.

---

* 얕은 수역에서 인원, 장비 또는 보급품을 수송하기 위하여 사용되는 평평한 배. 고무재질로 만들어 바람을 불어넣어 사용하는 경우도 많다.

— 구조된 사람들이 보이지 않으니 답답하네요.

— 고등학생들이 수학여행 가느라 저 배를 탔다는데, 어찌된 일인지…….

 옆에서 걱정과 불안이 터져나왔다. 김태연이 안산의 한 고등학교 학생들이 배에 탑승했다는 사실만을 재차 확인해줬다. 경기도 보건과에서도 현지 사정을 알기 어려운 것 같았다. 현장 요원들은 전국에서 쏟아지는 전화를 받고, 보고하느라 정신이 없을 것이다. 사고 현장에 대한 정보는 현장 상황의 어려움과 반비례하는 경우가 많다. 현장이 아수라장일 때 전해오는 정보는 기껏해야 지옥 불구덩이 속에서 올라오는 메아리 정도일 뿐이다. 나는 그 난해한 소음들을 세밀히 판독할 수 없었다.

 경기 소방특수대응단의 서석권 단장이 간신히 연결됐다. 사고는 경기도 밖, 남해 연안에서도 한참이나 떨어진 바다 한복판에서 벌어졌다고 했다. 우리는 육상에서 발생한 사고에 대한 구조구급 활동을 주로 해왔다. 해양으로 나간다고 해도 대부분의 출동은 연안 도서에 국한됐다. 경기 소방항공대의 AW-139에는 플로트(float)*가 없다. 해상에서 계기 이상이라도 일어나 바다에 불시착이라도 하게 되면, 헬리콥터는 탑승한 대원들과 의료진을 끌어안

---

* 해상비행용 비상부유장비. 헬리콥터가 해상에 불시착하더라도 몇십분 이상의 시간 동안 해상에 떠 있음으로써 승무원들이 구조될 수 있는 시간을 벌어준다.

은 채 수장될 것이다. 그러나 남쪽 바다의 상황을 경기도 내륙에 앉아서 알 수는 없었다. 서석권의 생각도 같았다.

— 일단은 무조건 가야죠? 교수님도 가신다니 우리 팀도 수난구조장비를 갖춰서 출동하겠습니다.

나는 곧장 비행복을 입고 장비를 챙기고 헬멧을 썼다. AW-139가 얼마나 많은 장비와 구조인원을 싣고 장거리 구조작전에 투입될 수 있을지를 헤아렸다. 3월에 합류한 흉부외과 전문의 문종환과 전담간호사 송서영이 함께 가기로 했다. 이상민 기장이 AW-139를 몰고 왔을 때, 캐빈 안에는 수난구조장비를 갖춘 소방대원들이 자리해 있었다. 모두 잔뜩 굳은 얼굴이었다.

각종 장비와 대원들, 의료진까지 하중을 더했고, 항공유까지 가득 실어 AW-139의 움직임이 경쾌하지 못했다. 연무(煙霧)로 인해 시정(視程)까지 전혀 나오지 않았다. 회전익 기체가 영공에서 비행할 수 있는 한계 허용범위 8,000피트까지 고도를 올렸다. 심한 역풍이 기체를 후려쳤다. 기체 전체가 심하게 떨리자 서신철 대원이 말했다.

— 안 되겠네. 서해 연안을 타고 가야겠어요.

우리는 시정이 좀 더 낫고 산악의 위험물로부터 상대적으로 자유로운 한반도 서쪽 해변을 타고 남하했다. 배가 빠른 속도로 가라앉고 있다는 무전은 계속 날아와 꽂혔다. 그러나 이미 우리가 이륙하기 직전에도 선박의 침수 정도는 심각했다. 나는 가라앉고 있는 여객선의 가침장(Floodable Length)*과 한계선(Margin Line)**을 알지 못했다.

　옆으로 누운 배는 복원력이 없어 다시 일어나기 힘들고, 수병들은 이런 함정을 '죽어가는 고래'에 비유했다. 실제로 고래는 몸이 기울기 시작하면 대부분 살아나지 못한다. 남쪽 바다에서 벌어지고 있는 상황은 극도로 위험했다. 무엇보다 시급한 것은 승객 구조였다. 구해냈다고 해도 응급처치가 제대로 이루어지지 않으면 많은 사람들이 죽을 것이었다.

2

충청도 이남으로는 기상이 좋았다. 시계가 트이고 바람도 잠잠해져 AW-139는 장거리 비행을 견딜 만했다. 헬리콥터는 속력을 더해 내려가다가 전라도 내륙을 건너 진도 수로 해상을 통과했다. 오전 11시 30분, 사고 해역에 접어들었을 때 여객선이 어슴푸레 시야에 들어왔다. 해상의 파도는 높지 않았고, 선체는 배를 드러내고 누워 있었다. 선박의 푸른 바닥과 하얀 선체 도장이 대비됐다. 하얗고 검푸른 덩어리가 시퍼런 바다에 잠겨 들어가는 경계선은 모

---

* 어떤 구획이 규정된 침수율로 침수되어도 그 배가 한계선 이상으로 침하가 일어나지 않을 구획의 최대 길이.
** 침하, 트림, 횡경사에 의해 수선면이 선체에 악영향을 줄 경우 허용할 수 있는 가장 높은 위치를 표시하는 선.

호했다. 바다에는 사람의 흔적이 보이지 않았다. 몇 척의 소형 보트만 배 주위를 맴돌았다. 그것들이 해군에서 사용하는 RIB인지 보려 했으나 알 수 없었다. 이상민에게 기수를 낮춰달라고 부탁했다. 헬리콥터는 배 쪽으로 좀 더 접근해 들어갔고, 동승한 수난구조대원들이 복장을 점검했다. 우리도 강하할 생각으로 하네스(안전벨트)를 찾았다. 수난구조용 바스켓이 묵직하게 느껴졌다. 서신철이 소리쳤다.

― 교수님! 어디로 강하하시게요! 여기 바다 한복판이에요!

― 헬기를 여객선 위쪽으로 대주세요! 제가 내려가서 볼게요!

눈으로 봐야 했다. 우리가 내려오는 동안 승객들이 다 구조된 것인지, 아니면 수면 위에 부상자들이 있는데 비행고도가 높아서 보이지 않는 것인지 하늘에 떠 서는 알 수 없었다. 소방상황실도 마찬가지였다. 해상에서 돌아다니는 소형 보트들과도 무전 연결이 되지 않았다. 구조작전을 지휘하는 듯 보이는 해경 함정과, 해군의 PKG(Patrol Killer Guided missile, 유도탄 탑재 고속정)로 보이는 함정과도 통신이 불가능했다. 함정들은 침몰해가는 여객선과 1마일 정도의 거리를 두고 있었고 여객선 주위에는 작은 보트들만이 떠다녔다. 정작 승객들은 수면에 보이지 않아 구조 상황이 어떻게 된 것인지 전혀 알 수 없었다.

상황실에서 전해오는 정보들은 파편처럼 흩어졌다. 서신철은 서로 사용하는 주파수가 달라 어쩔 수 없다며, 길길이 날뛰는 나를 달랬다. 평소 출동 시에도 하늘 위에서 휴대전화는 가용하지 않았으나 무전마저 되지 않으면 나는 극심한 고립감을 느꼈다. 그것은 때로 공포에 가닿아 대낮인데도 어둠 속에 갇힌 것만 같았다. 뒤집어진 배 주위를 선회하며 배 쪽으로 가까이 다가가던 이상민이 갑자기 사고 해역 상공에서 이탈하기 시작했다. 나는 신경이 곤두섰다.

— 무슨 일입니까? 왜 강하하지 않습니까!
— 상황실과 관제탑에서 계속 경고가 들어오고 있어요!

사고 해역 상공은 해양경찰이 관할하고 있었고, 다른 헬리콥터들의 진입은 충돌 사고 위험을 높인다며 밖으로 물러나라는 지시였다. 하늘 위에는 우리뿐이었으므로 나는 그 명령이 이해되지 않았다. 내가 직접 상황을 설명하려 했으나 불안정한 무선에서는 영공에서 나가라는 지시만 계속 튀어나왔다. 공식 명령이어서 따르지 않을 수 없었다. 물 위에 조난객들이 없는 모양이니 우리가 뒤집어진 배 밑바닥에 내려가봐야 별 소용이 없을 것도 같았다.

헬리콥터는 관제센터가 알려주는 길을 따라 팽목항에 닿았다. 항구와 가까운 착륙 장소에는 이미 수많은 헬리콥터들이 가득 내려앉아 있었다. 우리는 부두 반대편에 간신히 자리를 잡았다. 그 혼란의 소용돌이 속에 아는 얼굴이 보였다. 중앙구조단에서 근무했던 김승룡 해남소방서장이었다. 그는 자신이 끌고 온 소방 응급차량들을 항구 안쪽으로 들여보내고 있었다. 김승룡은 자신이 사고 해역 관할 소방서장을 맡고 있다고 했다. 반가워할 틈조차 없이 나는 다급하게 물었다.

　― 지금 사고 해역 상공에서 비행하다가 쫓겨 들어왔습니다. 배는 가라앉고 있고 바다 위에는 사람이 보이지 않던데, 혹시 몇 명이나 구조됐는지 아십니까?

　김승룡은 아는 것이 없었다. 내가 다시 물었다.

　― 그럼 혹시 배 안에 사람이 남아 있을 가능성이 있습니까?

　핏발 선 눈가로부터 김승룡의 얼굴이 심하게 일그러졌다. 그는 한숨을 뱉으며 말했다.

　― 지금 각 정부 부처마다 정보 공유가 전혀 안 되고 있습니다. 여객선 규모로 보면 상당히 많은 사람들이 탔을 것 같은데 몇 명이 타고 있었는지, 몇 명이 구조됐는지 전혀 정보가 없습니다.

　그도 많이 답답해 보였다. 지역의 소방서장조차 이 정도밖에 정보를 얻지 못했다면 내가 더 알아볼 수도 없을 것이었다.

　부두 바로 옆 나대지에는 소방방재청 헬리콥터는 물론이고, 경찰청의 헬리콥터와 보건복지부의 닥터헬리, 산림청의 화재 진압용 헬리콥터에 이르기까지 수많은 헬리콥터가 '비행하지 않고' 착륙해 있었다. 앉아있는 헬리콥터들이 마치 철새 도래지에 집결해 있는 철새 떼같이 보였다. 여객선의 규모가 크다면 승객이 많을 것이었고, 승객이 많다면 모두를 완벽히 구조하기는 힘들었을 것이다. 사고 지점의 외곽 해역도 수색이 필요하니 그쪽에라도 투입되어야 할 국보급 헬리콥터들이었다. 사고 해역 근처에서는 한 대도 보이지 않던 기체들이 항구 옆 나대지에 이렇게 모여 앉아 있는 이유를 나는 알 수 없었다. 도열한 헬리콥터들의 값을 합치면 수천억 원어치가 넘을 것이고, 그 수는 대한민국 소방항공대 전력의 절반에 가까웠다.

3

항구 한쪽에는 민간 병원 의료진부터 보건복지부에서 보내온 지역 보건소 의료진, 소방대원들과 육군 병력들이 한 데 뒤섞여 있었다. 팽목항 부둣가는 장터처럼 북적거렸고, 바다는 무섭도록 고요했다. 가라앉는 배에서 구조작업을 하는 모습도 보이지 않는데, 분주한 항구에서는 사고의 실체를 그림자조차 느낄 수 없었다. 나는 그 기이함에 섬뜩해졌다.

　AW-139가 있는 쪽으로 몸을 돌렸을 때, 인파 속에서 중앙구조단의 김민수 기장과 항공대원들을 보았다. 몇몇은 수난구조복장을 하고 있었다. 나는 그들과 만나 누가 사고 해역 영공의 비행을 금지시켰는지, 수난구조복장을 한 구조대원들이 왜 육상에 있는지, 모두 무엇을 기다리고 있는지 물었으나 아는 사람이 아무도 없었다. 김민수에게 사고 해역 외곽의 비행 상황을 물었으나 그것도 잘 모른다고 했다.

다시 이상민을 채근해 AW-139에 올라탔다. 사고 해역 영공으로 진입했으나 아무것도 찾지 못했다. 가라앉는 배 주위를 헤매다 항공유가 바닥을 보였다. 인근의 진도나 목포의 해양경찰 기지 또는 공항에서 급유를 받으려고 했지만 모두 '공식적 절차'가 미리 통보되지 않아서 불가하다는 답변만 보내왔다. 서신철의 얼굴이 하얗게 질렸다. 우리는 다급하게 급유지를 찾았다. 간신히 기름을 '얻어 쓸 수 있는 곳'을 찾아냈다. 사고 해역으로부터 까마득히 떨어져 있는 내륙 산간의 산림청 소속 항공 관리소였다.

— 이런 빌어먹을…….

내 입에서 저절로 욕설이 튀어나왔다. 나는 기가 막혀 서신철에게 물었다.

— 아니, 목포에 공항도 있지 않습니까? 바다를 수색해야 할 우리가 왜 산악지대까지 갑니까?

서신철이 씁쓸하게 말했다.

— 행정 절차가 처리되지 못하고 있는 모양입니다.

배가 가라앉고 사람들의 생사 또한 알 수 없는 판국임에도 복잡한 행정 절차만은 견고하게 잘 유지됐다. '나만 급한 모양인가. 나라 꼴 참 잘 돌아가는구나.' 나는 입으로 뱉지 못한 말을 속으로 삼켰다.

산봉우리와 계곡을 건너 AW-139가 전라남도 내륙의 산림항공관리소에 내려앉자마자 서신철은 분주히 산림청 항공유 탱크에서 급유를 시작했다. 플로트조차 없는 헬리콥터로 바다 한복판을 헤매다 기름이 떨어져 산속으로 들어와 있었다. 중요한 것은 지원과 체계인데 그것이 제대로 이루어지지 않으므로 '희생'을 담보로 움직일 수밖에 없었다.

나는 해군 2함대 의무대장 박영진 소령에게 전화를 걸었다. 해군이 가진 정보를 얻어보려 했으나 박영진도 정확한 인명피해 상황을 알지 못했다. 그는 다만 한국 해군과 미 해군의 투입 현황을 알려주었다. 타 해역에서 작전 중이던 독도함을 비롯한 해군의 주력 함정들이 사고 해역으로 급히 변침했고, 해군 UDT들이 투입된다고 했다. 쌍용훈련(한미 연합상륙훈련)을 마치고 미 7함대 모항(母港)으로 복귀하던 USS 본험리처드(Bonhomme Richard)*함에서 MH-60 시호크(Seahawk)** 구조 헬리콥터들을 출동시켜 지원을 시작했다고도 알려왔다.

독도함은 한국 해군에 단 한 대뿐인 경(輕)항공모함 역할이 가능한 다목적 상륙함이고, USS 본험리처드함 같은 미국의 초대형 상륙 강습함들은 강력한 공격형 무기인 동시에 웬만한 지역 병원

---

* 미국 해병대 소속 강습상륙함이다.
** UH-60 블랙호크를 해상 작전에 적합하도록 업그레이드한 기체로 미국 시코르스키 항공에서 제작했다. 외관상으로는 블랙호크와 흡사하나 기체의 내구성과 방염(防鹽)기능이 대폭 강화됐으며, 플로트와 해상 작전용 레이더, 수중음파탐지기 등, 해상작전 상황에 특화되어 있다. 자세히 보면 뒷바퀴 위치 등 세부 구조에서 블랙호크와 확연한 차이를 보인다.

을 능가하는 수술실 설비와 병원선 기능까지 완벽히 갖추고 있다. 특히 USS 본험리처드함은 많은 해병대원들이 작전 중 받을 수 있는 모든 피해 가능성이 고려된, 가장 뛰어난 구조 능력을 지닌 함이었다. 박영진의 말은 가장 최고 전력을 투입한다는 의미였고, 그것은 해군 수뇌부도 심각성을 느끼고 있다는 뜻이었다.

우리가 다시 바다로 날아들었을 때 여객선은 함수 부분의 푸른 바닥만 힘겹게 물 위로 내놓고 있었다. 기진한 고래가 익사 직전 겨우 숨구멍이라도 내놓으려 애쓰는 것처럼 보였다. 내 마음은 급했으나 위에서 내려오는 지시는 달랐다.

― 교수님, 여전히 사고 해역에서 빨리 나가라는 명령만 합니다. 더는 비행이 힘들 것 같아요.

서신철의 표정이 일그러졌다. 나는 마지막이라는 생각으로 바다를 훑었다. 표류한 승객들이 동거차도와 서거차도로 흘러들어 가고 있는지 섬 주변을 뒤지며 수없이 이착륙을 반복했다. 기체를 온전히 앉힐 수 없는 곳에서는 이상민이 헬리콥터를 바다에 살짝 띄운 채 정지비행을 했고, 우리는 장비를 가득 짊어진 채 뛰어내렸다. 그 과정을 몇 시간 동안이나 반복했다. 표류하는 사람은 보이지 않았고 섬 주변은 고요하기만 했다. 그 적막감이 섬뜩해서 신경이 곤두섰다.

연락이 닿은 해군본부 의무과장 유동기 중령은 선박 안에 승객이 많이 남아 있는 것 같다고 심각히 걱정했다. 그러면서도 미 해군 USS 본험리처드함에 큰 기대를 걸고 있었다. 한쪽에서는 한국과 미국의 초대형 함정들까지 동원되어 구조에 나섰다고 했고, 다른 쪽의 말들은 구조작전이 순조롭지 않음을 의미했다. 지원은 많다고 전해지는데 해상과 영공에서는 별다른 움직임이 보이지 않았다. 우리가 탄 AW-139 외에 가라앉고 있는 배 위로 비행하는 헬리콥터는 단 한 대도 보이지 않았고, 가라앉고 있는 선체를 해상 계류시키거나 잡아두는 작업도 이루어지지 않았으며, 선체를 부수면서 들어가는 작업도 하지 않는 현장 상황은 의아하기만 했다. 서신철은 체념한 얼굴로 말했다.

— 더는 우리가 할 일이 없을 거라고 합니다.

나는 혼란스러웠다. 유동기에게 독도함이 사고 해역에 도착하고 내 도움이 필요하다면 나도 함으로 들어가겠다고 말해놓고 해역을 이탈했다. 통신망까지 고르지 못해 간단한 대화를 하기도 힘들었다.

팽목항으로 돌아왔을 때 나대지의 헬리콥터들은 아까와 마찬가지로 땅에 박힌 듯 주기되어 있었다. 여전히 AW-139가 내려앉을 틈이 없었다. 우리는 항구에서 제일 먼 곳에 헬리콥터를 앉히고 한참을 걸어 들어갔다. 어깨와 허리가 최대로 짊어지고 온 장비에 짓눌려 부서질듯 아파왔다.

4

오후 2시 반, 해군에서 보유한 LST(Landing Ship Tank, 전차상륙함) 처럼 생긴 초록색 선박이 학생들 수십여 명을 싣고 항구로 들어왔다. 현장에 응급진료소를 설치한 지역 병원의 응급의학과 의료진과 같이 승객들을 둘러보았다. 의료진이 학생들의 목에 '환자분류표(Triage tag)'를 걸어줬다. 대부분은 안산의 고등학생들로 보였다. 중상자는 없었다. 이미 중상자로 분류된 몇몇은 지역 거점 외상센터들로 분산된 후였고, 나머지는 발가락 골절 정도의 가벼운 외상만 입은 환자들이었다. 현장에서 나눠준 담요를 두른 아이들은 연신 두리번거렸다. 나는 상황을 파악하기 위해 아이들을 붙잡고 물었다.

— 배 안에 몇 명이나 있었어요?

아이들은 내게 되물었다.

— 친구가 빠져나오지 못한 것 같아요. 어떻게 해요?

— 아직 친구들이 배 안에 있어요.

— 못 나온 아이들이 많아요.

— 선생님, 지금 계속 구조되고 있어요? 네?

나와 학생들은 서로 답할 수 없는 물음들만을 반복하고 있었다. 그래도 대부분 의심 없는 얼굴들이었다. '여기에 없는 친구들은 다른 곳에서 구조되었을 것이다.' 모두 그렇게 믿는 것 같았다. 수온이 11도에 불과하다는 소리가 사람들 사이에서 들렸다. 해가지면 수온은 더 아래로 떨어질 것이다. 기울어진 배 안에 사람이 남아 있고, 그들이 특수 생존 훈련을 받지 않은 민간인이라면 저 바다에서 몇 시간은커녕 단 1시간도 버틸 수 없다. 생각이 최악의 상황에 가닿았다. 그러나 우리가 할 수 있는 일이 없었다.

수원에서 김태연이 연락을 해왔다.

— 바쁘실 텐데 죄송합니다. 상황이 어떻습니까?

설명해줄 것이 없었지만 아는 것은 아는 대로 말해줬다. 김태연은 유력 정치인과 고위 관료들이 진도 쪽으로 내려가고 있다고 했다. 저녁 8시 정도에는 도착할 것이니 그때까지 있으면서 그 사람들을 맞아달라는 경기도 보건국의 말도 전했다. 나는 길게 생각하지 않았다.

— 현장 상황 보고는 그분들이 여기 와서 직접 보시면 알게 되지 않겠습니까? 전 혹시 빠진 환자가 있는지 수색이나 더 하겠습니다!

5

오후 4시를 넘어가자 사고 해역이나 인근 도서 지역 어디에서도 새로운 구조 대상 여객이 발견되지 않았다. 오후 2시 반에 학생들을 싣고 온 선박이 마지막이었다. 그사이 뒤집어져 푸른 뱃가죽을 드러낸 여객선의 밑창은 더 많이 가라앉은 듯 보였다. 그렇게 많이 투입됐다던 한·미 해군 구조 자산들이 현장 해역에 특별히 보이지 않은 채로 구조작업이 마무리되고 있다는 느낌을 받았다. 거의 대부분의 승객이 구조된 것 같았고, 사고 해상에 더 이상의 표류 승객도 존재하지 않았다.

떠날 채비를 할 때 진도체육관에 생존자들이 모여 있다는 말이 들렸다. 우리는 헬리콥터를 체육관 바로 옆 잔디밭에 착륙시켰다. 이상민이 더는 장시간 이곳에서 대기할 수 없고 경기 소방항공대로 복귀해야 한다고 했다. 이곳이 아마도 마지막 착륙지점이 될 것이었다.

체육관은 규모가 컸고 새로 지은 듯했다. 깨끗한 외관과 높은 천정은 웅장해 보였다. 반듯한 매트가 중앙에 마련된 실내에는 구조된 사람들이 삼삼오오 모여 있었다. 걱정과 불안이 체육관 안에 가득했다. 가장자리에는 지역 보건소와 관공서, 군부대 등에서 나온 사람들이 부스를 설치하고 있었다. 나는 그들에게 다가가 물었다.

― 여기 모여 있는 사람들이 구조된 사람들 전부인가요?

― 저희들도 잘 모릅니다.

― 혹시라도 구조되지 못하고 누락된 사람들에 대해서 구조 요청이 들어오고 있습니까?

― 지금 막 도착해서 알지 못합니다.

― 그럼 지금 사고 해역 현장과 이곳 통신을 담당하는 분들은 어디에 계십니까?

— 글쎄요…….

대답은 한결같았다. '윗선으로부터 단지 이곳에 가라는 말만 전해 들었을 뿐'이라고 했다. 그들은 통일된 지휘 체계 안에 있지 않았고, 누가 자신들을 지휘하고 있는지조차 몰랐다. 각자 소속된 조직 상부에서 내려오는 파편적인 집합 명령에 따라 모인 것뿐이었다. 모두들 위에서 걸려오는 전화를 받느라 휴대전화를 귀에 달고 있었다. 그들의 분주한 말들이 섞이고 섞인 거대한 웅성거림에 체육관은 거대한 울림통 같았다. 나는 그 웅성거림의 실체가 보이지 않았다. 장비 가방을 둘러맨 어깨 통증은 이상하리만큼 심해지고 있었다. 윗사람으로 보이는 현장 요원을 잡고 다시 물었다.

— 지금 체육관에 모여 있는 사람들 중에서 혹시라도 많이 다치거나 아픈데 병원으로 가지 못한 사람이 있습니까?

— 잘 모르겠는데요. 어디서 오셨죠?

나는 더 이상의 질문을 포기했다. 문종환과 송서영을 불렀다.

— 이제 그만 복귀하자. 1시간 이상의 시간은 쓸 수 없을 거야. 각자 흩어져서 구조된 사람들을 살펴보고, 혹시라도 중환자인데 방치되고 있는 사람들이 있는지 찾아봐. 이곳에서 치료 가능한 경증 환자는 지역병원으로 보내고, 만약 중환자를 찾게 되면 복귀하는 길에 데리고 가자.

우리는 각자 흩어져 환자를 찾았다. 구조자들은 대부분 어린 학생들이었다. 그동안 어디에서도 알려주지 않았던 정보를 학생들에게서 들었다. 수학여행에 나선 학생 수만 적어도 300여 명이라는 것, 체육관에 모인 학생 대부분은 침몰 초기에 구조되었다는 것을 알았다. 멈춰 서서 체육관 안을 둘러보았다. 대충 보아도 이 안의 구조자는 300명에 한참 못 미쳤다. 다른 곳에 임시 대피처가 마련되었을 거라고 짐작했다. 그러나 그 누구도 어디에 얼마나 많은 승객들이 구조되어 대피하고 있는지 알지 못했다.

　노인 한 명이 젖은 몸을 심하게 떨었다. 심근경색을 앓고 있고, 배가 가라앉을 때 바다로 뛰어들어 구조됐다고 했다. 송서영이 노인의 혈압을 측정했고, 나는 그사이 다른 환자가 없는지 마지막으로 살폈다. 실종자 부모로 보이는 사람들이 노란 점퍼를 입고 돌아다니는 정부 관계자들에게 항의하기 시작했다. 노란 점퍼들은 내가 묻는 말에 대답하지 못했듯, 그들에게도 아무런 답을 하지 못했다. 구조에 대한 믿음은 의심이 되었고, 의심은 불안으로 번졌으며, 불안은 공포와 절망에 가까워지고 있었다. 부모들은 주저앉아 오열하기 시작했다. 그 울음은 하나가 아니어서 바윗덩이처럼 내 속을 짓눌렀다. 나는 옆을 지나던 또 다른 노란 점퍼 사내의 팔을 잡고 다시 물었다.

　― 아주대학교병원에서 온 중증외상팀입니다. 지금 이곳 말고 구조된 다른 승객의 집합소가 또 있습니까?

　그는 내 비행복을 잠시 쳐다보다가 일그러진 얼굴로 소리쳤다.

　― 저도 지금 여기에 빨리 가보라고 해서 온 거지 아는 게 없

어요!

'모른다, 모른다, 나도 알지 못한다, 가보라고 해서 왔을 뿐이다.' 모두가 일관된 대답을 해댔다. 그때 이상민이 다가와 복귀를 재촉했다. 몇몇 골절 환자들은 이미 지역 병원으로 보내졌고, 구조되어 체육관에 들어와 있는 승객들 대부분은 큰 외상이 없었다. 만약 간단한 상황이 발생하더라도 체육관 안팎을 가득 메우고 있는 현장의 응급진료소가 제 역할을 할 것이다. 송서영에게 좀 전에 마주친 노인 환자의 생체활력 징후를 물었다. 환자는 여전히 떨고 있었다. 많은 경환자들 속에 한두 명 섞여 있는 중환자가 제일 위험하다. 심근경색증 이력이 있는 노인이 찬 바닷물에 빠졌고 하루 종일 추위에 떨었으므로 이곳에 두었다가 상태가 갑자기 악화되면 생명이 위험할 것이다.

― 문종환 선생, 지금 여기 이 환자보다 더 위험한 사람이 있어? 송 선생도 발견한 사람 있어?

둘은 고개를 저었다.

우리는 오후 5시 30분에 노인을 싣고 이륙했다. 가뜩이나 공간이 좁은 기체 안에 사용하지도 못한 수난구조장비들이 가득 차 환자를 처치하기 힘들었다. 환자에게 마스크를 씌워 산소를 공급했다. 심장박동 모니터와 산소포화도 모니터를 장착하고 정맥관을 확보해 수액을 넣으면서 안정제와 소염진통제를 투여했다. 환자는 곧 안정을 찾았다. 올라오는 길에 총 승객이 몇 명인지, 그들

중 현재까지 구조된 인원이 몇인지 알고 싶어 경기도청과 소방방재청에 연락을 거듭 시도했으나, 전화를 받은 이들 중 누구도 정확한 숫자를 말하지 못했다. '적어도 십여 명은 구조되지 못한 채로 배 안에 남아 있을지도 모른다.' 나는 그 같은 생각을 밀어내려 애썼다.

6

저녁 7시가 다 되어 병원에 도착했다. 팀원 전부가 헬기장에 나와 있었다. 우리를 내려놓고 항공유까지 바닥을 드러낸 AW-139의 뒷모습은 지쳐 보였다. 거칠어진 엔진음이 털털거리며 병원과 의과대학 사이에 울려 퍼졌다. 헬리콥터에서 내린 노인 환자를 이동용 침대에 싣고 이동할 때 김태연이 뒤따라와 말을 건넸다. 표정이 어두웠다.

— 교수님, 정말 큰일 났어요. 아직 확실한 건 아닌데요.

— 뭐가요? 빨리 말하세요!

나는 신경질적으로 내뱉었다. 화를 감출 수 없었다. 하루 종일 제대로 하는 일 없이 하늘만 오가다 복귀한 참이다. 무책임한 말들 속에서 극심하게 지쳐 있었다. 더 큰일 날 것도 없어 보였다. 김태연은 말을 제대로 잇지 못했다.

— 확실치는 않지만, 승객들 중 적어도 200명 이상이 아직 선체 안에 있는 것 같답니다.

난 걸음을 멈췄다. 노인을 이동용 침대에 실어 밀고 가는 팀원들은 병원 쪽으로 멀어져갔고, 헬기장에는 나와 김태연만 남았다. 나는 팀원들을 향해 환자를 곧장 중환자실에 입원시키라고 외쳤다. 정경원이 대열에서 이탈해 내게 다가왔다. 그의 얼굴도 흙빛이었다. 경기도 보건국의 6급 주무관인 김태연이 다루고 생성하는 정보는 도지사에게 직접 보고가 올라가는 정보들이니 믿을 수 있는 것이다. 그러나 방금 들은 말은 현실감이 없어 명확히 머리에 꽂히지 않았다.

— 뭐라고요?

내가 다시 물었으나 김태연은 말을 더 잇지 못했다. 다가와 있던 정경원이 대신했다.

— 적어도 그 배에 승객이 400명 이상 타고 있었던 게 확실한 것 같습니다. 그중 구조된 인원이 불과 200명에도 훨씬 미치지 못합니다. 적어도 200여 명 이상이 아직 배 안에 있는 게 맞습니다.

정신이 아득해졌다. LTS 같은 선박이 학생들을 데리고 들어왔을 때, 항구에서는 학생들을 포함해서 100여 명이 들어왔다고 했다. 현장 진료소에서 만난 응급의학과 의료진이 분주히 돌아다니며 구조된 학생들에게 환자분류표를 걸어주던 모습이 떠올랐다. 정경원의 말을 생각하면 그들이 구조자 전부였던 셈이다. 나는 한참 동안 정경원, 김태연과 헬기장에 서 있었다. 보안 요원들도 헬기장의 조명을 끄지 못했다. 날은 빠른 속도로 어두워졌고 헬기장의 불빛은 더 밝게 느껴졌다. 나는 간신히 입을 열었다.

— 내가 비행하고 있을 때 이미 큰 구조작업도 더는 없었는데 지금은 어떻게 하고 있다는 거야?

정경원은 말없이 한숨을 크게 쉬었다. 김태연을 쳐다보자 그가 기어들어 가는 목소리로 대답했다.

— 잘 모르겠습니다.

나는 다시 정경원을 응시했다.

— 정 교수, 이게 말이야. 정말 그렇게 많은 사람들이 선체 내에 있었다면, 내가 바로 그 위를 비행하고 있었는데 배로 들어가든 부수든 간에 뭔가 사람들을 끄집어내려고 했을 거 아냐? 한·미 해군이 모두 출동했다고 들었는데 그 선박 주위는 정말 조용했다고. 어느 정도 구조가 된 거 아니었어?

정경원이 한숨을 쉬며 대답했다.

— 정말 잘 모르겠습니다.

'모르겠다, 잘 모르겠다.' 4월 16일 하루 종일 들은 말이었다. 하긴 나도 잘 모르는 상태에서 죽도록 비행하고 엄한 이착륙만 하다가 어깨만 아파져 돌아왔다. 현장에도 상황을 정확히 알고 있는 사람이 없었고 책임자라고 나서는 자도 없었다. 현장에 직접 있다가 온 나도 알 수 없었으므로 병원에 있던 정경원이 모르는 것은 당연했다. 나는 말없이 발걸음을 옮겼다.

— 현재는 이미 날이 저문 데다 선체가 뒤집어져 본격적인 구

조 활동은 힘든 모양입니다. 지금 관계기관들이 회의를 하고 있다고 합니다.

정경원은 따라오면서 계속 말했으나 잘 들리지 않았다. 명확한 건 한 가지였다. '회의만 죽도록 하겠구나. 정작 현장에서는 항공유 보급도 제대로 받지 못해서 산림청까지 기어 들어갔는데.' 그러다 순간 온몸에 소름이 끼쳤다.

— 정 교수, 거기 지금 수온이 몇 도인지 알아? 이제 10도쯤일 거야. 그 정도 수온에서 몸이 잠기면 몇 시간이나 견딜 수 있지?

정경원은 말이 없었다. 그는 길어야 3시간이라는 말을 차마 입 밖으로 꺼내지 못했다.

— 그나마 구명조끼라도 입고 바다에 떠 있어야 저체온증 얘기라도 할 것 아니야? 배는 뒤집어져서 거의 가라앉았다고.

나는 정경원에게 함수 밑창의 일부분만이 간신히 물 밖으로 나와 있었다고 말해주었다. 200여 명이 정말 그 안에 있다면 이미 많은 수가 죽었거나 곧 죽을 것이다. 사람은 아무리 버텨도 10분 이상 숨을 참지 못한다. 여객선은 전투함이 아니다. 수백 개의 격실 구조로 이루어진 전투함정과 달리 개방 구조로 되어 있다. 그런 선체가 뒤집어졌으므로 바닷물은 선체 구석구석을 쉽게 파고들 것이다. 그런 배 안에 남은 승객들이 숨을 쉴 수 있는 시간은 극히 제한적이다. 나는 몸 안의 피가 순식간에 빠져나가는 것만 같았다.

비행복을 벗지 않은 채 곧장 사무실로 올라가서 뉴스부터 보았다. 김효주가 식은 만두를 데워서 가져다주었으나 먹을 수 없었다. 뉴스 화면에 내가 방금 전 떠나온 체육관 안에서 절규하는 보호자들의 모습과, 어둠에 묻힌 사고 해역 주변에서 해군 함정이 조명탄을 쏘아 올리는 장면이 등장했다. 기자는 UDT 대원들의 선박 진입 시도가 난항을 겪는 중이라고 보도했다. 이제는 날이 어두워지고 수온이 낮아져, 선체를 부숴서라도 승객을 구조하는 시도조차 어려울 것이다. 이 어둠 속에 그런 구조작업을 강행하려면 위험을 감수해야 하고, 그 결정은 책임이 뒤따르는 일이다. 이제 와서 누가 나서서 그 책임을 지려고 하겠는가?

나는 2008년 초 영국의 일간지 1면을 장식했던 숭례문 방화 사건을 떠올렸다. 누군가 고의로 지른 불에 숭례문은 5시간 가까이 타들어갔다. 불은 숭례문 안쪽에서 피어올랐으니 건물의 일부가 파손되더라도 소방수를 안쪽에 쏟아부어야 했다. 의견은 둘로 갈렸다. 문화재 일부가 부서질 것을 각오하더라도 빨리 진화해야 한다는 쪽과, 함부로 진화에 나서면 '문화재 파괴'에 대한 책임을 져야 한다는 쪽이 팽팽히 맞섰다. '누구도 책임지기 싫어하는 가운데' 소방대원들은 숭례문 겉면에만 소방수를 뿌려댔다. 소방수는 기와를 타고 잘만 흘러내렸다. 방화범이 내지른 불꽃은 숭례문을 내부에서부터 사각사각 철저하게 전소시켰다.

대한민국은 방화범의 불꽃이 관료주의의 허점을 파고들어가 국가 시스템 전체를 불태워버릴 수 있는 나라다. 잿더미가 된 숭례문은 문화재이기는 해도 살아 있는 것이 아니었다. 지금 바닷속으로 잠겨 들어가고 있는 것은 산목숨들이었다. 누군가 여객선 함체를 일부 폭파라도 하여 부수고 들어가, 가망 없는 가운데 희미한 희망이라도 붙들어야 했다. 그러나 누구도 힘든 결정을 내리지 못했고, 나는 그런 현실을 무기력하게 받아들이고 있었다. 나 스스로가 한심했다. 그 와중에 보건복지부 응급의료과 현수엽 과장에게 전화가 걸려왔다. 목소리가 심각했다.

— 내일 중앙응급의료센터의 현장 지휘소를 보내겠습니다.

'길어야 3시간'과 '내일'의 간극을 현수엽이라고 모를까. 나는 '내일' 앞에 생략되어 있는 수많은 절차들을 떠올렸고 '어쩔 수 없는'이라는 상황을 생각했다. 지금은 이해보다 무력한 분노가 차올랐다. 나는 건조하게 답했다.

— 이미 현장은 그런 의료 수요가 필요한 시점을 넘어선 것 같아 걱정입니다.

잠시 침묵이 흘렀다. 현수엽은 더 알아보겠다고 하고 내가 이송해 온 노인 환자의 상태를 물었다.

4월 17일 새벽 3시, 여객선에서 탈출한 노인 환자가 결국 심근경색 증상을 보였다. 외상 중환자실에서 환자의 심전도 모니터를 지켜보던 담당 간호사가 심전도가 변해가는 패턴을 잘 읽어냈다. 순환기내과 최소연 교수가 뛰어나와 응급심도자 시술을 했다. '세월호 환자'에게 급성 심근경색이 왔다는 소식에 현수엽이 놀라 아침부터 연락을 해왔다. 그는 사고 해역에서 계속 올라오는 사망자 소식에 정신이 없어 보였다. 나는 이쪽은 너무 걱정하지 말라고 안심시켰다.

7

배가 수면 아래로 완전히 잠겼다. 정부의 많은 부처들은 바다 밑으로 배가 사라지고 나서야 분주해졌다. 구조작업의 가장 중요한 시점을 속절없이 보내버렸다. 정부 각 부처에서 앞 다투어 사람들을 내려보냈다. 각종 의료기관과 민간 단체들도 현장 응급진료소를 팽목항에 급파하느라 바빴다. 나는 그 꼴을 보며 내가 도착했을 무렵 이미 팽목항을 가득 메우고 있던 차량과 천막들을 회상했다. 새로 증파되는 인원들이 거점을 세울 공간이나 남아 있을지 감이 오지 않았다. 뉴스에서는 시종일관 골든타임(Golden Time)* 내에 승객을 구조해야 한다고 떠들었다. 배가 뒤집어진 원인은 아무도 알지 못했고, 알 수 없는 이유로 배가 가라앉았으며, 구조되어야 할 사람들이 산채로 수장되어 죽어가고 있는데 골든타임을 말하며 '적극적인 구조'를 논하고 있었다. 짜증이 치솟았다. 모든 것은 몇 년 전 TV 드라마 때문일 것이다. 당시에 자문받으러 온 제작진에

---

* 방송에서 하루 중에 시청률이 가장 높은 시간대, 또는 일정한 시간대에 집중적으로 고유 업무에 몰두하게 함으로써 업무 효율성 향상을 꾀하는 노동시간 관리법을 뜻한다.

게 드라마 제목을 '골든아워(Golden Hour)'라고 해야 한다고 거듭 말했는데도 제작진은 골든타임을 고집했다. 두 단어는 각각 다른 의미를 가졌고 어느 쪽으로도 치환하여 사용 가능하지 않았다. 그런데도 왜 그 틀린 단어를 제목으로 써 붙여 전국적으로 유행하다 못해 뉴스에서마저 반복하는지 화가 솟았다. 외신기자의 보도로 해외로도 급박히 타전되고 있는 이 아수라장 같은 한국의 상황이 저 한 단어로 인해 얼마나 더 조롱거리가 될 것인지를 생각했다.

나는 아직 선체에 에어 포켓(air pocket)이 있을 가능성에 대해 들으며 저체온증에 대한 내 상식을 생각하지 않으려 애썼다. 16일을 떠올리지 않으려고 해도 머리 한쪽에서 어제가 끊임없이 반복되고 있었다. 사고 당일 배가 완전히 가라앉지 않았던 때, 나는 바다 위 상공에서 영공을 벗어나라는 경고만 들었다. 대부분의 헬리콥터들이 지상에 주기되어 있었고 미 해군까지 동원된 구조팀들은 현장에 들어오지 못했다. 항구는 여러 곳에서 급파된 의료진으로 분주했으나 구조된 사람은 없었다. 현장을 아는 사람도 상황을 파악하는 사람도 없었으며 지휘자도 지시도 없는 그저 아비규환의 광경이었다. 그런데 배가 다 가라앉고 나니 모든 것이 분주하게 움직였다. 나는 돌아가는 꼴을 보며 머리가 아팠고 사지가 욱신거렸다. 속에서 욕지기가 솟아올랐다. 발밑이 허물어지는 것 같았다.

그래……. 이게 한국 사회 기본 체력이지…….

그 와중에도 의료계 내에서는 내가 사고 당일 팽목항까지 다녀온 것을 두고 비난이 쏟아졌다. 기껏 남해 앞바다까지 가서 현장 파악조차 되지 않아 허우적거리다 환자 한 명만 데리고 올라왔으므로 나는 할 말이 없었다.

경기도 보건복지국에서 현장 응급의료팀을 꾸렸다. 나는 말렸으나 정경원이 가겠다고 했다. 그는 윤석화, 김주량과 전은혜와 함께 현장 출동팀을 꾸리고 장비를 챙기기 시작했다. 이날은 이세형 비행대장이 Ka-32를 가지고 왔다. Ka-32의 하항풍이 옷을 찢을 기세로 불어닥쳤다. 나는 이세형을 보자마자 기상을 걱정했다.

— 오늘은 기상이 어제보다 좀 나았으면 좋겠습니다. 어제는 천안 이남까지 안 좋았어요.

이세형은 말없이 고개를 끄덕였다. 굳은 표정이었다. Ka-32는 의약품과 장비들을 가득 짊어진 정경원 일행을 태우고 곧장 남쪽으로 날아갔다.

전날보다 기상이 더 좋지 않았다. 진도 앞바다에 이르는 전 항로에 걸쳐 비가 내렸다. 이세형은 비행 내내 기상에 대해 어떤 말도 하지 않았다고 했다. 기장이 기상을 탓하면 모든 승무원들이 불안해한다며 경계하던 평소 모습 그대로였다. 이세형은 입을 굳게 다물었고 전라남도 앞바다까지 털털거리는 Ka-32를 가지고 비행해 내려갔다.

현장 상황은 예상과 같았다. 정경원 일행이 할 일은 아무것도 없었다. 정경원은 실질적인 해상 구조 활동은 이미 종료된 시점이었는데 그놈의 골든타임 타령만 가득 메아리쳤다고 전했다. 나는 용어조차 잘못 쓰고 있는 사람들이 선박 침몰 시 여객을 구해내기 위해 승부를 걸어야 하는 골든아워가 언제까지인지 알기는 하는지 알 수 없었다. 그들은 모두 '사실상 이제는 가망이 없다'라는 말을 하기 어려워하는 것 같았다. 정부 관계자들이 발표하는 상황 묘사는 현실에 눈을 감은 채 러시안 룰렛을 하고 있는 것처럼 보였다. 모두 자기 입에서 '진실'이 발사되지 않기만을 바라는 듯했다. 최종적으로 누구의 입에서 그 진실이 터져나올지, 그것이 누구를 향할지 알 수 없었으나 나는 그 모든 상황이 기막힐 뿐이었다.

정경원 일행이 팽목항에 도착했을 때는 이미 많은 정부 관계자들과 언론사, 각종 단체에서 몰려와 있었다고 했다. 정경원과 팀원들은 사람들 틈에 치여 짐을 풀 곳조차 찾지 못해 길바닥에 속절없이 서 있어야 했다. 정작 치료가 필요한 사람이라고는 단 한 명도 항구로 들어오지 않는데, 정부의 모든 유관 기관과 군, 소방, 지역 병원들, 의료단체까지 나서서 이동진료소를 설치했다. 도로와 항구, 나대지 전체가 거대한 이동진료소 천막촌으로 변해버렸다. 정경원은 이 상황을 전하며 한숨을 쉬었다.

팀원들은 사고 지점에서 떠오르는 시신들만 하나둘씩 맞았다. 그들은 각지의 응급의료 관계자들, 경기도 보건국 사람들과 불분명한 정보를 섞으며 시간을 보냈다. 밤이 되고 빗줄기가 굵어져 몹시 추웠으나 워낙 많은 사람들이 천막 안에 있어 틈이 없었다. 정경원과 팀원들은 그냥 길에 서서 비를 맞았다. 가지고 내려간 의료 장비들만 서석권이 몰고 내려온 소방 지휘차량 안에 넣어 젖지 않게 해놓았다. 나는 전화기 너머 정경원에게 물었다.

— 거기서 특별히 해야 할 일이 있어?

— …… 아무것도 없습니다.

그의 목소리에서 좌절감이 묻어나왔다. 현장에서 제일 신경 쓰는 사람들은 오열하는 가족들이라고 했다. 물 밑에 있는 대부분이 아이들일 것이므로, 물 밖의 가족들 대부분이 그 부모들일 것이다. 어린 자식이 이유를 알 수 없는 채로 바다 아래에 수장되고 있었다. 그 사실을 덤덤히 인정하고 받아들일 부모가 어디 있겠는가. 없는 희망이라도 붙들고 싶을 것이나 대부분은 알게 될 것이었다. 아이는 살아 돌아오지 못한다. 나는 부모들이 집단으로 혼절할까 두려웠다. 투신하는 사람이 있을 수도 있었다. 항구 쪽에 펜스를 설치하는 게 어떻겠느냐는 의견을 정경원을 통해 서석권에게 전했다.

정경원은 스스로 아무것도 할 수 없는 현실에, 추적거리며 내리는 봄비까지 더해져 뼛속까지 춥다고 했다. 중앙응급의료원에 파견나가 수원과 서울 동대문을 오가면서도 외상센터에 자주 들러 일을 살피던 김지영은 옆에서 현장 상황을 듣다가 분통을 터뜨렸다. 진도로 내려가겠다며 병원 앞 렌트카 업체에서 밴을 빌렸다. 나는 미친 듯 달려나가는 김지영에게 송서영을 붙여주었다. 둘은 번갈아 가며 운전해서 팽목항까지 내려가 새벽 1시가 되어서야 현장에 도착했다. 그곳에서 김지영은 내게 정경원과 윤석화, 김주량, 전은혜가 비에 푹 젖은 채 팽목항 길바닥에 서 있더라고 보고했다.

깊은 무력과 좌절이 분노에 실려 전해왔다. 먼 곳의 축축하고 서늘한 바다와 비의 기운이 전화선을 타고 몸 안으로 스며들어와 소름이 돋았다. 진도의 팀원들이 할 수 있는 것은 없고, 수원에 있는 내가 할 수 있는 것도 없었다. 이제는 그 누구도 할 수 있는 일이 남아 있지 않았다. 김지영과 송서영은 서석권의 소방 지휘차량에 맡겨놨던 우리의 의료 장비를 받아서 사람들을 차에 태우고 밤샘 운전해 병원으로 돌아왔다.

팀원들은 18일 아침 7시가 넘어 병원에 도착했다. 얼굴을 보자마자 정경원과 김지영을 비롯한 팀원들을 곧장 해산시키고 쉬게 했다. 돌아오는 내내 아무 얘기도 하지 않고 잠도 자지 않았다고 김지영이 보고했다. 그는 자세한 상황을 덧붙여 설명하려 했으나 나는 김지영의 말을 끊었다.

— 이제 그만. 수고했어. 좀 쉬어요.

나는 이미 그것으로 충분했다.

8

중환자실에는 외상외과 앞으로 입원한 환자들이 60여 명 가까이 있었다. 인공호흡기를 달고 있는 환자만도 20여 명이었다. 이 와중에도 또 다른 중증외상 환자들은 쉼 없이 밀어닥쳤다. 남쪽 해안에 Ka-32가 출동한 사이에도 AW-139가 경기 지역 중증외상 환자들을 싣고 왔다. 진도 체육관에서 데리고 왔던 노인은 안정을 찾아가고 있었다. 현수엽에게서 전화가 걸려와 노인 환자의 경과와 정경원이 팽목항에서 겪은 일련의 과정들을 전했다.

사고 당일 구조 업무는 보건복지부 소관이 아니었으나 살아남은 자들을 챙기는 것은 그의 몫이었다. 공무원 이전에 간호사인 그는 중환자들을 직접 챙겼고, 내 환자는 그가 챙겨야 할 주요 환자들 중 하나였다. 나는 현수엽의 질문에 짧게 답했을 뿐 다른 것은 묻지 않았다. 현수엽은 지금 분명 머리가 부서지도록 바쁠 것이다. 오전에만도 수십 통의 전화를 받고 있을 것이었다.

나는 공무원들이 바쁘게 일하는 이유를 생각했다. 상부에 올려야 하는 정보를 수집하고 정리하는 데 들이는 시간 소모가 너무 컸다. 여객선이 가라앉을 때 윗선에서 VIP 보고용 영상 자료를 보내달라고 실무진을 닦달한 음성파일이 한 언론을 통해 터져 나와 여론이 들끓었다. 관료화되고 경직된 한국 사회에서 보고서는 몹시 중요했다. 유려한 말과 글로 이루어진 보고와 보고서에는 현장에서 몸을 던져가며 일하는 일선 노동자들이 고꾸라지는 현실은 없었다. 말단 노동자인 나는 이 문제에 대해 더는 파고들지 않으려 애썼다. 그러는 편이 나았다. 단지 눈앞의 일들에만 집중하려고 했다.

그 이후 각 언론 매체에 많은 논객들이 나와 세월호를 읊어댔다. 그들은 배가 침몰하는 그 시각 현장에 있지 않았고, 평소에 사람이 죽어나가는 것을 보았을 리 없으며, 한국 사회에 널린 말도 안 되는 허탈한 죽음들을 경험하지 않았을 사람들이다. 한국 사회에서는 이러한 대형 사고가 아니어도 밑바닥 수준의 중증외상 의료 시스템으로 인해 하루에도 수십 명이 죽어나가는데, 정작 그 사실은 이슈가 되지 못했다. 그러나 언론에 크게 다루어지는 문제에 대해서만큼은 수많은 '전문가'들이 출몰해 서로의 전문성을 과시했고, 적극적인 개선책을 내놓으며 말의 성찬을 벌였다. 2002년부터 쭉 보아온 꼴이었다. 그러나 세월호 참사는 결코 정부 부처 몇 곳만의 문제로 발생한 것이 아니다. 중증외상 의료 시스템이 자리 잡지 못하는 것 역시 개별 병원이나 의료계만의 문제가 아니다. 정치, 경제, 사회, 문화, 교육, 국방, 예술……. 문제 없는 곳이 어디 있겠는가. 허 위원은 한동안 이렇게 버텨야 한다고 했다. 여기에서 버티면서 올라가든지, 아니면 대부분 삼류 국가들이 그래왔던 것처럼 가라앉는 것이라고.

세월호 침몰을 두고 '드물게' 발생한 국가적 재난이라며 모두가 흥분했다. 나는 그것이 진정 드물게 발생한 재난인지, 드물게 발생한 일이라 국가의 대응이 이따위였는지 알 수 없었다. 사람이든 국가든 진정한 내공은 위기 때 발휘되기 마련이다. 내가 아는 한 한국은 갈 길이 멀어 보였고 당분간은 개선의 여지가 없다는 사실에 힘이 빠졌다.

나는 내 일에만 집중하려 애썼다. 주위 사람들과의 접촉을 줄였고 사고 현장을 오롯이 기억하지 않으려 했다. 그러나 때때로 침몰하고 있는 배의 끝에 생각이 가닿았다. 죽어가는 고래처럼 뒤집어져 번들거리던 선체의 퍼런 밑창이 머릿속에 판화처럼 깊이 박혔다. 사고 당일에 대해서는 입을 닫았다. 내가 현장에서 보고 실제 겪은 일이 밖으로 새어 나가면, 이미 다 끝난 상황에서 애꿎은 사람들의 목만 수없이 날아갈 것이다. 사실 나라 전체가 다 그러한데 몇 명에게만 책임을 묻는 것이 무의미하다는 것을 알 만한 나이가 되었다. 나는 낡고 닳아빠지고 있었다.

세월호 침몰 당시, 쌍용훈련을 마치고 미 7함대로 복귀하던 USS 본험리처드함은 최정예 해상 구조대원과 구명보트까지 장착한 특수 헬리콥터 MH-60 시호크 몇 대를 사고 해역으로 신속하게 출동시켰다고 한다. 그러나 한국 정부의 사고 해역 영공 진입 불허 방침으로 회항했다고 들었다. 나는 우리와 같은 시간에 사고 해역을 비행하고 있을 것으로 생각했던 미 해군의 시호크가 왜 보이지 않았는지 시간이 한참 지난 후에야 알게 됐다. 한국 정부는 사고 다음 날 그들에게 사고 해역으로부터 17마일(약 27킬로미터) 떨어진 해역을 배정했고, 생존자 구조 임무가 아닌 사체 수거 임무를 맡겼다고 했다. USS 본험리처드함은 별다른 성과 없이 사고 주위 해역의 수색 작업을 종료하고 4월 22일 미 7함대로 돌아갔다.

USS 본험리처드함이 사고해역에서 벗어날 때, 몇몇 미 해군 사관들이 함미 갑판으로 나와 서서 세월호 침몰 지점을 향해 마지막 경례를 했다고 전해 들었다.

서한(書翰)

연구실 창밖으로 한여름 장대비가 쏟아졌다. 창문을 조금 열자 빗소리가 거셌다. 바람의 방향으로 빗물이 크게 들이치지는 않아 창을 그대로 열어두었다. 아스팔트를 난타하는 빗소리가 방 안의 답답한 공기를 날려버릴 것 같았다. 피로한 몸을 의자에 깊숙이 앉혔다. 책상 위에 결재 서류들과 내 앞으로 온 편지 뭉치가 나란히 놓여 있었다. 나는 서류철을 옆으로 밀어두고 편지들을 뒤적였다. 최문순 강원도지사가 보내온 서한이 눈에 띄었다. 고급스러운 흰 봉투 겉면에 흑색 경필 명조체로 내 소속과 이름이 박혀 있었다. 나는 봉투를 뜯지 않은 채 그것을 멀거니 보았다. 흑백의 명확한 대비가 한 달 전 영결식장의 국화 화환들을 연상시켰다. 후텁지근했던 영결식장에 똑같은 모양으로 나열된 새하얀 국화 화환과, 각기 다른 이름이 적힌 검은 리본, 유족들의 울음이 고스란히 되살아났다.

지난 7월 17일, 세월호 수색 작업을 마치고 복귀하던 강원 소방항공대의 AS365가 추락했다. 헬리콥터는 광주광역시 한복판으로 낙하해 바다과 충돌하여 검은 잔해로만 남았다. 정성철, 박인돈 기장과 항공정비사 안병국, 항공구조구급사 신영룡, 항공구조사 이은교 등 다섯 명의 소방대원 전원이 목숨을 잃었다. 강원 소방항공대에는 조종술이 뛰어난 고참 기장들이 많았고, 험준한 산악 지형에서도 산등성이와 계곡을 누비며 환자를 구하는 것으로 명성이 높았다. 나는 그들을 2011년 소방항공대 워크숍에서 처음 만났다. 모두가 적극적이었고 토론에도 열성적으로 참여했다. 그중 박인돈은 20여 년 가까이 육군항공대에서 비행하며 4,000시간 이상의 비행시간을 쌓은 베테랑이었다. 나는 그와 구조구급 비행에 대해 구체적으로 의견을 나누던 때를 또렷하게 기억한다. 그랬던 그들이 죽었다. 그 죽음을 알았을 때, 배 속 창자가 끊어질 듯 우는 것 같았다. 정성철, 박인돈은 AS365가 속절없이 바닥으로 곤두박질치던 마지막까지도 헬리콥터가 사람 없는 인도 화단에 추락하도록 조종간을 놓지 않았다고 들었다.

세월호 침몰 후 석 달이 지난 시점에 벌어진 이 참상을 나는 이해할 수 없었다. 세월호 침몰 당시 항공 지원을 통해 생존자 구조와 수색이 가장 필요했던 시점은 사고 당일이었다. 그때 헬리콥터들의 사고 해역 영공 진입을 막았던 정부가 사고 발생 후 석 달이나 지난 시점에 강원도의 AS365와 소방 항공대원들을 전라도 앞바다까지 보낸 까닭을 알 수 없었다. AS365는 대부분 육상에서의 구조 업무에 투입된다. 해상용 기체에 장착되는 플로트 장비가 있을 리 만무했다. 언론에서는 대원들이 '자원'해서 수색에 나섰다고 했다.

자원이라. 참으로 그럴듯한 말이다. 나는 그 말의 출처가 궁금했다. 그 단어를 곱씹으며 조직 구성원으로서 자원의 의미를 더듬었다. 윗선으로부터 내려오는 위험한 업무 투입 명령은 조직 안에서 때로 자원의 탈을 썼고, 그것은 스스로의 의지조차 강요하는 것이었다. 제 몸에 폭탄을 달고 적진으로 뛰어드는 일이 전쟁터에서만 벌어지는 것은 아니다. 나는 죽은 다섯 명의 대원들이 진정 자원해 나선 비행이었는지 아닌지 알 수 없었다. 추락 원인은 며칠이 지나도록 알려지지 않았다.

사고 닷새 후 열린 영결식은 강원도장(葬)으로 치러졌다. 나는 김태연, 경기 소방항공대원들과 같이 참석했다. 날이 습하고 더웠다. 강원도청 별관 앞 광장에는 검은 옷을 입은 조문객들이 열 맞춰 준비된 흰 플라스틱 의자에 앉아 식을 기다렸다. 중앙구조단의 김민수 기장은 식장 뒤에서 하염없이 울었다. 죽은 기장들과 육군 항공대에서 동고동락했던 사이였으므로 그는 더 슬펐을 것이다.

나는 울고 있는 그를 보고도 별다른 말을 하지 못했다.

찍어다 박은 듯한 흰 국화 화환들이 분향대 양옆으로 늘어섰고, 제각기 다른 부서와 이름들이 적힌 검은 리본들은 아래로 처져 있었다. 리본 속 이름들 중 얼마만큼이 이 죽음을 이해하고 있을지 궁금해졌다. 꽃으로 둘러싸여 있는 다섯 명의 사진을 들여다보았다. 뒤늦게 남쪽 바다까지 비행해 내려가야 했던 이유와, 헬리콥터가 추락한 원인을 저들은 알고 있을 것인가. 죽은 이들은 침묵했고, 살아 있는 누구도 그것을 말해주지 않을 것 같았다.

나는 순백의 봉투를 열어 강원도지사가 보내온 서한을 펼쳤다. 최고급 한지의 단단하고 부드러운 결이 손끝에 전해왔다. '안녕하십니까'로 말문을 연 서한은 기계의 힘을 빌려 공업적으로 생산해낸 글이었다. 나는 의자에 몸을 파묻고 제일 위에서부터 천천히 읽어 내려갔다.

'지난 7월 17일 시민의 생명과 재산을 지켜내고자 자신들의 고귀한 생명을 바친 강원도소방본부 소속 소방대원들의 희생 앞에 애통한 심정으로 슬픔을 함께 해주신 데 대해 강원도청 전 공직자를 대신에 깊은 감사의 인사를 올립니다'로 시작된 글은 중간에 이르러, '창졸지간에 아들, 남편, 약혼자, 아빠를 잃은 유족들과 동료 공직자에게도 더없는 큰 힘과 위로가 되었습니다'로 이어졌다. 잠시 읽기를 멈추고 창밖을 내다보았다. 어둠 속에서 여전히 비가 세차게 내렸다. 시신이 되고 만 환자를 영안실로 보낼 때 엄습하는 차고 축축한 기운이 안으로 스며들었다.

서한 말미에는 '무더운 날씨에도 경건하고 엄숙하게 강원도장을 치를 수 있도록 뜨거운 마음을 모아주신 여러분들께 다시 한 번 깊은 감사를 드립니다……. 강원도지사'까지 반듯하게 인쇄되어 있었다. 마지막 강원도지사의 서명은 친필인지 아닌지 분명하지 않았다. 발신일의 한 곳은 비어 있었다. '2014년 8월 일.' 나는 '일' 앞의 빈 공간을 응시했다. 아마 강원도지사는 이 서한을 보낼 때 날짜가 비어 있다는 것을 몰랐을 것이다. 영결식을 주관했던 강원도지사의 얼굴과 오열하던 가족들의 울음소리와 식장 뒤에서 눈물만 흘리던 김민수의 모습이 겹쳐 떠올랐다.

삶과 죽음의 경계에 있는 환자들을 구조하여 병원으로 날아오는 소방대원들과 의료진은 언제나 환자들과 함께 사선을 넘나든다. 소방항공대의 한 기장이 내뱉었던, '표창이고 뭐고 죽고 나면 다 소용없어요'라는 말과 편지 속의 '시민의 생명과 재산을 지켜내고자 자신들의 고귀한 생명을 바친'이라는 글귀가 머릿속에서 얽혀 들어갔다.

하늘을 나는 항공기, 특히 회전익 기체는 언젠가는 반드시 떨어진다. 문제는 시점과 확률일 것이다. 내가 하는 일 자체가 주위 사람들의 목숨을 담보로, 만나본 적도 없고 선악조차 알 수 없는 이름 모를 타인을 구하려 나서는 일이다. 나는 왜 주위 사람들에게까지 이 짓을 강요해야 하는가. 몸이 한없는 바닥 아래로 끌려 들어가는 것만 같았다. 동료들이 두말 않고 위험을 무릅쓰고 나서고 있는 것도, 노골적으로 내 일을 꺾어버리려는 이들의 저항을 버텨 나가는 것도 지긋지긋했다. 나는 구토감을 느끼면서 창밖을 한참 멍하니 바라보았다. 몹시 피곤했다. 자리에서 일어나 자러 가고 싶었으나 손가락 하나 까딱할 수 없었다.

    시간은 새벽으로 넘어가고 있었다. 나는 그대로 자리에 처박혀 하늘에서 쏟아져 내리는 빗줄기로부터 시선을 돌리지 못했다. 어둠을 타고 내린 빗방울은 눈앞에서야 실체를 드러내며 제각기 다른 속도로 낙하했다. 나는 빗방울의 무기력한 추락을 조용히 지켜보았다. 어느 하나도 중력을 거스르지 못했다. 무수한 우적(雨滴)들이 바닥과 충돌해 으스러지는 소리가 내 몸을 후려치며 휘감았다. 어디론가 도망가야 한다는 것은 분명한데 갈 곳은 좀처럼 보이지 않았다.

길목

정치의 계절이 돌아오면 모두가 '국민'을 부르짖었다. 지방선거를 앞두고 사방에서 그 말이 들려왔다. 그들이 외쳐대는 '국민'에 과연 우리와 우리가 치료하는 환자들이 포함되는지 생각했다. 사람이 바뀔 때 정책의 방향도 달라지므로 나는 바깥에서 부는 바람에 어쩔 수 없이 주의를 기울였다. 선거가 끝나고 병원 밖에서는 도지사가 바뀌었고, 병원 내에서는 윗선의 보직교수들이 자리를 달리했다. 명확한 주인이 없는 병원에서 전임 보직교수들의 주요 정책을 후임이 이어갈 필요는 없다. 전임 집행부로부터 넘겨진 중증외상센터 사업이란 새로운 윗선에게 계륵(鷄肋)과 같았다. 나는 정부의 정책과 병원 내 정치판에 신경을 곤두세웠다. 나라는 여전히 상

(喪)중이었으나 거기에 깊이 마음을 둘 여력이 없었다.

　외상센터에 사람이 조금 늘었다. 전담간호사 김은미와 유자영이 왔고, 교수진으로 정준영과 유남규를 영입했다. 중증외상 환자들은 골절상을 입은 경우가 많아 외상센터 전담 정형외과 의사가 필요했다. 다른 병원으로 이직을 준비하던 정준영을 붙잡았다. 눈이 내리던 어느 날 밤에 나는 수술을 마친 정준영을 수술방 밖으로 끌어내 한참을 설득하여 그의 마음을 돌렸다. 슬관절 수술뿐만 아니라 탁월한 연구 능력을 가진 정준영이 가세했고, 그의 동문인 신경외과 유남규도 합류했다. 유남규는 척추외과를 세부전공했지만 뇌수술에도 능했다. 나는 한시름 덜 수 있었다.

　피곤한 허리를 받쳐 잡고 수술방에서 나와 사무실로 돌아왔을 때, 책상 위에 놓인 엽서 한 장을 보았다. 엽서 겉면의 이국적인 산악 풍광이 눈길을 사로잡았다. 페루의 마추픽추였다. 운무에 둘러싸인 산세는 아름답고 신비로웠다. 발신인은 김병천 전 해군의무감이었다.

　2014년 초 김병천은 후배인 유동기 대령에게 해군의무감 자리를 넘겨주고 썰물처럼 물러났다. 그는 요란한 전역식이나 그 어떤 퇴임 관련 행사도 마다한 채 조용히 사라졌다. 해군 대령들의 합동 전역식에서라도 그를 만나려고 찾아갔을 때, 그는 이미 식장에서 사라지고 난 후였다. 나는 보직교수가 내어준 감사패를 엄현성 해군참모차장에게 전달하고 돌아왔다.

나는 김병천이 지구 반대편에서 보내온 인사를 한참 들여다보았다. 김병천은 엽서를 쓰기 전에 내 생각을 했을 것이다. 그가 멀리에서도 나를 기억해줬다는 사실이 기뻤다. 엽서를 읽으며 그에게 나는 어떤 사람이었을지 궁금했으나 물어야 할 말들이 떠오르지 않았다.

외상센터 사무실 NAS(Network Attached Storage, 네트워크 접속 기반 파일 서버)에 해커가 침입했다. 오전 9시쯤 컴퓨터 파일들이 이상한 변화를 보여 정보관리팀에 문의했으나 원인에 대한 답을 받지 못했다. 오후 4시가 넘어서는 전체 파일의 반 이상이 빠른 속도로 바뀌며 열리지 않았다. 다시 정보관리팀에 물었다. 그제야 랜섬웨어 바이러스임을 확인받았다. NAS에 있던 파일들은 수년간 쌓아온 것들이고 권역외상센터 건립과 관련된 중앙 정부와 경기도의 자료들이었으며, 환자 치료와 관련된 파일들이었다. 병원 내부의 핵심 자료들로, 내게는 목숨 같은 것들인데 모조리 다 감염되어 날아가버렸다. 나와 스태프 몇몇이 각자 가지고 있는 자료들을 모아봤으나, 서로 가진 파일들은 겹쳤고 없는 파일들은 모두에게 없었다.

나는 늘 데이터가 불안했다. 데이터뱅크를 추가해두려 했으나 예산 확보는 어려웠다. 백업을 구축할 3~5테라바이트 정도의 전산 장비를 병원 측에 요청했지만 반려됐다. 어쩔 수 없이 저가 장비를 구입해 간신히 버텨왔는데 터질 일이 터진 것이다. 개인적으로라도 백업을 해놨어야 했다. 그러나 시스템의 부족으로 발생하는 간극을 개인의 땜질로 메워나가는 데는 한계가 있다.

병원 내 데이터망을 관리하는 보안솔루션 업체는 나름 유명한 곳이었다. 그런 업체도 랜섬웨어 바이러스 공격에 무력했고, 데이터가 파괴되고 있는 도중에도 상황을 파악하지 못했다. 결국 암호화된 키를 받으려면 해커와의 협상만이 유일한 방법이었다. 우리는 '해커가 돈을 요구한다'는 사실 외에는 해커의 위치도 몰랐다. 돈을 줘도 그들이 감염 파일을 복구할 키를 내줄지, 어떤 조건을 달아 돈을 더 요구할지, 돈을 받고 곧장 잠적해버리지는 않을지, 무엇도 짐작할 수 없었다. 돈을 요구하는 자가 실존 인물인지조차 알 수 없었다. 다른 방도가 없어 보직교수들에게 부탁했으나 '주의 부족'에 대한 답들만이 돌아왔다. 절박한 나는 행정부원장 박재호에게 다시 사정하며 매달렸다.

아덴만과 석해균 선장을 떠올렸다. 사람을 볼모로 삼고 돈을 바라는 해적이나 목숨 같은 정보들을 쥐고 돈을 요구하는 해커는 그 뿌리가 같아 보였다. 해적은 실체가 있고 주둔지가 노출되어 있으므로 돈을 받고 약속을 어기는 경우가 드물지만 해커는 다르다. 그들은 보이지 않는 허깨비였다. 흔적은 있으나 어디에서도 찾을 수 없었다. 보이지 않는 적을 찾아 헤매는 꼴이었다. 목숨 같은 자료들을 되찾을 방도가 보이지 않았다.

가을에 이영주 해병대사령관이 해병 주둔 지역에서 추수한 햅

쌀을 보내왔다. 갓 추수해서 도정한 백미 낱알에서 가을 햇살 냄새가 났다. 남해안 함대에 주둔하고 있는 해군들은 가끔씩 해산물을 올려 보냈다. 주로는 생선이었다. 해군작전사령부 김삼교 대령이 과메기도 보내왔는데 전혀 비리지 않아서 여러 사람들과 나누어 먹었다.

외상센터 내 영상의학 검사가 폭증했다. 영상의학과 의사가 필요했으나 교수진 영입에 난항을 겪었다. 그 같은 상황을 지켜보던 김재근 교수가 최상희를 추천했다. 학기 중이었으나 신학기까지 기다릴 수 없어 조기에 임용 절차를 밟았다.

병원에서 나의 보직 이동을 알려왔다. 내가 외상센터장 자리에서 물러나 '책임교수'가 되어, 외상외과를 전공하지 않은 타 임상과의 보직교수가 겸할 '외상센터장'을 보좌할 것이라고 했다. 발령 공고는 다음 주였다. 냉소가 새어 나왔다. 2009년 나는 중증외상특성화센터 책임교수였고, 윗선에서 외상센터장을 거쳐 내려오는 지시는 내 의지로 바꿀 수 없었다. 2010년 내가 마침내 센터장이 되었을 때, 국정감사는 전년도 센터 운영을 조준했다. 나는 내 자리에서 어쩔 수 없었던 온갖 것들을 떠안고 감사를 받았다. 다시 외상외과를 전공하지 않은 사람 밑에 들어가 이 과를 계속할 생각은 티끌만큼도 없었다. 내 위에 다른 누군가가 온다면 정경원이 되어야 했다. 나는 병원 측에 받아들일 수 없다는 의견을 분명히 전했다.

지상의 헬기장은 의과대학과 병원 건물 사이에 있고, 두 건물은 남과 북으로 정방향을 막고 서서 헬기장의 단단한 바람막이가 되어주었다. 하늘에서 불어온 바람은 건물에 부딪혀 헬기장으로 곧장 닿지 않았고, 헬기장 주위는 비교적 안정적인 기류를 유지했다. 그러나 신축 중인 병원 본관 옥상의 헬기장은 사방이 허공이어서 고스란히 바람의 영향권 안에 놓일 것이다. 파일럿들은 기온이 급격히 낮아져 헬기장 바닥에 결빙이 생기면 착륙하는 헬리콥터가 자체 진동으로 미끄러져 돌아갈 수 있다고 걱정했다. 덧붙여서 옥상 헬기장 바닥면에 열선 코일을 설치해 자동 제설과 제빙이 되면 좋을 것이라는 의견을 주었다. 나는 그 제안을 상부에 전했으나 예산 문제로 받아들여지지 않았다.

나는 인사가 만사라는 말을 매 순간 생각했다. 몇 안 되는 의사와 간호사들이 이 센터의 축이었다. 충원조차 잘 되지 않는 판국에 지금의 스태프와 팀원들마저 없으면 외상센터의 존속 자체가 불가능했다. 센터장인 나는 교수들의 재임용과 간호사들의 재계약 문제에 절박했다. 그러나 내 절박함은 좀처럼 병원 측에 닿지 않았다. 이런 세상을 모르고 편승하지도 못한 채 수군거리기만 하는 이들이 계속 눈에 걸렸다. 속에서 마른 바람이 차올랐다.

한국 사회에서는 적절한 선에서 물러설 줄 알아야 한다. 나는 중도에 포기하는 용기가 없었고 그 방법을 알지 못했다. 경기남부권역외상센터는 걸음마를 시작한 아이와 같고, 잘못 건드리면 바스러질 얇은 유리잔과 같았다. 거부당하는 결재 사안들 하나하나가 모두 센터 운영에는 너무나 중요한 것이어서 물러설 수 없었다. 나는 한국 사회에 걸맞은 인사가 되지 못했다.

    김지영이 사직서를 제출했다. 버티고 버틴 끝에 내지른 단말마의 비명이었다. 나는 그의 업무 강도를 알고 있었으므로 이해했다. 외상센터에 대한 김지영의 진정성도 알고 있었다. 김지영의 사직은 외상센터의 한 축이 사라지는 것과 같았다. UC 샌디에이고 외상센터를 비롯해 많은 외상센터에서도 외상외과 의사들은 더 좋은 근무 조건과 연봉을 따라 이동하지만, 최후까지 소속 기관에 남아 센터를 지켜내는 이들은 고참 전담간호사들과 코디네이터들이었다. 기관의 정체성은 그런 이들에게 기대어 유지된다. 김지영의 사직서를 보며 세월호 때 부서져나간 어깨가 생으로 찢어져 떨어져나갈 것 같았다.

    영상의학과 김재근 교수는 같은 과 박성훈 교수에게 나를 데리고 가서 초음파를 봐달라고 부탁했다. 박성훈은 검사 결과를 보며 내게 물었다.

    — 어깨가 부러진 상태에서 잘못 붙었네요. 안 아팠어요?

    설마 했는데 부러지다니. 내 상태를 확인한 정형외과 조재호 교수는 수술하면 석 달은 오른팔을 쓸 수 없다고 내게 말했다. 석 달이라. 수술을 받을 수는 없었다. 견관절(어깨관절)을 보는 교수는 해외 학회 중이었다. 나는 영상의학과에서 알려준 다른 병원의 박진영 교수를 찾아갔다. 정형외과 이재헌 교수가 동행했다.

박진영은 내 빈곤한 사정을 아는지 내 어깨를 치료해주고도 치료비를 받지 않았다. 돌아오는 길에 이재헌과 팥빙수를 사 먹었다. 주사를 맞은 오른팔이 마비되어 쓸 수 없었다. 왼팔로 빙수를 떠먹는데 얼음물이 흘러 바지에 떨어졌다. 빠르게 닦아냈으나 물이 떨어진 자리에 금세 얼룩이 졌다. 이인붕 기장이 알려준 경기 소방특수대응단 담당 보험사에 전화를 걸어 어깨 부상의 보험처리에 대해 문의했다. 다시 연락을 주겠다고 했던 헬리콥터 사고 처리 담당자는 그 후 아무런 연락을 주지 않았다.

  간밤 꿈에 본관 옥상에 설치 중인 헬기장 접근로 난간이 무너져 내렸다. 그 탓에 나를 포함해 여러 팀원들이 옥상에서 추락했다. 몸이 허공으로 기울어 중력의 힘을 거스르지 못한 순간 식겁하여 눈을 떴다. 온몸이 식은땀으로 젖었다. 일어나 어둠 속에 멀거니 앉아 숨을 깊이 들이쉬었다. 선잠이 든 지 한두 시간이 지나지 않은 때였다. 피로가 깊어 죽을 것 같아도 잠을 잘 이루지 못했고, 다음 날이 되면 또다시 당직으로 잠을 자지 못했다. 그런 날이 많았다. 꿈속에서 중력이 나를 잡아 끌어내리던 순간을 몸이 기억했다. 그 느낌을 이승에서 겪게 될 때, 그때가 진정 마지막이 될 것이었다.

통증

대한민국 해군의 209급 잠수함은 망망대해에서 손바닥만큼이나 작다. 항해 속도 시속 약 40킬로미터, 수상 항해하면 최고 속도 시속 25킬로미터를 겨우 넘는다. 이 작고 느린 잠수함에서도 사고는 일어나고, 원양 작전 중 응급환자가 발생하면 살릴 방도가 없다. 미 해군 작전 반경 내라면 그들의 도움을 받을 수는 있다.[*] 그러나 이역만리 바다에서 한국 해군의 단독 작전 중 사고가 발생하면 상황은 어렵다. 해군본부 의무과장 유동기 중령은 이 문제를 두고 고

---

[*] 태평양 한복판에서 한국 해군의 209급 잠수함인 이억기함에서 응급환자가 발생했을 때, 미 해군의 MH-60S 나이트호크가 나서서 환자를 구조해 올렸고, 병원선에서 수술해 살려낸 적이 있다.

심한 끝에 나를 찾아와 의논했고, 의료진이 항공기를 이용해 잠수함으로 날아 들어가는 훈련을 계획했다. 훈련 방향은 '외상외과 의사와 전담간호사가 해군 블랙호크를 타고 해상을 날아가, 수면 가까이 부상한 잠수함으로 강하해 들어가서 환자를 응급처치하고, 환자를 상공의 블랙호크로 실어 올려 육상의 거점 외상센터로 이송한다'라는 쪽으로 잡았다. 훈련은 해군 제9잠수함전단, 제6항공전단과 하기로 했다. 박위함이 나섰고 함의 함장 한봉완 중령은 유동기의 동기였다.

훈련 당일 나는 김태연과 블랙호크에 올라탔다. 전담간호사 김효주와 김주량은 수상함에 탑승한 채 외곽에서 선회했다. 해군 항공전단의 교관 조종사 홍성진 중령이 직접 블랙호크 조종간을 잡았다.

물 위로 올라온 박위함에 덩치 큰 블랙호크가 가까이 다가가자 격한 하향풍에 함의 작은 몸이 밀려 나갔다. 블랙호크는 고도를 더 높였다. 헬리콥터가 높이 올라갈수록 잠수함은 안정적으로 몸을 유지했으나 나와 김태연의 위험 부담은 비례해 늘었다. 육상에서 우리의 평균 강하 고도는 50미터를 넘지 않는데, 이미 80미터 높이에 달했다. 잠수함의 상갑판은 폭이 1.5미터에 불과하고 상공에서 보면 아득한 점 같다. 일반 강하는 불가능했다. 줄 하나에 의지해서는 바닷물에 처박힐 것이었다. 박위함 승조원들과 가이드와이어를 걸어 강하하는 방법을 생각해냈다. 한봉완 함장이 1,200톤급

박위함을 부드럽게 항진시켰고, 승조원들은 안전로프를 몸에 감고 함수 부위에 나와 우리를 유도했다. 함 주위에는 서너 척 이상의 구조보트와 구조함이 무리 지어 선회 중이었다. 만일의 경우 발생할 수도 있는 안전사고에 대비해야 했다.

나는 80미터 고도에서 장비를 짊어진 채 점 하나를 향해 뛰어내렸다. 중력과 하항풍에 의해 가중된 장비의 무게가 강하용 하네스를 감싼 벨트를 따라 어깨뼈로 파고들었다. 오른쪽 어깨가 비명을 질렀고, 통증은 어깨뼈에서부터 전신으로 퍼져나갔다. 그러나 부서진 어깨를 생각했다면 애초에 이 훈련을 시작해서는 안 됐다. 나는 머리끝과 발끝으로 번져가는 통증을 없는 것으로 삼았다. 내 뒤를 따라 김태연이 뛰어내렸다.

나와 김태연은 하늘과 바다 사이에서 뛰어내리고 오르기를 반복했다. 함 주변은 블랙호크의 하항풍과 그로 인해 튀어 오르는 바닷물 때문에 폭풍우 속 같았다. 가이드와이어를 걸었어도 몸을 가누기가 힘들었다. 결국 나는 함에서 블랙호크로 올라갈 때 하항풍에 휩쓸려 바다에 처박혔다. 수차례 시도 끝에 우리가 가상 환자를 싣고 블랙호크로 올라오자, 항로와 침로를 유지하며 대열을 지키고 있던 블랙호크와 박위함은 차례로 현장을 빠져나갔다. 훈련은 사흘 간 이어졌고, 날씨는 내내 좋지 못했다.

이 훈련으로 얻은 소득은 분명했다. 209급 잠수함에서 응급상황이 발생해 의료진을 투입해야 할 때 필요한 것들이 파악됐다. 헬리콥터의 고도, 접근 각도, 잠수함의 순항 방위각과 속도, 가이드 로프의 설치 요령, 상갑판에서의 승조원들의 위치 등에 대해 상세한 내용을 담은 매뉴얼이 만들어졌다. 그것은 해군의 잠수함대와 해군항공대, 해군의무처의 공통 업무지침이기도 했다. 최종 보고서를 받아본 유동기는 비로소 안도했다고 했다. 훈련의 종료를 확인한 후에도 내 몸의 욱신거림은 여진처럼 사지를 타고 흘렀다.

얼마 뒤 이천의 한 공장에서 인부 한 명이 기계에 말려들어가 몸이 으스러지는 중상을 입었다. 해질 무렵 지상에 내리는 비는 심하지 않았으나 하늘 위는 강한 비바람이 몰아쳤다. 이성호 비행대장과 이인붕 기장은 말없이 우리를 태우고 날아올랐다. 이천으로 넘어가는 길에 비는 그치지 않았고 산에서 피어오르는 안개는 짙었다. 헬리콥터는 비와 농무(濃霧) 속에서 방향을 잡지 못했다.

사고 현장 상공에 도착해서도 착륙 지점을 확인하기 어려웠다. 현장에서 구조작업 중이던 소방대원들이 무전으로 우리를 유도했으나 지상의 참고물들이 정확히 시야에 들어오지 않았다. 소방대원들이 초록색 연막탄을 쏘아 올렸다. 탄에서 터져 나온 연기는 비바람에 씻겨나가 사방으로 산개돼 실효가 없었다. 대원들이 연거푸 쏘아 올린 빛 덩어리가 꼬리를 달고 안개 속에서 터져 나가는 순간 기체가 흔들렸다. 동시에 이성호의 목소리가 캐빈에 울렸다.

— 어이쿠!

조명탄이 헬리콥터와 너무 가깝게 발사되어 날아온 모양이었다. 나는 중심을 잃고 한쪽으로 무너지며 왼쪽 다리를 캐빈의 금속 구조물에 세게 박았다. 찌르르한 통증이 뼛속 깊이 찌르고 들어와 폐까지 미쳐 숨이 막혔다. 여름 하늘이 무덥고 끈끈했다. 오른쪽 어깨가 다시 쑤시기 시작했다.

오른쪽 어깨 관절은 박위함과의 훈련 뒤로 더 자주 아팠다. 하루 종일 서서 보낸 날이면 통증은 더 심해졌고, 오래전 풍도에서 강하다 다친 왼쪽 무릎은 자주 부어올랐다. 지금처럼 헬리콥터 진동에 캐빈의 금속 구조물이 정강이뼈에 박히들면 통증이 극심했다. 여름이면 지저분한 땀이 몸에 생긴 상처에 스며 상처가 곪아 진물이 나곤 했다. 허리는 끊어질 듯했다. 허리 통증이 허벅지와 장딴지의 신경을 타고 내려갔다. 진통제를 먹어도 통증은 약 기운을 이기고 몸속을 돌아다녔다. 사방으로 퍼져나가는 증세는 나쁜 신호였으나 별도의 검사는 받지 않았다. 뭘 찍든 나쁜 소견만 관찰될 뿐이고, 확인한다고 치료받고 쉴 수 없었으므로 검사는 무의미했다. 통증이 격렬해질 때면 그것이 죽음의 신호처럼 느껴지곤 했다.

악천후 속에서 실어온 이천 공장의 환자는 수술을 받고 살았다.

화요일 아침, 사망 및 합병증 환자에 대한 증례보고회의 M&M 컨퍼런스(Morbidity&Mortality Conference)*가 6시 50분부터 열렸다. 외상환자 사망자 수가 열 명에 달해 분위기가 극도로 좋지 않았다. 바로 앞에 앉은 의과대학 임상실습생이 심하게 왼쪽 다리를 떨었다. 의식하지 않으려 애썼는데도, 경운기 엔진처럼 덜덜대는 다리에 내 의식까지 떨리는 것 같았다. 내가 학생에게 그만하라고 사인을 주자 떨리던 학생의 다리는 멈췄다. 그러나 한번 울리기 시작한 내 머리는 좀처럼 가라앉지 않았다.

* 의사들이 자신의 환자에게 발생한 합병증과 사망 사례에 대해 검토하고 개선책을 강구하는 회의다.

벼랑 끝

― 교수님, 김태연 선생이 쓰러졌습니다!

오전 회진 중에 걸려온 전화에서 전담간호사 김주량이 다급하게 외쳤다. 쓰러진 이유를 물었을 때 잘 모르겠다는 답이 돌아왔다. 나는 외상센터 사무실 쪽으로 급히 발걸음을 옮겼다. 내가 도착했을 때 정경원과 팀원들 몇몇이 바닥에 누운 김태연의 상태를 확인하고 있었다. 정경원이 굳은 얼굴로 나를 보고 일어섰다.

― 의식은 있습니다. 아마도 최근의 과로 때문인 것 같은데 검사 몇 가지 하고 수액 맞히면서 쉬게 하겠습니다.

정경원은 김태연이 누울 자리를 마련하라며 주위에 지시를 내렸다. 그 목소리가 메아리처럼 울렸다. 환자 이송용 침대가 들어오고 사람들이 모여들어 사무실 앞이 소란스러웠다. 행정부원장 박재호는 김태연이 침대에 실려 나가는 광경을 보고 많이 놀란 듯 물었다.

— 무슨 일입니까? 김태연 선생이 왜 이래요?

나는 아무 대답도 하지 못했다. 작년 여름에 쓰러졌던 김지영이 3월에 중앙응급의료센터로 파견 나간 뒤, 우리 팀은 센터 운영과 관련한 업무 폭주에 정신을 차릴 수 없었다. 9월에 외상센터 행정을 맡고 있던 행정팀 송수곤까지 다른 부서로 전출을 희망해 떠나자 속수무책이었다. 상황을 지켜보던 김태연이 스스로 행정 전면에 나섰다. 고마웠다. 경기도청의 박수영 행정부지사가 김태연을 보내주지 않았다면 나는 일주일도 견디지 못했을 것이다. 주일로 의학전문대학원장이 김태연에게 특별히 더 고마워했다.

김태연이 떠맡은 결재 서류의 양은 단순히 '많다'라고 할 수 없을 만큼 많았다. 권역외상센터 건립에 필요한 사소한 장비까지 모두 결재가 필요했다. 수천 수만 가지가 넘는 행정 행위를 거쳐야 새로운 건물이 들어서고 사용할 장비가 갖춰졌다. 의료 소모품 구매 결정 기안에서부터, 제일 골치 아픈 인사와 관련된 서류까지, 모든 것이 결재선상에 올랐다. 김태연이 가져오는 결재 서류는 때로 하루에 250가지가 넘었다. 김태연은 그 모든 업무들을 묵묵히 떠안았다. 단 한 번도 제 입으로 힘들다고 말하지 않았다.

박재호는 김태연의 앞방을 쓰면서 그의 살인적인 업무량을 보아왔다. 김태연은 조직편제상 박재호에게 직접 결재를 받았고, 이는 대부분의 행정 체계에서 이루어지는 패턴과는 달랐다. '중간관리자의 결재' 없이 병원 행정의 수장으로부터 직접 업무 지시를 받는 셈이었다. 결재서류가 완벽하지 않으면 일을 진행할 수 없다. 김태연 본인도 부담스러웠을 것인데 그는 거의 완벽에 가깝게 처리해내고 있었다.

몰려왔던 사람들이 빠져나가고 박재호가 사무실에 남은 나를 제 방으로 데리고 가 앉았다. 그는 커피를 내밀며 물었다.

— 요즘 우리 외상센터 직원들 많이 힘들죠?

나는 한동안 입을 떼지 못하다가 대답했다.

— 소수의 인원들이 너무 많은 일을 하고 있어서 걱정입니다.

박재호는 말이 없었다. 그도 잘 알 것이다. 기하급수적으로 늘어나는 업무량에 비해 사람이 부족했다. 병원 내에는 중증외상센터 사업에 대한 말들이 많았다. 나는 병원 구성원 모두가 이 사업을 접으라고 하면 그만둘 생각도 있었다. 그러나 병원의 입장은 합일되지 않았고, 보직교수들로 구성된 지휘부에서조차도 각기 다른 말들이 쏟아져 내려왔다. 인력 충원을 요청해야 하는 나는 늘 곤혹스러웠다.

— 그래도 좀 쉬어가며 일하세요. 대장이 쉬지 않으니 아랫사람들도 눈치 보여 덩달아 못 쉬는 거 아닙니까. 그러다 저렇게 쓰러지는 거고요.

박재호가 분위기를 돌리려는 듯 가볍게 말했다. 그의 마음을 알았으나 나는 웃지 못했다.

— 어떻게 해야 할지 정말 잘 모르겠습니다.

얼마 전 인사복지팀장이 노동부에서 내려온 공문과 내부 근로규정집을 들고 찾아왔다. 그는 개인이 월 60시간 이상의 초과근무를 해야 하는 경우, 행정 부서에 사람을 더 선발해야만 한다고 했다. 그렇지 않은 경우에는 기관이 경고를 받게 된다는 것이 말의 요지였다. 인사복지팀장은 내 눈치를 살피며 덧붙였다.

— 교수님, 외상센터가 바쁜 줄은 잘 알고 있습니다만, 이렇게까지 시간 외 근무를 많이 하는 상황이 계속되면 우리 기관이 노동부에게 불이익을 받게 됩니다.

진퇴양난이었다. 외상센터의 일은 줄지 않았고 줄일 수도 없었다. 나는 병원으로 오는 중증외상 환자의 수를 조절할 수 없고 병원 문턱을 넘어와 생사의 기로에 선 환자를 전원시킬 수도 없었다. 권역외상센터 건물을 지어 올리는 데 따르는 행정 업무까지 가중되고 있었다. 팀원들의 업무량은 날로 늘어났고 업무 강도는 극심해졌다. 그 또한 내가 어쩔 수 없는 일이었다. 병원의 많은 부서들이 인력 부족에 시달렸고 부서 인원을 늘려달라는 요청은 동시다발적으로 올라가므로 외상센터에만 더 많은 인원을 배정해주지 않았다. 우리 문제의 근본 해결 방안은 인력 증원이었지만 그것이 불가능하다는 사실을 나도 박재호도 잘 알았다. 이런 상황에서도 어쩔 수 없이 벌어지는 초과 근무시간에 대한 문책은 계속됐다.

— 정말 미쳐버릴 것 같습니다.

속에서 진심이 터져나왔다. 박재호도 더는 말하지 않았다. 창문 너머 어깨에 닿는 햇살이 무거웠다. 다 마시지 못한 커피가 식어갈 때 정경원으로부터 전화가 걸려왔다. 김태연이 쓰러진 이유가 계속된 밤샘으로 인한 탈진이라고 했다. 나는 박재호에게 안심하라고 말해주었다. 박재호의 불안한 표정이 누그러졌다. 나는 박재호의 방을 나와 김태연을 보러 가지 않고 병동으로 향했다. 보면 더 미안해질 것 같았다.

며칠 휴가를 주려 했으나 김태연은 다음 날 다시 일을 시작했다. 파견 나온 공무원까지 힘들게 몰아붙여 쓰러지게 한 것 같아 속이 아팠다. 나는 도대체 뭘 하고 있는 것인가……. 창문 건너 본교 쪽은 조용했고 평온해 보였다. 2014년이 저물어갔다. 연도별 부서 운영 예산은 12월도 안 되어 바닥을 보였다. 앞으로 석 달간은 손님이 오면 내어줄 녹차의 티백도 아껴야 했다.

화석

내 낡은 대우차가 또다시 엔진 고장을 일으켰다. 병원 지하 3층에 위치한 차량정비소의 박경남 소장이 이번에도 고쳐주었다. 20년 가까이 대우자동차에서 일했던 그는 이미 단종되어 부품을 찾기 어려운 내 자동차를 잘 고쳐내곤 했다. 고마운 마음에 비용을 지불하려 하자 박경남이 손사래 쳤다.

— 단종된 지 오래된 차라서 이제는 쓰이지 않는 잉여부품을 구해서 바꾼 건데요. 옛 대우 직원에 대한 마음이라고들 합니다.

옛 대우 사람들은 달라진 깃발 아래서도 서로 도우려고 애썼다. 아주대학교병원은 대형 기관으로는 드물게 '대우컴퓨터' 생산 제품을 공용 PC로 사용했고 옛 '대우자동차'의 차량을 관용차로 마르고 닳도록 사용했다. 박경남의 동료들 중 일부는 아직 옛 대우자동차 생산기지에서 일하고 있었다. 그는 쉐보레자동차의 판매 감소로 공장 통폐합 소문이 돌고 있다며 내게 근심스런 마음을 내비쳤다. 그 공장이 닫히면 '대우' 사람들은 다시 거리로 내몰릴 것이었다.

1980년대 말, 기업들 사이에 의과대학 설립 바람이 불었다. 대우그룹, 현대그룹, 삼성그룹 등이 병원을 세우고 의과대학 설립을 추진했다. 당시 반(反) 권위주의에 대한 사회적 흐름은 높은 수준의 의료 서비스를 원하는 사회적 요구와 맞물려 탄력을 받았다. 대우그룹 계열인 '학교법인 대우학원'이 운영하던 아주대학교에 의과대학과 병원이 세워진 동력이었다.

작은 와이셔츠 업체로 시작한 대우는 자동차와 조선업, 중공업 같은 중후장대 사업에 주력했다. 이후 세계시장 진출을 통해 사세(社勢)를 확장해서 한국에서 가장 큰 기업 중 하나로 성장했다. 그러나 1990년대 후반 IMF가 터지고 극심한 경제 위기가 몰아닥쳤다. 그 시기의 한국은 '파장을 앞둔 시장' 같았다. 대기업들도 그 격랑을 피해가지 못했고 대우는 직격탄을 맞았다.

기업은 해체됐어도 그 안에서 일하던 사람들은 남는다. 운 좋은 직원들은 주인이 바뀌고 이름이 변경된 사업장에서도 그대로 남아 일했다. 그렇지 못한 사람들은 이직하거나 실업자가 되었고, 극히 일부는 '대우' 마크가 아직도 선명히 남아 있는 아주대학교병원으로 들어왔다. 박재호도 그중 한 사람이었다. 그는 대우의 전성기를 거쳐, 기업이 분해되어가던 시기를 온몸으로 겪었다. 2012년 병원 행정부원장으로 온 이후, 박재호는 대우 그룹이 파지분쇄기 속 종잇장처럼 잘려나가던 모습을 내게 상세히 설명해줬다. 금융권 자금 흐름이 전면 동결되면서 하루가 멀다 하고 계열사들이 잘려나갔고, 길바닥으로 밀려나가는 직원들에게 임금을 정산해줄 수 없었다고 했다. 그는 검찰과 정부기관들에 불려 다니면서도 대우증권을 비롯한 대우그룹의 우량 계열사들이 계속 기업 활동을 유지하게 해서, 그 안의 '대우' 사람들이 밥 벌어먹고 살 수 있게 한 것에 보람을 느꼈다고 했다.

세월이 흘러가면 많은 것이 변하기 마련이고 기업들은 흥망성쇠를 거듭한다. 기업의 흥망이 남기는 잔상은 쉬이 잊히지 않고 사람들의 머릿속에 남는다. 대우도 같았다. 대우그룹이라는 이름 아래 있던 수많은 계열사가 사라졌지만, 그룹 로고가 선명하게 살아 있는 학교법인은 남았다. 나는, 이제는 해체돼 기억 저편으로 사라진 기업체의 마지막 현장직원(Descendant)인 내 모습을 돌아보았다. 모기업이 건재할 때 그 안에서 공부했고, 지금은 그 마지막 화석을 배경으로 밥을 벌어먹고 사는 내 삶을 생각했다. 인생의 대부분이 '대우' 안에 있었다.

대우그룹은 큰 기업 집단이었으므로 남긴 유적 또한 거대했다. 그러나 지리멸렬한 중증외상센터들의 흔적은 정책이 사라지는 순간 흔적도 없이 분해될 것이다. 나는 아직은 불이 켜져 있는 외상센터가 이런 식으로 휘둘리다 문을 닫게 될 때, 우리가 남길 수 있을 화석의 크기가 얼마일까 생각했다. 외상센터와 나는 대우만큼의 하드웨어적 화석을 남기지 못할 것이다.

바람이 방향을 바꿀 때마다 눈보라가 뒤엉키며 회오리치던 날, 안성에서 환자가 발생했다. 응급구조사 이수현이 환자 상태를 전하러 사무실까지 왔다. 퇴근하지 못한 팀원들이 곧장 출동 준비에 들어갔다. 다들 저녁을 먹지 못했다. 헬기장으로 가는 응급구조사에게 피자 두 쪽을 쥐어 보냈다. 찬 기운에 피자는 금방 식었다. 헬리콥터를 타고 출동할 때, 쌓여 있던 눈덩이들이 하늘로 날아오르며 회오리쳤고, 부서진 눈가루가 지상에서 대기 중이던 의료진을 정면으로 후려쳤다. 주위에 주차되어 있던 차들 중 일부는 경보기가 켜져 경적을 울렸다. 헬리콥터를 유도하는 경비요원도 예외는 아니었으므로, 나는 헬기장에서 사무실로 같이 걸어오며 꼭 고글을 착용하라고 또다시 잔소리했다. 고글을 쓰지 않으면 안구 부상의 위험이 따르고 착륙하는 헬리콥터에 시선을 집중할 수 없어 더욱 위험했다. 사무실 책상에 올라앉은 두툼한 보고서가 눈에 띄었다. 김태연이 퇴근하며, 보름 동안 작성했던 2014년도 외상센터 결산 보고서를 내 책상에 올려놓고 갔다. 심란한 보고서를 읽느라 밤새 잠을 자지 못했다.

책상서랍을 뒤적이다 구석에서 빛이 바랜 하늘색 겉표지의 의

사용 수첩을 찾았다. 겉면에 쓰인 '1997'이라는 숫자가 생경했다. 전공의 때 쓰던 것이었다. 나는 무의식적으로 낡은 수첩을 집어 들어 앞부분 몇 장을 펼쳤다. 내가 일일이 손으로 써 내려간, 익숙한 각종 환자 치료 프로토콜(protocol, 규약)들이 눈에 들어왔다. 수술 전후의 치료에서부터 내과적 약물 치료에 대해 적은 낯익은 글들이었다. 어디에선가 베꼈을 게 분명한 문장들도 그 사이에 있었다.

— 안개 속으로 잠복해 들어간 정의를 세상에 드러내기 위해 일하는 태양 같은 존재를 위해.

나는 그 문장을 읽으며 생각했다. '그래, 이런 자세로 일했었다…….' 그 시기, 나와 내 동기들은 일주일에 120시간 가까이 일하며 젊음을 태웠었다. 서서도 졸았고, 걸으면서도 잤다. 나는 낡은 수첩을 넘겨가며 손으로 눌러 쓴 과거의 흔적들을 한참 들여다보았다.

이제는 모든 것이 전산으로 저장된다. 환자기록지조차 손으로 쓰지 않는다. 우리의 기록 또한 0과 1의 무수한 조합으로만 존재하는 저장장치에, '데이터(data)'라는 허상으로 기록된 것이 전부일 것이다. 생각이 거기에 가닿으니, 오래전 내가 남겨두었던 의무기록지들이 다시 보고 싶었다. 그것은 어쩌면 전산화라는 이름 아래 물리적 실체를 잃어버린 내 역사일지도 모른다.

교수의 일

영상의학과 김재근 교수는 내게 선배 의학자이자 인생 선배인 사람이다. 나는 머리와 배 속이 뒤틀려 터질 듯할 때면 김재근을 찾아갔고, 때로는 그가 먼저 나를 불러 밥을 먹이고 차를 내주었다. 내가 말 없이 있으면 그는 내 환자들의 엑스레이 사진을 판독기에 띄우고 수술 경과를 물었다. 김재근이 사진 속에서 내가 미처 찾지 못한 문제점들을 짚어나갈 때, 낮은 톤으로 설명해나가는 그의 목소리에 복잡했던 마음이 가라앉았다. 김재근과 환자의 치료 방향에 대해 의논하고 최신 영상의학장비 사용법에 대해 이야기하다 보면 소화기내과 이기명 교수가 합류하곤 했다.

김재근과 저녁 약속이 있던 날, 그의 연구실로 찾아갔다. 함께 직원 식당으로 이동할 참이었다. 그의 연구실 앞에 도착했을 때 살짝 열린 문틈으로 나지막한 목소리가 흘러나왔다. 손님이 찾아온 듯했다. 이어지는 대화에 나는 복도 벽에 기대어 섰다. 들려오는 이야기로 손님이 학생임을 알았다. 김재근은 의과대학 학생 부장을 맡고 있었으므로 학생들과 면담할 자리가 더 많았을 것이다. 김재근과 이야기를 나누고 있는 학생은 나도 아는 친구였다. 계속 유급을 당하고 있는 학생이었는데 더는 의과대학 생활을 이어나갈 생각이 없는 것 같았다.

사회가 의사에게 기대하는 바는 급격히 높아지고 있다. 그러나 의사가 방대한 의학지식을 갖춰야 하는 이유는 단순히 기대를 충족시키기 위해서만은 아니다. 그것이 남의 생사에 깊숙이 관여하는 자로서 갖춰야 할 최소한의 기본이기 때문이다. 그 기본을 다지기 위한 의과대학 시절의 교육 과정은 살인적이다. 학업의 양마저 주어진 시간 안에 마칠 수 있는 것이 아닌 탓에 의과대학 시절은 한계에 부딪치고 깨질 수밖에 없다. 좌절과 실망을 기본 값으로 삼아 겸손해져야 하는 때다. 그러나 고등학교 시절까지 늘 잘하는 축에 속했던 학생들이 이 사실을 받아들이기란 쉽지 않다. 그 지옥을 건너며 많은 학생들이 방황하고 좌절하다 진급하지 못하고 나가떨어졌다. 한두 차례의 유급은 극복이 가능하지만 낙오가 거듭되면 정신적으로 의대 학업을 지속하기 어렵다.

공부만 한다고 의사가 될 수 있는 것 또한 아니다. 졸업 전 수

많은 개별 성적사정위원회의 시험을 통과해야 한다. 여기에서 유급과 진급이 가려지고, 최종적으로 의사 국가고시를 치를 자격이 부여된다. 성적사정위원회의 시험은 학생이 의사가 되어 합법적으로 환자의 몸에 손을 댈 수 있는지에 대해 확인하는 절차다. 이 모든 과정을 거쳐 의사가 된다고 해도 고작 다시 '출발선'에 서는 것뿐이다.

의사가 되어 환자를 정확히 진찰하고 적절히 치료하는 실제 업무는 시험과는 차원이 다르다. 시험 문제 한두 개 틀린다고 유급되지 않는다. 그러나 실제 의료 과정에서는 한 번의 실수가 한 사람의 생사를 가르고 그 주변 인생에도 영향을 미치며, 의사 본인도 그로부터 자유롭지 못하다. 학생 시절에는 절대 알 수 없는 업의 무게다. 의사와 환자는 공동체적 운명을 가진 것과 같아서, 진단과 치료가 잘못되면 의사 역시 벼랑 끝으로 내몰린다. 이런 개별적 증례가 쌓여 의사 개인에 대한 평가가 이루어진다. 이것이 의사가 돼서도 공부와 연구를 지속적으로 해야 하는 이유다. 이 모든 것은 끊임없이 밀려오는 환자들을 받아내는 가운데서도 이루어져야만 한다. 어느 임상과든 의료현장은 전쟁터와 같고 전장에서 버텨나가는 그 내공은 의과대학 시절부터 길러지므로, 의과대학 학생은 가혹한 학업 과정을 견디며 제 근간을 다져가야 한다.

김재근과 마주한 학생은 학업의 어려움을 토로하고 있지 않았다. 현대 사회에서 의사로서의 비전을 말하고 있었다. 의사로서의 비전이라……. 실제 의사로 살고 있는 내게 학생이 바라보는 의사에 대한 말은 헛소리였다. 그가 말하는 '의사로서의 삶'은 모호했고 뜬구름 같았다. 나는 당장 오늘 밤조차 예상할 수 없다. 내일은 더 먼 이야기다. 그런 내게 '비전'이라는 단어는 현실적이지 않았다. 저런 정신세계로는 치열한 의료현장을 감당하기가 힘들 것이다. 그런데도 김재근은 왜 학업을 지속해야 하는지, 왜 생각을 달리 해야 하는지를 설명했다. 조심스럽지만 단호하게 학생을 설득하고 있었다. 학생이 이 바닥에서 살아남으려면 김재근의 말을 깊이 새겨야 했다. 온몸의 세포 하나하나까지 다 바뀔 정도로 각오를 새롭게 다지지 않으면 안 된다. 둘의 대화를 듣다, 내가 학생들에게 거의 신경쓰지 못했음을 생각했다. 나름 주관이 강한 의과대학 학생들을 세심하게 잡아 끌어주어야 했으나 일에 치여 산다는 핑계로 그걸 잘 하지 못했다.

의과대학의 교수들에게는 환자 진료와 연구 실적에 대한 압박이 객관화된 수치로, 실시간으로 밀어닥친다. 학부 학생에 대한 교육에는 시간과 노력이 많이 들지만 그것은 진급이나 재임용 심사에 결정적 요소로 작용하지 않으므로 우선이기 어렵다. 그런데도 김재근은 언제나 학생들의 교육에 심혈을 기울였다. 영상의학 판독물 중에서도 수업에 쓰면 좋을 예를 찾아내 챙겨두었고, 바쁜 와중에도 직접 새로운 시험 문제를 만들었다. 환자 영상마저 새로 바꿔가며 강의를 준비해서 열성적으로 가르쳤다. 오늘은 그중에서도 가장 힘들다는 업무, 이탈하려는 의과대학생을 설득 중이었다.

문밖에서 기다리던 나는 시간을 확인했다. 약속했던 7시로부터 40분이 지나고 있었다. 교직원 식당의 석식 배급은 7시 반에 끝난다. 나는 조용히 걸음을 돌려 중환자실로 돌아왔다. 곧 보호자들과 저녁 면담을 해야 했고, 그중 한 보호자에게는 악화하고 있는 환자의 상태에 대해 설명해야 했다.

그 밤에 김재근과 나는 둘 다 힘든 시간을 보냈다. 김재근은 늦은 밤까지 학생과 면담을 했고, 나는 보호자들을 설득하느라 진을 뺐다. 학생은 끝내 김재근의 말을 듣지 않았으며 보호자들은 내 말을 전혀 이해하지 못했다. 저녁밥을 걸렀지만 시장하지 않았다. 김재근도 마찬가지였을 것 같았다.

내부 균열

 선선한 저녁 기운이 병동 복도로 넓게 퍼져들었다. 복도에 드리운 붉음의 농도는 각각의 병실을 지날 때마다 시시각각 달라졌다. 그 안의 환자와 보호자들의 그림자는 더욱 짙어 밖에서는 그 실체를 분간하기 어려웠다. 간혹 열린 창으로 초여름 바람이 불어 들어오면, 나는 바쁘게 걸음을 움직이는 중에도 숨을 크게 쉬었다. 하루가 너무 길고도 짧았다.
 창밖이 검어지고 나서야 사무실에 들어와 앉았다. 김지영이 굳은 얼굴로 문을 열고 들어와 곧장 컴퓨터를 켰다.
 ― 이것 좀 보세요.
 김지영이 찾아들어간 곳은 팀원 중 한 팀원의 SNS 페이지인 듯했다. 얼마 전 우리가 일본으로 학회를 다녀온 이야기로 보였다. 나는 대수롭지 않게 물었다.

— 요즘 SNS 하는 친구들은 많지 않아요?

김지영은 손가락으로 화면을 가리켰다. '항상 싼 외국 항공사를 이용했는데 처음으로 국적기를 탔다'라는 글과, 국적기 항공권을 찍은 사진이 함께 있었다.

보통 학회 참석차 해외에 나가는 경우 학교의 지원을 받아 가므로, 저가 항공권을 찾아 외국계 항공사를 주로 이용한다. 이번 학회는 이례적으로 국적기를 이용했다. 보건복지부의 지원 덕이었다. 나 역시 국적기는 처음이었다. 많은 사람들이 국적기를 선호하지만 나는 때로는 국적기 캐빈 안의 분위기가 불편했다. 앞좌석의 공기업 직원이 특정 일간지를 가져다 달라고 승무원에게 집요하게 요구했고, 몇몇 어린아이들은 기내를 엉망으로 만들었다. 외국 항공사의 기체면 어림도 없을 일이다. 말이 통하는 국적기여서 벌어지는 일인 것 같았다. 일부 한국 승객들의 진상 짓으로 승무원들이 겪을 고생이 짐작되고도 남았다.

김지영이 굳은 얼굴로 입을 열었다.

— 교수님, 이건 세 가지 측면에서 심각한 문제가 있습니다.

나는 김지영의 말을 기다렸다.

— 첫째는 우리 기관뿐만 아니라 어느 직장에서든, 기관 내에서 발생하는 내부적인 업무 처리 상황을 이렇게 SNS에 올리는 것

은 옳지 않습니다. 둘째로 센터에서 일하는 사람들은 다들 일이 많아서 피곤에 절어 지내는데 무슨 시간에 SNS를 하고 있는 건지 모르겠고요. 이 친구가 과연 업무에 얼마나 집중하고 있는지 다시 생각해봐야 합니다. 셋째로, 무엇보다 저희는 없는 예산을 쥐어짜면서도 의사들뿐만 아니라 간호사들까지 중증외상과 관련한 해외연수 기회를 주기 위해 어떤 때는 무리수까지 둬가면서 노력해왔어요.

  세 번째를 말할 때 김지영의 목소리에 더 힘이 들어갔다. 김지영은 잠시 말을 멈추고 크게 숨을 쉬었다. 나는 교수들에게 나오는 해외 출장비를 아껴 전담간호사들의 연수 비용을 마련해왔다. 항공권은 가능한 외국계 저가 항공을 이용했고, 호텔도 가장 저렴한 곳을 골랐다. 이 일로 교학팀에 해명하느라 곤욕을 치르기도 했으나, 대부분 학장과 의과대학 행정 직원들의 도움으로 전담간호사들에게 외상외과의 해외 최신 지견을 습득할 수 있는 기회를 마련해왔다. 김지영은 그 점을 짚고 있었다.

  — 그런데 이렇게 SNS상에 우리가 값비싼 해외여행이라도 다녀온 양 올려둔 걸 보건복지부 관계자들이 알게 되면 어떻겠어요.

  김지영의 말은 틀린 데가 없었다. 우리를 향한 날선 시선들은 많았고 우리는 살얼음판 위를 걷고 있었다. 김지영은 언제나 내가 미처 생각하지 못한 선까지 헤아렸다. 센터 안팎에서 일어나는 일들부터 병원 내 타 부서의 시선까지 포함해, 센터에 대한 평판에 주의를 기울였다. 김지영은 우리를 무너뜨리는 가장 치명적인 일들은 센터 안쪽에서 시작될 것이라고 자주 이야기했다. 김지영의 이런 예민함은 외상센터의 내연을 강화하는 데 버팀목이 되어왔으므로 나는 김지영이 고마웠다.

센터 인원이 늘면서 균열의 조짐은 곳곳에서 번졌다. 1, 2년 사이 외상센터에 전문의가 여럿 임용됐다. 전공의 시절까지는 서로 다른 전공을 가졌고 각자 속한 임상과에서 외과계 중환자 치료를 수련받았던 의사들이다. 저마다 최신 지견을 환자 치료에 적용하는 데 적극적이었다. 고마운 일이나 긍정적으로만 볼 수는 없었다. 교수들은 환자 처치에 대해 각기 다른 지시를 내렸고, 그것을 모두 받아내야 하는 전담간호사들은 혼란스러워했다. 나는 팀 내 교수들에게 수차례 주의를 주었으나 개선의 흔적은 보이지 않았다.

고민 끝에 교수들을 사무실로 불러 모았다. 나를 중심으로 모두가 한 테이블에 서로 앉는 각도를 틀어 마주 앉았다. 다들 지친 얼굴이었다. 모두가 애쓰는 것을 잘 알고 있으나 그대로 내버려둘 수는 없었다. 나는 깊이 숨을 들이마셨다.

— 모두들 정말 이렇게 할래?

내 말에 모두 시선을 바닥으로 떨궜다.

— 우리는 각자 개성을 다 드러내면서 자기 마음대로 수술하는 파트가 아니야. 만약 교수들 사이에서조차 프로토콜이 갈라지고 각자 자기 방식으로 환자 치료에 임하면 어떻게 되겠어? 여러 교

수들의 오더를 동시에 수행해야 하는 전담간호사들은 일을 할 수 없을 거고, 그들이 무너지면 외상외과도 무너져. 그걸 몰라?

나는 말을 쏟아내고 한숨을 뱉었다. 내부 균열은 드러나지 않게 시작되어 전체를 무너뜨린다. 김지영은 늘 그것을 경계했고, 그 우려는 틀리지 않다. 잠시의 정적 뒤에 정경원이 입을 열었다.

— 다시는 이런 일이 없도록 하겠습니다.

눈앞의 교수들 중 가장 오래 이곳에 적을 두어온 정경원이다. 내가 무엇을 염려하고 무엇을 말하는지 잘 알 것이었다. 나는 다시 외상환자 처치 매뉴얼을 정비해 배포하라고 일렀다. UC 샌디에이고 외상센터에서 온 자료를 바탕으로 2008년부터 만들어 내려보냈던 매뉴얼이었고, 그것을 업무 현실에 맞게 재교정하는 작업이 필요했다.

— 앞으로 환자 치료는 개정되는 이 매뉴얼에 따라서 철저하게 진행돼야 해. 나조차도 예외를 두지 않을 거야. 이번에 수정하면서 세부사항까지 충분히 자세하게 교정하도록 해.

그 말을 끝으로 교수들을 돌려보냈다. 모두가 말없이 목례만 남기고 돌아서 나갔다. 나 혼자 남은 사무실에는 또 다른 적막이 돌았다. 창밖에는 유독 어둠이 깊었다.

최차규 공군참모총장이 외상센터에 다녀간 2주 뒤, 공군에서 사용하는 비행화를 보내왔다. 김은래 중령도 외상센터를 방문하며 군납용 위스키 한 병과 군화를 가져왔다. 나는 낡은 내 군화 표면의 균열을 보며 우리 팀 내부에서 일어나는 균열의 조짐을 생각했다. 군화의 균열은 구두약으로 없앨 수 있으나 사람으로 인한 균열은 없애기 어려웠다.

표류

새해 초 전국 의과대학 외과학교실에서 20여 명의 교수가 차출됐다. 2015학년도 외과 전문의 시험 문제 선별과 출제 작업을 위해서였다. 보안을 위해 교수들의 휴대전화가 수거됐고 개인용 인터넷 장비 휴대는 금지되었다. 교수들이 머물 건물 전 층의 통신선도 차단됐다. 사흘간 바깥세상으로부터의 고립이었다. 불편할 것은 없었다. 한곳에만 집중하면 되었으므로 차라리 나았다.

외과학의 전 분야에 걸쳐 중견 이상의 교수진이 모였고, 덕분에 오랜만에 보는 친구들도 만났다. 의과대학에서 공부하던 시절 가까웠던 친구들도 세부전공이 다르고 제각기 갈 길을 걷다 보면 자주 보기 어렵다. 늘 마음에 있어도 따로 만날 시간은 없고, 학회에서 우연히 만나도 각자 바빠서 인사만 나누고 지나쳐야 했다. 그렇게 몇 달 몇 년이 흐르고 나면 전화하는 것조차 미안한 지경이 된다. 세브란스병원의 위장관외과 정재호 교수가 그런 친구였다.

나는 의과대학 시절 그와 임상실습을 함께 했다. 그리고 '죽을 것만큼 힘들다'는 외과의 수련을 받고 2000년에 전문의 시험을 함께 마쳤다. 의사로서의 시작과 전문의 취득의 마지막 순간을 같이 했으므로 인연이 깊었다. 대학 시절 나를 비롯한 친구들은 정재호를 많이 따랐다. 그는 어른스러웠고, 늘 외과적 수술과 연관 학문에 집중해 있어 학업과 업무에서 화제가 벗어나지 않았다. 외과 전공의가 되어서도 모르는 게 있으면 우리는 선배보다 그에게 먼저 묻곤 했다. 정재호가 자신이 수술에 참여했던 환자들의 장기이식 거부 반응을 줄이고 생존율을 높일 수 있는, 새로운 면역억제제의 약리학적 기전에 대해 설명하며 진심으로 기뻐하던 모습을 나는 또렷이 기억한다. 그는 주니어 스태프가 된 후에 과의 궂은일과 학회 일들을 하면서도 끊임없이 연구에 몰두했다.

정재호의 수술은 본인을 닮아 섬세하고 깔끔했다. 출혈이 거의 보이지 않았다. 가끔 신촌에 있는 세브란스병원에 방문할 일이 있으면 나는 정재호의 수술방을 찾았다. 차분하고 섬세한 정재호의 수술을 보고 있으면 마음이 벅차올랐다. 정재호는 어렵기만 하고 빛이 안 난다는 상부위장관외과의 연구트랙을 맡아 꾸준히 해나가고 있었다.

그런 정재호가 뒤늦게 평가단에 합류했다. 수술하느라 모임 시간을 제대로 확인하지 못했다고 했다. 나는 그를 만나서 좋았다. 그의 근황과 현재 진행하고 있는 연구에 대해서 들었다. 정재호는 미국에서 3년 넘게 지내면서 공부한 과정을 말해주었다. 의학연구자로서, 대학교수로서 풀어나가야 할 과제와 그 무게감에 대해서도 이야기했다. 정재호는 한국의 종양학 연구가 세계적인 수준으로 더 뻗어 올라가야 한다는 생각이 강했다. 학생 시절보다 걱정이 더 많아 보였고, 모교의 교수로서 학교 전체의 연구 역량을 끌어올려야 한다는 사명감이 느껴졌다. 비교적 젊은 연배인데도 행정 시스템까지 움직여 학교 내에 합리적인 연구 시스템을 만들어가고 있었다. 나는 그가 여전히 자랑스러웠다.

동시에 부끄러웠다. 내 학문의 깊이는 그에 비해 한참 못 미쳤다. 업무 처리 자세도 그를 따라가지 못한다. 내 저열한 인성은 누구보다 내가 잘 안다. 나는 일을 그와 같이 차분히 해내지 못한다. 사방으로 수없이 부딪히는 데는 내 성격도 한몫 하고 있을 것이다. 나는 스스로에 대해 그렇게 인지하고 있었으나, 나 자신을 쉽게 바꿀 수도 없었다. 내 바닥은 미천했다. 미천하여 이 판에서 살아남기가 힘겨웠고, 힘겨워서 더욱 변변치 못했다. 이미 무엇을 향해 가고 있는지 스스로조차 지향점을 잃어버린 것 같았다. 떠밀리듯 나아가는 나 자신이 참으로 보잘것없었다.

진퇴무로(進退無路)

전담간호사 김효주의 얼굴에서 핏기가 가셨다. 협박 전화였다. 기존의 아파트 단지에 더해 광교신도시까지 개발되며 유명 브랜드의 아파트들이 밀려들어 오면서, 입주민들이 헬리콥터 소음을 문제 삼아 외상센터 사무실로 전화를 걸어 상욕을 쏟아내기까지 했다. 야간에도 빈번해진 출동은 더 문제가 됐다. 밤이면 중증외상 환자들은 어려운 상황일 때가 많았으므로 전체 출동 건수의 35퍼센트 이상이 야간에 이루어졌다. 한밤에 비행할 때 지역 주민들은 더욱더 예민하게 반응했다. 헬리콥터의 로터 소리는 생사의 기로에 선 환자를 이송으로 끌고 오는 소리였으나 주민들에게는 정적을 깨뜨리는 소음에 불과했다. 미국이나 영국, 일본에서조차 주거지역에 인접해 병원이 위치한 경우가 많았지만 병원에서 출동하는 헬리콥터 소음으로 민원이 제기되었다는 말은 들어보지 못했다.

수원은 애초에 비행장이 있던 곳이다. 수원시와 화성시에 걸쳐 있는 제10전투비행단은 대한민국의 최전방 항공 전력이고 비행장은 일제강점기 때부터 이곳에 있었다. 도시의 팽창과 함께 이 주위로 민가가 들어서면서 주민들이 비행장 이전을 요구했다. 마찬가지로 산과 벌판뿐이던 광교가 신도시로 개발되기 10여 년 전부터 아주대학교병원에는 더스트오프팀의 블랙호크들이 이착륙해왔으나 병원 주위가 신도시로 개발된 후, 이곳으로 이주한 주민들은 소음을 문제 삼았다.

병원 인근 아파트에 사는 남자들로부터 걸려오는 전화는 며칠째 집요하게 이어졌다.

나는 김효주에게 건조하게 물었다.

— 우리 사무실 전화번호는 어떻게 알았대?

김효주는 교환에서 연결해줬다며 굳은 표정으로 답했다. 나는 통신실에 연락해 외부의 전화연결 요청을 당분간 차단해달라고 부탁했다. 김태연이 그때 사무실로 들어와 내 눈치를 살피며 추가 민원사항을 알렸다.

— 영통구청을 통해서도 계속 민원이 들어오고 있다고 합니다.

미치겠구나……. 병원 인근에 들어선 새 아파트 단지의 입주가 본격화되면서 터질 일이 결국 터지는 듯했다. 나는 김태연에게 부탁했다.

― 영통구에 어떤 상황인지 알아보시고, 필요하면 내가 구청장님께 상황을 직접 설명할 테니 연락을 좀 넣어주세요.

김태연이 알아보겠다며 일어섰다. 나는 김효주에게 지시했다.

― 김효주 선생은 당분간 사무실로 걸려오는 전화는 받지 마.

하나 마나 한 지시였다. 김지영은 외부 파견 중이었고, 백숙자는 출산 휴가 중이었다. 그 뒤로는 김효주가 혼자 사무실을 지키듯이 했다. 나는 행정원 이진영에게 가능한 한 사무실에 머무르며 김효주를 도와주라고 말해놓고 사무실을 빠져나왔다.

목숨 걸고 헬리콥터를 타고 다닌다고 해도 그 수고를 아는 것은 외상센터 내부 사람들뿐이다. 병원 안팎에서는 우리의 출동을 비난하고 폄하했다. 염태영 수원시장은 화성의 문화유적을 복원하고 수원천을 정비할 때, 사업에 반대하는 시민들을 수천 번 만났다고 했다. 다른 당 소속이던 이명박 전 대통령의 청계천 복원사업까지 예로 들어가며 설득했다고도 들었다. 정책 방향을 설정하고 추진해나가는 염태영이 설득하려고 한 대상은 시민들이었을 뿐, 조직 내부의 수원시 공직자들은 아니었다. 그러나 나는 안팎으로 시달렸다. 적절한 출구 전략이 필요하다고 주위에서 충고해주었으나 여전히 도망갈 길을 찾지 못하고 헤매고 있었다.

회진을 도는 사이 영통구청에서는 별다른 연락이 오지 않았다.

김태연에게서도 별다른 보고가 없었다. 정말 큰 문제가 없는 건지 다들 내 눈치를 보느라 말을 아끼는 건지 알 수 없었으나 굳이 되묻지 않았다.

갖가지 민원에 시달리던 와중에 외과학회에서 오랫동안 중책을 맡아온 경희대학교병원 외과 이길연 교수로부터 연락을 받았다. 그는 외과학회 내에서의 여러 가지 업무 진행 사항에 대해 심도 있게 상의해왔다. 외과 전공의 수련과 학회 운영에 뒤따르는 난점들을 하나씩 짚어나가면서도 그는 내 처지를 걱정했다.

― 요즘엔 좀 어찌 지내십니까?

나는 별다른 답을 할 수 없었다. 그간 이길연은 나를 걱정해왔고, 나는 그에게 많이 의지하며 지내왔지만 그가 어찌할 수 없는 문제들에 대해서 나는 말하지 못했다. 책상 모서리에 걸터앉아 전화 받던 나는 다만 이렇게 대답했다.

― 그냥 지냅니다.

이길연은 힘내라는 말과 식사라도 함께 하자는 말로 이야기를 마무리 지었다. 병원에서 외과 의사로서의 업무만으로도 정신없이 바쁠 이길연이 외과학회의 각종 업무까지 맡아 해오는 과정을 나는 경이롭게 보곤 했다. 격무 속에서도 안정적으로 업무를 해나가는 그의 일상과, 업무 자체의 근간이 안팎으로 흔들리며 방향성을 상실해 표류하는 내 일상이 빛과 그림자같이 선명하게 대비되었다.

외상통제실에 내려가 출동 장비를 점검했다. 대부분 표면에 흠이 많고 틈새에는 피에 전 모래 먼지가 피딱지처럼 말라붙어 있었다. 몇 개의 모니터는 액정이 깨져나갔다. 장비를 모두 꺼내 펼쳐 놓고 깨진 부위를 확인하고 닦았다. 작동이 불안정한 모니터와 심장 제세동기를 의용공학팀으로 내려 보내 정비를 받게 했다. LCD 스크린이 달린 장비들은 보호 필름을 덧씌웠다. 출동 팩의 낡은 줄은 교체하게 했다. 찢어진 출동 배낭을 직물실에 수선 보낼 때 어깨끈 둘레에 보강 천을 대어달라고도 부탁했다. 무거운 장비 무게에 어깨끈이 자꾸 헤졌다. 핏물에 젖고 헤진 비행복을 폐기하고 싶었으나 새로 구입할 비용이 없어 그대로 두었다.

지휘관

해군 제6항공전단의 블랙호크가 헬기장에 내려앉았다. 신임 해군 참모총장으로 취임한 정호섭 제독이 왔다. 외상센터 중환자실에 작전 중 부상당한 수병이 입원해 있었다. 정호섭은 청와대에서 진급 및 보직 신고를 마치고 계룡대로 내려가는 길이라고 했다. 주요 보직자들이 모두 헬기장에 나와 정호섭 일행을 맞았다. 회의실에서 인사와 환담이 이어졌다. 정호섭은 보직교수들에게 앞으로도 작전 시 불가피하게 발생하는 중증외상 환자에 대한 지원을 부탁했다.

  이야기를 마친 정호섭 일행은 회의실을 빠져나가, 의식 없이 중환자실에 누워 있는 수병을 문병하고 수병의 어머니를 위로했다. 배석한 김판규 제독이 신임 해군참모총장이 공식 일정 중 제일 먼저 병원부터 찾았다고 귀띔해줬다.

정호섭 일행을 태운 블랙호크가 다시 하향풍을 쏟아내며 날아올랐다. 점이 되어 사라지는 블랙호크를 한참 바라보았다. 김판규의 말이 무겁게 맴돌았다. 수병의 상태는 위중했고 나는 심적으로 부담이 컸으나 포기할 수 없었다.

제주권역 응급의료센터에서 지원 요청을 보내왔다. 환자는 총을 맞아 사경을 헤매고 있었다. 제주 바다 위는 폭풍 속이었고, 경기 소방항공대와 중앙구조단의 대형 헬리콥터들도 비행은 무리라고 했다. 공군에 도움을 청하자 이병권 장군이 '허큘리스'를 내주겠다고 나섰다. 덩치 큰 허큘리스가 병원 헬기장에 내려앉을 수는 없으므로, 의료진이 장비를 가지고 서울공항까지는 가야 했다. 그 비행은 이세형이 맡았다. 우리가 AW-139에 실려 서울공항 활주로에 도착했을 때, 허큘리스는 시동을 걸어놓고 대기 중이었다. 크고 짙은 위장 도색 몸체에 얼룩덜룩한 무늬가 있는 허큘리스 앞에서 작고 붉은 AW-139가 도드라졌다. 가지고 온 장비들을 빠르게 옮겨 실었다. 허큘리스 내부 공간은 넉넉했다. 의료진이 탑승하고 각종 의료 장비들을 갖추고 환자를 실어도 공간이 남았다. 전력 공급도 원활했다. 악천후도 구름 아래에서의 문제일 뿐, 허큘리스 정도의 터보프롭기가 비행하는 고도에서의 창공은 편안했다.

환자를 싣고 서울공항으로 돌아왔을 때, 이세형이 우리를 기다리고 있었다. 지체 없이 환자를 AW-139에 옮겨 실었다. 곧장 외상센터로 옮겨진 환자는 수술을 받고 살았다. 수술을 마친 새벽녘에 이병권에게 감사하다는 메시지를 보내자 곧장 수고했다는 답이 돌아왔다. 그 역시 잠들지 못하고 있었다. 나는 그가 보낸 메시지를 보며, 지휘관이란 이런 사람이라고 생각했다.

김태영 전 국방부장관이 지난해 전역한 이호연 전 해병대사령관의 노고를 치하하고자 자리를 마련했다. 나와 아주대학교 대학원 NCW(Network Centric Warfare)학과 임채성 교수가 배석했다. 밥을 먹으며 옛이야기들을 나눴다. 시급한 현안 몇 가지도 오갔다. 김태영은 한국군의 행정조직화에 따른 전력 약화를 우려했다. 오랫동안 실전 경험이 없는 데서 오는 문제였다. 그는 그 난제들을 풀어낼 해결책에 대한 고민이 깊었고, 나름의 해결 방법을 이야기했다. 그가 말하는 것들은 이미 많은 선진국의 군 조직에서 실행되고 있는 것들이었으나 국내에서 실현되려면 누군가는 자신의 목을 걸어야 했다. 김태영과 이호연, 두 사람의 대화는 밤늦도록 이어졌다. 임채성과 나는 주로 말없이 들었다.

식사 자리는 늦게 파했다. 자리에서 일어날 때 김태영에게 다가가 말했다.

— 제가 모셔다 드리겠습니다.

— 아닙니다, 교수님. 괜찮습니다.

김태영의 거절은 단호하지만 예의가 있었다. 더 권하는 것은 결례일 것 같아서 바로 인사를 나누고 흩어졌다. 나는 이호연을 태우고 돌아가는 길에 버스 정류장에 서 있던 김태영을 보았다. 그도 나를 본 것 같았는데, 막 도착한 버스에 빠르게 올라탔다. 일부러 아무 버스나 잡아탄 듯했다. 오랜 시간 지휘관이었고 지휘차량 상석에 앉아 있던 사람이 이제는 아무도 모르는 대중으로 들어가고 있었다.

그러고 보니 둘 모두 조직의 수장이었고, 지금은 현직에서 물러나 있었다. 김태영의 마음을 이호연이 잘 알 것 같았다. 이호연을 집 가까이에 내려주고 차를 돌려나올 때, 백미러 속에서 어둠 속으로 사라지는 그의 뒷모습을 보았다. 나는 잠시 길가에 차를 세우고 이호연이 걸어 들어간 어둠을 응시했다.

언젠가는 내게도 끝이 올 것이다. 시스템이 없는 곳에서 태어난 이 중증외상센터가 제대로 자리 잡을 수 있을 것 같지 않았다. 내 몸은 조금씩 부서져가기 시작했다. 끝이 머지 않았는지도 모른다. 인파 속에 묻힌 김태영과 어둠 속으로 사라진 이호연의 뒷모습이 오랫동안 잔상으로 남아 흔들렸다.

교두보

전쟁 시 해군은 적의 배후에 해병대를 풀어놓고, 해병은 죽을힘을 다해 전투를 치른다. 그렇게 교두보를 마련해두면 육군의 주력 부대들이 밀고 들어와 점차 전기(戰機)를 뒤바꾸는 계기를 만들어낸다. 아무것도 없는 상태라면 어떻게든 교두보를 확보하는 것만이 다음 단계로 나아갈 수 있는 희망이다.

  외상외과의 업무가 그와 다르지 않다. 중증외상 환자의 수술방이 전장과 같고 수술은 전투와 같다. 외상외과 의사가 생사를 오가는 환자를 '죽지 않을 수준'에 이르도록 '가망 없어 보이는 수술(damage control surgery)'을 하며 버티는 사이, 각 세부 전문 분과의 의사들이 환자의 몸에 상륙해 수많은 장기와 근·골격계를 하나씩 잡아나간다. 해군과 해병대가 위험을 뚫고 적진에 상륙하지 못하거나, 외상외과 의사가 처음의 수술적 치료를 시작조차 하지 않으면 상황 자체는 종료다. 반전의 기회는 없다.

사람들은 내게 먼저 시스템을 만들어놓고 움직여야 한다고 지적했다. 그러나 시스템은 일개 의사 혼자 만들 수 있는 게 아니다. 아무런 시스템이 없는 상태에서 전문가라는 사람들의 회의만으로 시스템이 갖춰질 수 있다는 말은 허구다. 나는 그 같은 말의 허구성에 몸서리가 쳐졌다. 어쨌든 지금 상황을 뚫고 나갈 교두보가 있어야 다음 단계가 있을 것이다.

그 같은 맥락으로 해외에서 중환자가 발생했을 때를 대비한 시스템을 고민했다. 한반도 땅을 벗어나 사는 한국인은 많고 해외 각지에 파병된 군인만 해도 2,000명이 넘는다. 나라 밖에서도 사고와 환자는 발생하지만 국내로 그들을 데리고 돌아오는 길은 쉽지 않다. 한국군은 타국에서 작전 중 사고를 당해 크게 다치면 함께 파병된 미군의 도움이 없이는 국내 호송이 쉽지 않았다. 유관부처 관계자들의 회의에서는 모든 것이 가능해도, 실제 상황이 닥치면 오만 가지 문제가 불거지고 불가능한 이유들이 쏟아져 나왔다. 나는 그 꼴을 오랫동안 수없이 보아왔다. 아덴만 여명 작전 당시, 한국에 있지만 실제로는 한 대도 가용할 수 없던 항공기의 숫자를 떠올렸다. 없는 시스템을 만들어가는 일은 지난할 것이 자명했으나 덮어두고 모르는 척할 수는 없었다.

이국의 해상과 영토는 우리 관할이 아니어서 비행이 원활하지 않았고, 공군은 보유하고 있는 수송기를 해외 영공으로 보내기를 꺼렸다. 이런 경우 원양의 해상을 누비는 해군이 움직이는 것이 나아 보였다. 다만 해군은 필요할 때 공군의 협조를 받을 수 있을 뿐 별도의 항공 '수송' 전력이 없으므로 그 공백을 메울 방도를 찾아야 했다.

해군 안에서 가능한 항공 전력은 'P-3 오라이온(Lockheed P-3 Orion)'*뿐인데, 이 기체는 대잠수함 초계기이지 수송기는 아니다. 그 수도 부족해 한반도 영해를 정찰하는 것만으로도 운용 일정이 빠듯했다. 그러나 선택 가능한 것은 그뿐이어서, 오라이온의 장비와 공간 배치를 알고자 했다. 오라이온 기체와 의료 장비의 적합성도 확인해야 했다. 그래야 몇 대 안 되는 오라이온을 유사시에 에어 앰뷸런스로 이용할 수 있을 것이었다. 나는 해군 전력계획과에 근무 중인 조현철을 찾아갔고, 같은 부서 과장이자 오라이온 파일럿인 해군 탐색단 윤기희 대령을 만났다. 기술적인 검토는 그가 해줄 수 있었다.

훈련은 포항에 위치한 해군 제6항공전단에서 실시하기로 했다. 헬리콥터 출동 시 사용하던 휴대용 의료 장비를 쓸 것이지만

---

* 주로 해상초계, 정찰, 대잠전에 쓰이는 미국의 해상 초계기이다. 100인승 민간용 여객기인 록히드 L-188 일렉트라를 군용 버전으로 개조했다.

오라이온은 헬리콥터보다 높은 고도에서 고속으로 날 것이다. 장비들이 그 안에서 얼마나 버틸지는 확인해보아야 했다. 전력망 구성이나 장비 내 시그널 노이즈(signal noise)도 얼마나 발생할지 알 수 없었다. 다만 오라이온보다 더 열악한 헬리콥터 안에서도 충분히 사용하는 장비들이었으므로 전력 공급만 문제없다면 괜찮을 것으로 보였다. 허요와 김태연, 김효주와 휴대용 의료 장비들을 싣고 포항에 도착했을 때, 해군 항공전단장 유성훈 제독이 활주로까지 나와 우리를 맞았다.

유성훈은 해군항공대의 링스(Lynx) 헬리콥터 조종사였고, 열아홉 살부터 목숨 걸고 평생 바다와 하늘에서 살아온 사람이었다. 그 역시 죽음을 가까이 두고 살아왔다고 해도 무방했다. 성정이 날카롭고 매서울 것이라 예상했으나 실제로는 단정하면서도 부드러웠다. 유성훈은 윤기희를 배석시킨 채 부대 안 식당에서 우리에게 저녁을 먹였다. 식사를 하면서 그는 내일의 점검 사항과 오라이온의 항로에 대해 이야기했다. 나는 최대한 실제 작전 상황과 비슷하도록 저공 선회기동을 부탁했다. 유성훈은 오라이온이 독도 상공까지 돌아나갈 것이라고 했다.

시험비행은 다음 날 아침부터 시작됐다. 훈련은 이진용 대령이 직접 지휘했다. 거친 비행에도 대부분의 장비는 괜찮았으나 일부는 작동을 멈추거나 오작동을 반복했다. 헬리콥터 출동에서도 수차례 문제를 일으켰던 기종이었다. 그것들은 앞으로의 항공 임무에서 배제하기로 했다. 오라이온은 헬리콥터보다 진동이 훨씬 덜 했으나 네 개의 터보프롭 엔진으로 추진력을 얻는 기체여서 그로 인한 진동과 소음은 없앨 수 없었다.

울릉도 인근 영해에서 가파르게 속도를 올릴 때, 일본 해양경비대 함정이 독도 영해로 파고들었다. 이진용은 차단기동[*] 임무 비행을 그 자리에서 지시했다. 오라이온이 기수를 동쪽으로 돌리며 급강하했고, 좌측으로 독도의 바위 절벽이 머리 위로 보일 만큼 고도를 낮춰 시위기동[**] 했다. 일본의 함정은 적어도 4,000톤급 이상으로 보였다. 흰 바탕에 푸른 줄이 선명하게 그어진 거대한 선체 위를 오라이온이 스치듯 급선회했다. 기체가 심하게 요동쳤다. 양측 날개가 바다에서 올라오는 와류(渦流)와 섞이면서 부르르 떨었고, 바람을 깎아내리며 기체를 상승시켰다. 일본 경비함은 우리의 시위기동 비행에 침로를 서쪽으로 돌리며 물러났다. 그 와중에 모니터 한 대가 또다시 오작동을 일으켰다.

항공기 전원 공급 상태는 양호했다. 미국에서 제작된 기체여서인지 우리가 보유한 미국·일본산 장비와 잘 맞았다. 한국의 영해상에서 미국에서 제작된 군 항공기가 일본 해양경비대와 대치 중이었고, 나는 그 기체 안에서 한국과 일본, 미국에서 만든 장비들

---

[*] 목표 함정의 진행 방향과 수직으로 진입해 진행을 직접 저지하는 것.
[**] 경고 방송 등을 통해 목표 함정과 안전거리를 유지, 근거리까지 접근해 기동하는 것.

이 미국산 항공기와 호환 운용이 가능한지 점검하고 있었다. 장비에는 국경이 없고, 사람을 살리는 데는 피아(彼我)를 가리지 않고 좋은 장비를 사용해야 한다는 것이 원칙이다. 그러므로 국가 간의 대치 상황은 나의 원칙과는 멀었다.

해군과 해병들이 교두보를 확보하는 단계이든, 시스템이 없는 상황에서 정책 교두보를 만드는 작업이든 모두 엄청난 희생을 담보로 한다. 나는 그 지난한 과정의 한가운데에 있었다. 돌아보면, 모르는 척 덮지 못하고 파고들어 복잡하게 얽혀 들어가는 것은 결국 내 선택에서 기인했다. 그런 내 모습이 때로는 나조차도 부담스러웠다. 그러나 외상외과 의사로서 내 원칙을 버리지 못했고, 다른 길은 알지 못해서 스스로를 진창 속으로 밀어 넣는 일을 나는 좀처럼 멈추지 못했다.

실명(失明)

 캐빈 안에서 환자에게 중심정맥관을 삽입하는데 앞이 잘 보이지 않았다. 더운 여름에는 흔한 일이었다. 비행복을 껴입고 더위와 긴장 속에서 환자를 살피다 보면 온몸이 땀에 젖었다. 그럴 때면 고글 렌즈 안쪽마저 땀범벅이 되어 시야가 뿌옇게 혼탁해졌다. 그러나 더위는 아직 일렀으므로 벌써 눈앞이 흐린 것은 이상했다. 고글을 벗어 거즈로 안쪽을 닦아냈으나 나아지지 않았다. 얼마 전부터 그런 일이 잦았다. 그다음부터는 헬리콥터에 오르면 고글을 벗어던졌다. 환자를 치료할 때 환자의 피와 내 땀이 뒤섞여 튈 수도 있었으나 도리가 없었다. 맨눈으로 보면 좀 나은 듯도 했다. 수술할 때도 시야가 흐려져 실드마스크를 쓰지 못했다. 그러나 나는 눈의 이상 신호를 생각 밖으로 밀어냈다. 몸은 오래전부터 자주 아팠고, 환자들은 내 몸 상태를 고려하며 밀려오지 않았으며, 센터에 내 몫을 대신할 사람은 부족했다.

7월 초 총무팀의 전화를 받았다. 건강검진 미수검자로 확인되었다고 했다. 연말이 다가올수록 외부 수탁 수검자들이 많아 병원의 건강검진센터는 바빴으므로, 병원은 직원들에게 상반기 내에 검진을 마쳐달라고 요청했다. 나는 6월 말일로 박힌 건강검진 기한을 잘 지키지 못했다. 간신히 예약을 잡아도 번번이 응급수술이나 급한 일정에 밀렸다. 총무팀 재촉에 7월 7일 오전으로 다시 예약을 해두었다. 그날 오후에는 용산 미군기지에서 중요한 회의가 있었으므로 서둘러야 했다.

건강검진은 주로 혈압 측정과 시력 검사처럼 간단한 검사로 시작한다. 눈이 침침했지만 별 생각이 없었다. 번거로운 검사를 빨리 마칠 생각만 했다. 왼쪽 눈 시력 측정을 위해 오른쪽 눈을 가렸다. 아무것도 보이지 않았다. 간신히 불빛만 인지할 수 있었다. 검사자가 다가와 눈앞에서 손가락을 움직였을 때도 희미한 암흑만 보였다. 당황한 검사자가 나를 안저검사기에 앉혔다. 검사 결과 망막의 30퍼센트가 넘는 부위에 심한 출혈 소견이 보였다. 황반이 피바다였다. 망막에서 고작 2밀리미터의 직경도 안 되는 작은 부위지만 황반에는 시력 형성에 핵심적 역할을 하는 시세포의 대부분이 위치해 있다. 황반에 문제가 생기면 망막의 다른 부위가 정상이어도 시력을 잃는다. 검사실에 양해를 구하고 밖으로 나와 앉았다. 안과에 대해 배운 지 오래였으나 의과대학 시절 들었던 안과 이성철 교수의 강의 내용이 떠올랐다. '망막의 문제는 정말 막막하다.'

당시 안과학교실의 주력 임상 세부전공은 '수정체'였다. 이 분야 수술 기법의 발전 속도는 빨랐고 인공수정체를 이용해서 앞을 못 보던 환자들을 기적같이 호전시켜 나갔다. 이성철이 전공하는 망막 쪽은 문제를 알아도 별다른 치료법이 없는 경우가 많았다. 획기적인 수술 기법은 나오지 않았으며 수익 창출을 기대하기 어려웠다. 따라서 세부전공하는 의사조차 드물어진, 정말 '막막하고 외로운' 분야였다. 최근 들어 진단기법과 치료법이 많이 발전했어도 망막은 안과 쪽에서 여전히 어려운 분야다.

왼쪽 눈의 안저 촬영 사진을 나는 한동안 멍하니 보았다. 최근 들어 헬리콥터 안에서 고글을 자꾸 닦아내던 것을 생각했다. 눈 한쪽이 죽어가는 줄도 모르고 고글만 벗어 닦아댄 셈이다. 며칠 전 직원식당에서 좋아하는 반찬이 나왔을 때 젓가락이 허공을 헤집었던 것과 캐치볼을 할 때 공을 자꾸 놓치던 것을 기억했다. 입 밖으로 흘러나오는 허탈한 웃음을 애써 참았다. 10분 가까이 멍하니 앉아 있었다. 오른쪽 어깨가 부서져나갔고 왼쪽 다리도 성하지 않은데 이제는 한쪽 눈도 멀고 있구나……. 돌보지 못한 몸이 깎여나가고 있었다. 일정을 살폈다. 7월에 예정되어 있는 일들이 빼곡했다.

곧장 안과 송지훈 교수를 찾아가 몇 가지 추가 검사를 받았다. (송지훈은 이성철 교수의 직계 제자다.) 그는 차분히 검사 결과를 설명해줬다. 스트레스를 피하고 혈압을 조절해야 한다고, 과로를 피하라고 말했다. 치료도 시작해야 한다고 했다. 안구 안쪽에 주사를 찔러 넣어 항암제로도 쓰이는 특수 약물을 주입하는 치료였다. 이 과정을 오늘부터 한 달에 한 번씩, 적어도 십여 차례 반복할 것임을 강조했다.

— 계속 치료 받으면서 기다리면 다시 예전처럼 수술하실 수 있을 겁니다.

나를 달래는 말 속에서 안타까움을 느꼈다. 송지훈은 이런 얘기를 얼마나 많은 환자들에게 할까. 인체에서 가장 섬세한 망막 조직은 한번 파괴되면 스스로 재건되지 않는다. 좋아지기는커녕 악화일로를 걸을 뿐이다. 송지훈의 시간을 너무 많이 뺏은 것이 미안했다. 내 마음을 알 리 없는 그는 내게 그날 오후 21번 수술방으로 오라고 시간을 일러주었다. 그러나 오후에 잡힌 미 육군과의 회의가 먼저였다. 어차피 보이지 않는 상태로 한 달 이상을 지내왔으므로 한나절이 급할 것은 없었다. 나는 송지훈을 안심시키고 치료를 다음 날로 미뤘다.

통상적으로 환자의 환부를 칼로 도려내고 실과 바늘을 이용해서 직접 꿰매고 혈관을 결찰해가는 외과 의사의 능력은, 의사의 신체적 능력과 비례해 증감을 반복한다. 젊은 날 몸을 혹사시키며 닦아 올린 수술적 능력은 경험과 지식이 축적되며 배가된다. 나이 듦과 함께 체력과 신체 기능이 떨어지면서 그 능력은 자연스럽게 감퇴하지만, 능력 배가분은 그 감퇴분을 상회해 종합적으로 50대 초·중반까지는 증가 곡선을 그린다. 그러나 나이가 예순에 가까워지면 경험과 지식 축적분은 유지되는 데 반해 체력과 신체 기능이 급격히 저하되어, 증가 곡선을 그리던 전체 기울기는 내리막을 그리기 시작한다. 내 나이는 이제 쉰에 가깝고, 몸이 그것을 드러내고 있었다. 내게 주어진 시간이 길지 않았다.

사무실에 전화를 걸어 팀원들을 모았다. 당장 급한 일들과 당직 일정을 조정해야 했다. 모두가 모인 자리에서 내 망막 사진을 띄웠다. 지난해 어깨가 부러진 이후 해마다 몸이 조금씩 부서져나갔고, 그럴 때마다 팀원들을 불러 모아야 했다. 팀원들에게 미안하다고 사과부터 했다. 사진을 보던 정경원이 머뭇거리며 입을 열었다.

— 이게 제가 알기로도 조금 쉬어서 해결될 문제가 아닌데요. 그렇지 않습니까?

권역외상센터 건물이 기초 공사를 끝내고 위로 올라가고 있었다. 집을 짓다가 팽개치고 쉴 수는 없다. 챙겨야 할 것들이 많았다. 언젠가부터 정경원이 내 걱정을 하는 빈도가 늘었다.

— 어차피 당분간은 수술하기 힘들 것 같은데, 행정일이 많으니까 그쪽 일들을 알아서 볼게. 환자 진료 부분이 흔들리지 않게만

좀 도와줘요.

외상센터 운영은 두발자전거를 타는 것과 같다. 기댈 수 있는 축은 어디에도 없으므로 페달 밟기를 멈추면 단숨에 쓰러질 것이다. 외상센터는 1년 365일 24시간 틈 없이 돌아가야 한다. 사람 하나의 공백은 남은 이들의 업무 증가를 의미했다. 늘어나는 업무량은 충원되는 인력이 감당할 수준을 넘어섰고, 외상센터 전면에 나서서 업무의 경중을 살피면서 수술까지 감당할 인원은 턱없이 적었다. 권준식은 다음 해 봄이 되어야 군에서 돌아올 것이었다. 이상과 현실의 간극은 커져가는데, 그 격차를 메우지 못하고 내 몸은 찢겨져나가고 있었다. 스스로가 답답했다. 나는 팀원들을 물리고 홀로 남아 눈을 감았다. 감은 눈을 손으로 가리자 빛의 잔상조차 사라지고 없었다.

오후에 예정된 미군과의 회의에 참석하려면 용산까지 운전을 해야 했다. 한쪽 눈이 보이지 않으니 거리감도 온전하지 않았다. 나는 차간거리를 멀게 두었다. 사람의 적응력은 워낙 뛰어나 웬만한 일상은 한쪽 시력으로도 가능하겠으나 수술을 얼마나 할 수 있을지는 알 수 없었다. 한 시간 가까이 차분히 생각하려 애썼다. 지금 내가 환갑이 넘은 나이였으면 싶었다. 은퇴해서 조용히 살기에는 이 시력도 나쁘지 않을 것이다. 그러나 뒤를 생각하면 아직 몇 년은 더 버텨야 한다. 시급히 해결해야 할 난제들이 머릿속에서 휘몰아쳤다. 모든 것들이 아우성치고 있었다.

용산 미8군에서 회의를 마치고, 최근에 내가 수술했던 레인저(Ranger) 부대원을 찾았다. 그는 작전 중 부상을 입고 수술을 받았다. 수술 당시 그의 곁을 지키던 브로사드(Brossard) 대위는 다시 아프가니스탄으로 떠나 없었고, 레인저 대원의 부인이 곁을 지키고 있었다. 환자는 나를 보고 반가워했다. 그는 아직 인공항문을 달고 있지만 미국에 돌아가면 재건수술을 받을 수 있다. 내 업무는 여기까지다. 그에게 안부 인사와 함께, 미국에 돌아가면 나보다 더 수술을 잘하는 의사들이 인공항문 재건수술을 해줄 거라는, 통상적인 위로를 해주었다. 대원은 나를 끌어안고 자신의 인식표를 내 목에 걸어주었다. 한반도에서 사는 대부분의 사람들은 힘의 균형이 어떻게 이루어져서 일상의 평온이 유지되는지 모른다. 그러나 실제로는 생각보다 훨씬 많은 희생을 치르며 이 같은 평화를 유지하고 있었다.

거리는 화창했다. 늦은 오후에도 햇빛이 좋았으나 좌우에서 느끼는 밝기가 달라 어지러웠다. 왼쪽 눈을 감았다. 오른쪽 눈으로 햇살이 가득 들어와 눈이 부셨다. 오른쪽 눈을 감았다. 어둠이었다. 이제야 양쪽 눈의 시력차를 확연히 느꼈다. 그런데도 '고글을 벗어던지는 대신 안과 진료를 받았으면 어땠을까'라는 생각은 들지 않았다. 예견했던 일이기도 했다. 외과 동기인 정용식과 윤태일은 언제나 내 건강을 염려했었다. 내 눈 상태를 안 윤태일이 나를 달래며 위로했다.

— 괜찮아질 거야. 걱정 마라.

그러나 황반의 파열은 치명적으로 시력을 파괴한다. 눈은 해결될 문제가 아니었기에 해결책이 없는 것이 자연스러웠다. 단지 외상센터의 현재와 내 상황과 앞으로의 일들을 생각하면 마음이 무거웠다.

다음 날 송지훈의 집도하에 수술대에 누웠다. 국소마취를 하고 안구 안으로 약제가 주입되자, 매우 작은 용량에도 안압이 급상승했다. 안구와 머리가 깨질 듯 아파왔다. 송지훈은 혈관이 터져버린 자리에 신생 혈관이 자라면 영구적으로 실명될 가능성이 높다고 했다. 호전을 기대하려면 항혈관성장인자인 이 약물을 계속 투여받아야 한다고 강조하며 내게 힘내라고 격려했다.

간신히 수술대에서 일어나 비척거리며 밖으로 걸어 나왔다. 아무것도 보이지 않아 더는 걷기 힘들었다. 전담간호사 김효주가 따라와 원무과에서 결제하는 것을 도와주었다. 개인적인 일에 팀원의 도움을 받는 것이 미안했다. 연구실로 돌아와서도 수차례 토했다. 속에 있는 것들을 게워내고 신물을 닦아내면서, 치료 받는 날에는 아무것도 먹지 말아야겠다고 다짐했다.

한쪽 눈이 보이지 않아도 할 일은 많았다. 권역외상센터 건물은 올라가고 있고 인력 선발이나 공간 배정 등 내부적인 문제가 산적해 있었다. 보건복지부에서 제시한 각종 지침들이 잘 지켜지도록 유지하고 학회와 외부에서 벌어지는 다양한 일들에 대해서도 대응해야 했다. 이미 예정된 일들을 최대한 티 내지 않으면서 해나가는 것은 고역이었으나 직장생활이므로 그냥 했다. 권역외상센터가 가시화되면 모든 것이 조금은 나아지리라 생각했다. 멍청한 착각이었다. 눈 때문에 생긴 내 공백을 정경원과 남아 있는 사람들이 몸을 던져 꾸역꾸역 메워나갔다.

바래는 나날

중증외상센터는 24시간 깨어 있어야 한다. 센터 내 교수진의 생활은 일반적인 임상과목 교수들과는 완전히 다르다. 중증외상센터 의사들에게는 수술과 진료 사이에 개별적으로 숨을 돌리거나 숙식이 가능한 공간이 필요했다. 2000년대 초반까지 아주대학교 의과대학은 서울의 어느 의과대학보다 상대적으로 연구실 사정이 좋았다. 그러나 최근 15년간에 걸쳐서 증가한 교원 수에 비하여 증설되지 못한 연구실 사정은 급속도로 악화되었다. 정책을 결정하는 윗선의 교수들은 여러 명이 연구실을 쓰는 환경에 노출된 적이 없어서인지 아랫사람들의 고충을 몰랐다. 윗선의 교수들은 많은 것을 알지 못했다. 나는 항상 그들이 문제를 진정 모르는 것인지, 알고도 모른 체하는 것인지 궁금했다. 현장의 상황은 늘 위계질서 속에 묻혔고, 지겹게 들어온 '형평의 원칙'에 가로막혔다. 나는 스태프들에게 공간을 내주지 않는 윗사람들과, 최소한의 공간을 필요로 하는 외상센터 교수진 사이에 서 있었다.

권역외상센터 건물은 더디게 올라갔다. 최종 설계도면에는 교수 일인당 하나의 연구실이 배정되어 있었다. 나는 적어도 새로 지어질 센터에는 교수들을 위한 공간을 마련하고 싶었다. 심한 중노동에 시달리는 의료진들에 대한 최소한의 배려였다. 그러나 병원 윗선의 보직자는 내 눈앞에서 도면 한쪽을 붉은 매직펜으로 그어냈다. 새빨간 선 하나가 미세한 쇳소리를 내며 스태프들의 방을 가로질렀다. 그 순간 교수들의 연구실로 배정된 면적의 60퍼센트가 잘려 날아갔다. 이를 악물고 항의했으나 그는 강경했다.

— 다른 임상과와의 형평이 중요해.

형평이라……. 대부분의 임상과 교수들은 병원에서 먹고 자고 싸며 일하지 않고, 헬리콥터를 타고 출동하며 환자를 돌보지 않는다. 우리에게 병원은 일터이자 집이었다. 주거가 해결되지 않으면 버텨낼 수 없었다. 붉은 쇳소리가 두개골을 가로질렀다.

속에서 자주 화가 치밀었다. 아무리 피곤해도 잠을 잘 이루지 못했다. 새벽녘에 간신히 잠들 것 같으면 여지없이 악몽에 시달렸다. 꿈을 꾸며 주먹을 휘두르고 발길질을 해댔다. 그때마다 벽을 치거나 침대 난간을 후려치다 통증에 깼다. 부딪쳐 얼얼한 팔과 다리를 붙들고 어둠 속에서 멀거니 앉아 있는 때가 많았다. 윤태일이 내 증상을 듣고는 렘(REM) 수면 행동장애라고 했고, 이런 증상을 보이는 환자의 3분의 2가 치매로 발전한다며 걱정했다. 치매라⋯⋯.

2015년 8월 중순, 폭염 속에서 UFG(Ulchi-Freedom Guardian, 을지프리덤가디언) 훈련이 진행됐다. 병원선이 없는 한국 해군의 실정을 타개하기 위해 유동기와 나는 소형 LST 함정을 병원선으로 전환해보기로 했다. 외상외과 FST(Forward Surgical Teams)가 해상의 함정으로 진출하기 위한 훈련을 시작하기 전에, 한국 해군과 주한 미군 육군 항공대 간의 업무 조율이 필요했다. 항공대와 해상까지 연결되는 항공 작전에 관계된 사항들이 주된 내용이었다. 비행에 관련된 항로 선정과 시간배정, 착함(着艦)에 필요한 DLQ(Deck Landing Qualification, 함상착함자격) 훈련, 함정 일정을 맞추는 업무에 많은 공이 들었다. 낡은 LST를 지휘하던 공방표, 서상규 함장이 위험한 임무에 자원했다.

LST비로봉함은 대한민국 해군 역사 최초로, 미 육군 항공대 블랙호크들을 손바닥만 한 함상 비행 갑판에 70여 차례 이상 온전히 받아냈다. 더스트오프팀은 내가 이끄는 FST와 미 육군 의무여단의 주력 병력들을 소형 LST에 증파했다. 우리는 비로봉함 내에서 수술방과 병동을 열고 수술을 시연했다. 이 훈련이 성료되면 전시뿐만 아니라 해상에서 사고가 발생했을 때 외상센터 의료진이 한국 해군과 미 육군 의무항공대와 연합해 소형 LST를 병원선으로 전환 가용할 수 있을 것이었다.

훈련은 천신만고 끝에 무사히 마무리됐으나 몸이 부서져나갈 듯 욱신거리며 아팠다. 좌안 망막 손상을 진단받고도 좀처럼 쉬지 못했다. 나는 해야 할 일들을 기계적으로 처리해나갔다. 모든 것을 오래 생각하지 않았고, 깊이 고민하지 않으려 애썼다. 미국 본토에서 온 미 육군 의무사령관 나자 웨스트(Nadja West) 중장이 휘하의 장교들을 대동하고 외상센터를 방문했다. 나는 총무팀의 장원섭 예비역 해병 중령과 함께 헬기장까지 나가 그들을 맞이했다. 작전 수행 과정을 보고받은 웨스트 장군은 외상센터의 인력과 장비 현황을 세밀히 들여다본 후 돌아갔다. 미 육군 장성들의 방문이 부쩍 늘어나 장원섭이 바빠지고 있었다.

웨스트 장군의 방문 이후 주한 미 8군 의무사령부와 진료협력 체계가 강화되었다. 그 일환으로 2017년 11월부터는 미군 군의관들이 외상센터 파견근무를 시작했다. 나는 파견 나온 미군 군의관들에게 외상센터 당직실 중 하나를 숙소로 내주었다.

주한 미국 대사관에서 전문위원 홍석기가 찾아왔다. 미국 국무부에서 도와줄 방안을 찾아보고 있다고 했다. 얼마 지나지 않아 마크 리퍼트(Mark William Lippert) 대사와 후임으로 부임한 해리 해리스(Harry Binkley Harris, Jr.) 대사가 직접 방문했고, 미국 보건부의 차관 일행도 찾아왔다. 미국에서 전수해준 중증외상의료체계가 한국에서 잘 뿌리내리길 바라는 정책적 배려라고 홍석기가 알려주었다. 난 두 대사 모두 미국 해군 장교 출신인 점이 신기한 인연으로 느껴졌다. 미국 보건부에서 온 일행 중에도 미 해군 대령 군의관이 있었다. 미국 국무부 인사들을 만날 때마다 2003년에 미국 캘리포니아에서 수련할 때부터 미 해군 군의관들에게 잘 배우고 있다는 감사의 인사를 전했다. 미국 사람들도 고맙다고 했다.

다른 외상센터에서 심포지엄이 열렸다. '외상센터 운영안'에 대한 강의 말미에, 의사의 헬리콥터 출동의 유용성에 대한 질문을 받았다. 의료진의 항공 출동은 선진국에서는 당연히 이루어지고 있는 일이다. 숙련도가 높고 상황 대처 능력이 뛰어난 외상외과 의사가 현장으로 갈 경우, 환자의 생존율은 당연히 높아진다. 응급구조사만 출동할 때와 통계학적으로 큰 차이가 없어 보이지만 통계 방법 설정의 문제일 뿐이다. 설령 그것이 사실이라고 해도 100번의 출동 중 한두 번이라도 의사가 동행해 환자가 살 수 있다면 그것만으로도 의미가 크다. 숙련된 의사들이 현장을 누빌 때 함께 출동하는 응급구조사나 간호사의 능력이 비약적으로 향상되는 것도 이점이라고 할 수 있다. 응급구조사들을 모아놓고 백날 강의를 하는 것보다 한 번이라도 함께 출동하는 편이 낫다.

나는 관련된 슬라이드를 보여주면서 이에 대해 설명하려고 했으나 썸네일로 펼쳐진 슬라이드가 잘 보이지 않았다. 식은땀이 흘러내렸다. 안경을 썼다 벗으며 찾아보려 애썼지만 앞은 더 뿌옇게 번졌다. 나는 결국 말로만 설명했고, 강의를 마친 후 심포지엄 중간에 빠져나왔다.

이제는 강의조차 쉽지 않겠구나…….

혼자 슬라이드를 돌리면서 떠드는 일방적인 강의는 가능하겠지만, 학생들과 대화하면서 다양한 질문에 적절한 슬라이드 자료를 찾아 제시하는, '권장되는 수업 방식'은 이제 어려울 것이다. 병원으로 돌아가는 길에 비까지 추적거렸다. 빗길에 속력을 낮추고 운전에 더 깊이 주의를 기울였다. 마음이 한없이 착잡해졌다.

대학원 교학팀에 2학기 외상학 수업을 폐강해야 할 것 같다고 이야기했다. 교학팀 직원은 건조하게 관련 절차를 말했다. 나는 의과대학장에게 보내는 사유서와 진단서, 진료기록 등 첨부 자료가 필요한 관련 서류를 작성해 보냈다. 의과대학 학부생들의 강의도 조정했다. 빈 강의 시간을 위장관외과 허훈 교수에게 부탁했다. 가뜩이나 바쁜 그에게 짐을 더 보탠 것 같아 미안했다.

그 외에 요청받은 외부 학회 강의들도 최대한 반려했다. 업무에서 최대한 주요 골격만 남기려고 했지만 내년이나 후년에는 정경원의 장기 해외 연수 과정이 예정되어 있었다. 나는 어떻게 되든 상관없으나 정경원이 이끌고 갈 때를 생각하면 그가 돌아올 때까지는 일선에서 버텨야 했다. 그래야 정경원이 향후 10년간을 버티면서 중증외상센터의 뿌리를 내릴 수 있을 것이었다. 나는 남아 있는 것들을 짚어가며 마음이 바빠졌다.

유전

한쪽 눈의 실명은 운전뿐만 아니라 많은 것을 바꿔놓았다. 무엇보다 수술하는 데 애를 먹었다. 충분한 임상 경험이 축적된 정신과 의사라면 눈이 안 보여도 진료가 가능하겠지만 외과 의사는 다르다. 정밀 공업 엔지니어와도 같아서 외과 의사들의 손끝에서 벌어지는 수술은 불과 1밀리미터도 안 되는 차이로 문합 부위가 터지기도 하고 핏물이 새어 나가기도 한다. 숙련도가 바탕이 돼도 극복되지 않는 문제다. 그래도 인간의 적응력은 놀라워서 나는 보이지 않는 눈에 조금씩 익숙해졌고, 일상생활을 하거나 수술을 하는 데 무리가 없어질 만큼 나아졌다.

내 눈에 문제가 생겼다는 사실을 어머니가 아셨다. 오랜만에 어머니를 뵈러 집에 들렀을 때 어머니는 내게 많은 것을 묻지 않았다. 나를 앞에 앉혀둔 채 몸을 사선으로 돌려 앉아 묵묵히 먼 곳을 응시했다. 어머니 눈에서 손가락 마디만 한 눈물이 쏟아졌다. 소리 없이 너무 많은 눈물이 흘러서 놀랐다. 어머니의 작은 어깨가 움츠러들었고, 등은 더 깊이 굽었다. 나는 말없이 다가가 어머니를 안았다. 연로한 어머니의 앙상한 골격이 품에 닿았다. 힘없는 작은 뼈마디의 진동이 가슴팍에 전해져왔다. 울음 섞인 목소리가 품 안에서 낮게 울렸다.

— 네 아버지도 왼쪽 눈이 실명이지 않았니. 그것도 지독한 유전인가. 어째 안 좋은 건 다 닮아가는지…….

어머니는 예전부터 내게 아버지를 닮지 말라고 하셨다. 원칙주의자였던 아버지는 성정이 대쪽 같고 타협이란 없는 분이어서 주위 사람들과 잘 지내지 못했다. 집안에서도 좋은 남편, 좋은 아버지는 아니었다. 어머니는 아들이 그런 아비를 따라 강팍한 성미로 힘겹지 않기를 바랐다. 한국 조직 생활에서의 '적당한 융화'를 강조하며 '겟 얼롱(get along)'을 잘해야 한다고 당부하시곤 했다. 그러면서도 본인 역시 강한 성정을 버리지 못해, '돌아서 가기보다 차라리 부딪쳐서 산산조각 나는 게 낫다. 남자는 죽을 때까지 길바닥에서 일하다 파편처럼 흩어져야 한다'라고 말씀하시곤 했다.

나는 부모의 자식이었다. 아버지를 닮아 적당히 어울리지 못해 인생이 고달팠고, 어머니 말씀처럼 돌아가지 못해서 산산조각으로 부서지고 있었다. 그것을 어머니도 모르시지 않을 것이다. 품에 안은 어머니의 눈물이 내 어깨를 적시며 축축하게 스몄다. 늘 강인해 보이던 어머니가 무너지는 것 같았다. 왜소해진 어머니의 세월이 안쓰러웠다. 해드릴 수 있는 것이라곤 고작 말없이 어머니를 안아드리는 것뿐이었다. 평탄하지 않은 아들의 삶은 죄송스러웠으나 달리 사는 재주가 내게는 없었다.

병원이 권역외상센터 건물을 다른 용도로 변경하려 한다는 말이 병원 내에 파다했다. 그러면 나를 제외한 센터 내 핵심 인력들은 더 나은 근무 여건을 찾아 다른 외상센터로 갈 수도 있었다. 다만 보건복지부에서 추진하는 중증외상센터 사업은 지속될지 중단될지 알 수 없었다. 처음부터 이 판에 몸담아온 나조차 가늠되지 않았다. 모든 것이 내 손이 닿지 않는 곳에서 움직였다. 언제든 끝이 날 수 있다고 생각했고, 그렇게 되면 더는 한국에 남아 있지 않을 생각이었다. 정리할 것들은 많지 않았다. 마음에 걸린 것은 아버지의 묘뿐이었다.

전주 이(李)씨 광평대군파로, 서울에서 나고 세상을 떠난 아버지였다. 서울 북부 납골당에 모셔두었으나 내게 문제가 생기면 돌봐줄 사람이 없었다. 더 늦기 전에 대전 국립묘지로 모셔야 했다. 아버지는 서울에서 태어나 죽어서도 15년 가까이 서울 북쪽에 계셨다. 이만하면 가족들과 가까이에서 오래 잘 지내신 거라고 꿈에서라도 말씀드리고 싶었으나 아버지는 나타나지 않았다.

나는 육군본부에 연락해 아버지의 병적 증명서와 진료 기록부를 요청했다. 아버지가 군 복무한 사실과 부상 정도, 치료 과정이 담겼을 자료들을 대전 국립묘지와 보훈처에 제출해야 했다. 오래된 기록들이었다. 육군본부에서도 모든 자료의 전산 확인이 불가하다고 했다. 원본을 찾아야 하니 시간이 많이 필요하다고도 말했다. 그러나 예상보다도 더 빨리, 열흘도 채 지나지 않아 자료를 보내왔다. 작성한 지 60년이 지난 서류인데도 비교적 선명한 복무 기록과 진료 기록의 복사본이 내게 닿았다.

　─ 이범○, 군번 *******, 육군 이등병으로 군 생활 시작. 육군 제1군단 예하 야전 통신병, 최전선 야전 근무로 전출. 육군 상병으로 진급. 적과의 교전 중 부상. 육군 이동 병원으로 긴급 후송…….

　나는 연달아 병상 일지를 읽어나갔다.

　─ 적 폭약의 폭발에 의한 파편이 좌안으로 관통되며 안구 손상. 육군 이동 외과 병원에서 더 이상의 진료는 불가능해 육군기지 병원으로 재후송…….

　나는 아버지의 부상 내용이 적힌 진료 기록부를 자세히 읽으며 몸을 떨었다. 한문으로 된 의학용어부터 국문과 영문이 혼용돼 뒤섞여 있었고, 단정한 필체로 적어 내려간 기록이었다. 오래된 일본식 의무기록지에 1950년대 의사들의 필적이 이렇게 말하고 있었다. '전형적인 폭발에 의한 파편이 젊은 군인의 왼쪽 망막을 찢고 들어가 시력을 앗아갔다.' 어머니가 말씀하셨던 '나와 동일한 좌측 눈'의 심한 망막 파열이었다. 실제로 아버지는 평생 좌측 시력 없이 사셨다.

　병상 일지는 파편에 망막이 파열되고 망막염이 발생한 아버지가 여러 곳의 군 병원들을 전전했음을 말했다. 나는 전쟁 직후의 혼란기에 말단 육군 사병 환자가 군 의료진에게 어떤 치료를 받았을지 짐작되었다. 사실 지금이라고 해도 상황은 크게 다르지 않을 것이다. 현재도 한국군의 개인 보호군장 수준은 여전히 취약하고, 안구 보호용 고글은 필수 장비로 지급되지 않는다.

　많은 전상 유공자들은 한국 사회에서 잘 살려면 해외로 나가거나 군역을 면제받았어야 했다고 한탄하곤 했다. 아버지도 생전에 전상 유공자들에 대한 국가의 처우와, 참전하지 않았던 사람들이 주도해온 한국 사회에 대해 이야기하시곤 했다. 어머니는 그래도 남자는 때가 되면 군대에 가고 직장에서 일할 때가 되면 절대로 포기하지 말아야 한다며, 실제 전쟁터와 일터에서의 삶이 별반 다르지 않다고 말씀하시곤 했다. 두 분의 말씀은 때로 대척점에 선 것처럼 들렸으나 내가 나이를 먹고 얻은 결론은 하나였다. 무엇이 어떻든 사람은 결국 다 죽고, 그 점에서 인생이란 큰 차이가 없다.

　2015년 가을 모든 절차를 마친 후, 아버지를 모시고 대전으로 내려가던 길에 내 마음은 몹시 가벼웠다. 길가에 가득 쌓인 낙엽을 비추는 11월 말의 햇살이 좋았다. 바닥에 떨어진 마른 잎들에 가을빛의 붉은 기운이 스몄다. 이전까지 나는 해가 낮게 떠가며 서쪽 하늘로부터 길게 드리우는 가을 햇살이 좋다고 느껴본 적이 한 번도 없었다. 포근하다고 느낀 것은 그때가 처음이었고 유일했다. 나는 그때 아버지가 비로소 편안해하시는 것 같다고 느꼈다.

아버지를 포함해 아홉 명의 운구 행렬이 대전 국립묘지 안에서 각기 제 묘역을 찾아 흩어졌다. 국립묘지 안장 행사는 대전광역시 소방방재본부장이 맡아 진행했다. 아버지가 배정받은 곳은 417묘역이었다. 현충문을 지나 현충탑을 왼쪽으로 두고 돌아 들어갔을 때, 나는 소름이 돋았다. 그곳은 2002년 연평해전에서 PKM357에 탑승해 전사한 윤영하 정장과 해군 한상국, 조천형, 황도현, 서후원, 박동혁을 비롯해, 2010년 연평도 포격 때 전사한 해병대원 서정우와 문광욱이 안장된 413묘역 바로 아래였다. 나는 착잡한 마음으로 찬찬히 둘러보았다. 내가 목숨 걸고 같이 일하는 소방대원이 아버지의 이장을 보살피고, 해군과 해병들이 자신들의 옆자리를 내준 것만 같았다. 인연이 이리 도는 것인가······. 이제 아버지의 형제분들이나 내가 모시지 못하는 상황이 와도, 걱정이 없을 것이다.

아버지의 유골이 매장된 자리는 아직 흙바닥이었다. 겨울에는 잔디가 생착(生着)되지 않아 봄이 되어야 잔디를 덮을 것이라고 했다. 임시로 박아둔 목비도 그때에 정식 석비로 교체한다고 했다. 나는 '육군 상병 이범○'이라 새겨진 목비 앞에 한참을 서 있었다.

내년이면 권준식이 전역해서 돌아올 것이다. 몇 해 전 외상외과에 파견 근무를 나왔던 외과 전공의 강병희도 전역 후 합류하기로 했다. 이들이 있을 자리를 지켜나가야 하는데 무엇을 어떻게 해야 할지 나는 좀처럼 알 수 없었다.

중국인 어부라던 남자

듀리아 소령의 더스트오프 편대가 병원으로 들이닥쳤다. 서해안에서 표류하고 있던 '머리가 짧은 동양인'을 구조했다고 했다. 듀리아 소령은 무전으로 환자가 '중국인 어부(Chinese fisherman)'라고 전했다. 무전의 통신 감도가 떨어져 더는 잘 들리지 않았다. 헬기장에 나가 있던 김효주가 깊고 가쁜 숨을 몰아쉬며 전화에 대고 외쳤다.

― 블랙호크 여러 대가 병원 상공에서 선회하며 병원으로 오고 있습니다! 순차적으로 착륙할 것 같습니다!

내려앉은 블랙호크 중 한 대의 조종석에 듀리아 소령이 있었다. 그가 데려온 환자는 사경을 헤매는 중년 초반의 남자였다. 내가 환자를 카트에 실어 센터 안으로 들여보내고 나서야 캠프 험프리스의 상황실에서 환자가 '북한 사람'이라고 알려왔다. 어차피 병원으로 실려 오는 노동자들 중에는 외국인이 많고, 생사를 넘나들고 있는 환자의 국적은 차후의 문제다. 환자는 바다에서 장시간 떠다닌 탓에 상태가 나빴으나 다행히 큰 수술이 필요하지는 않았다. 중환자실에서 며칠을 지내자 급속도로 상태가 진전됐다. 미오글로빈뇨증(myoglobinuria)*은 수액 요법 등으로 나아졌으며 활력 징후들도 좋았다. 산성혈증(acidosis)**도 정상화되었다.

의식이 돌아오고 컨디션을 되찾은 환자에게서 들려오는 언어는 낯설지 않았다. 억양은 달랐으나 익숙한 말이었다. 환자는 자신이 황해도에 살고 있다고 했고, 어업 종사자가 아닌 산업체 직원이라고 했다. 불필요한 긴장감을 일으키기 싫었으므로 구체적인 업무는 묻지 않았다. 그것은 이미 파견 나와 있는 국정원과 국군기무사령부(기무사) 요원들이 충분히 하고 있는 일들이었다.

치과 백광우 교수를 떠올렸다. 의료계에는 대북사업으로 큰일을 하는 사람들이 많았다. 단순히 북한에 약품을 전달하는 것만이 아니라 병원을 지어주거나 직접 방문해 현지인들을 진료하기도

---

* 근육 손상 등에 의해 근육 중에서 미오글로빈이 혈중으로 유리하여 요중으로 배설되는 상태를 말한다.
** 혈액 pH가 정상범위를 넘어 산성으로 변화된 상태, 또는 pH는 거의 변화하지 않는다고 해도 산에 대한 혈액의 정상적인 완충능력이 감소된 경우에 나타나는 증상.

했다. 실향민 자손인 백광우는 개성에 건너가서 북한 주민들을 진료하곤 했다. 군사분계선을 넘고 나면 모친에게 배운 짧은 북한 지역 억양을 썼다. 북한 주민들은 신기해하며 남조선에서 온 '치과의사선생 동무'가 잘 치료해줘 고마워한다고 했다.

백광우의 솜씨에 대한 북한 주민들의 칭찬은 과장이 아니다. 외과 의사들의 경우 다른 임상과의 전공의라도 손을 쓰는 과정과 손목의 스냅을 보면 그 의사의 내공을 알 수 있다. 때로 중견 이상의 교수들은 '니들홀더(Needle holder, 지침기)를 잡은 손모가지 돌아가는 것만 봐도 그 내공을 안다'라고 말한다. 그 말은 틀리지 않다. 누구라도 백광우의 진료를 한 번이라도 받아 봤으면 그의 실력을 느꼈을 것이다.

내 눈앞의 환자는 백광우가 치료해줬다는 북한 주민들을 연상시켰다. 그가 만난 경계선 너머의 사람들은 이 환자와 비슷한 얼굴일까 생각했으나 알 길이 없었다. 환자는 국정원이나 기무사 요원들보다 나와 간호사를 편히 여기는 것 같았다. 사적인 이야기들이 흘러나왔다. 자신의 가족들에 대해 이야기했고, 딸이 우리 간호사들을 닮아 더 예뻐졌으면 좋겠다고도 했다. 그러나 거기까지였다.

환자는 소프트 다이어트(soft diet, 연식)를 시작하고 요구르트 한 통을 먹은 후 하지 않아도 될 말들을 꺼내기 시작했다. 북측이 주장한 통일 원칙에 입각한, '우리민족끼리'의 상생 방침에 남측 정부가 협조를 하지 않아 여러 어려움이 있다는 이야기였다. 북한 사람들은 일반 주민들조차도 상당한 정치적 식견과 통일에 대한 시각을 드러내곤 했다. 그러나 그 말의 옳고 그름은 내가 판단할 일도, 내 영역도 아니다. 환자의 입에서 통일과 공화국, 노동당에서 배포한 교육 자료에서나 볼 법한 '암기사항'이 흘러나오는 것을 들으며 나는 생각했다.

이만하면 됐다. 여기까지다.

내 할 일은 끝나가고 있었다. 나는 국정원 요원을 찾았다. 환자 이송 가능성과 안전 보장에 대해 의학적 견해를 바탕으로 이야기했고, 어디로 이송할지를 상의했다. 합동참모본부에 협조를 구했다. 주말인데도 최윤희 합동참모의장은 기민하게 대응했다. 군 병원이 최적지로 떠올랐다. 환자가 이미 안정 상태로 접어들었으므로, 이제부터는 치료의 질보다 이 사안에 대한 보안과 국정원과의 작전 파트너로서의 입지가 더 중요할 것이었다. 나는 국정원 요원에게 합참의장의 의견을 전달했고, 그는 그 내용을 국정원 상부에 보고했다.

얼마 후 나는 환자를 AW-139에 실어 군 작전 권역으로 데려다주고 곧장 헬리콥터와 함께 철수했다. 그는 송환되었고, 이후의 이야기는 들려오지 않았다. 그는 내가 감당할 수 없는 환자였고 그럴 필요도 없는 환자였으므로 나는 그의 뒤를 생각하지 않았다.

부서진 지표(指標)

박정옥은 아주대학교병원 수술실 창단 멤버로서 1994년부터 나와 함께 일해왔다. 세브란스병원에 있을 때부터 유능한 수술 전담간호사로 명망이 높았다. 수술의 흐름을 정확하게 이해했고, 수술 전체를 부드럽게 진행했다. 수간호사였던 그가 외상센터 간호팀장으로 선임됐을 때, 나는 앞으로 센터를 운영해나갈 간호파트장들의 업무 방향을 일렀다. '각 파트장에게 업무 영역을 나눠주고 각자 알아서 자신의 일을 책임지고 해나간다, 불필요한 간섭이나 업무 지침은 없다, 센터장은 문제를 해결하고 외압을 막아내며 전체적인 방향만을 지시한다.' 이것이 내가 제시한 업무 방향이었다. 또한 '센터장은 가능한 한 과도하게 간섭하지 않을 것이며, 해당 파트장 또한 최대한 자력으로 문제를 해결해나간다, 위의 눈치를 보느라 좌고우면(左顧右眄)하지 않는다'를 외상센터 지휘부의 묵시적인 약속으로 삼았다. 각자 자신의 위치에서 최선을 다하면 되는 일이다. 박정옥은 내 말을 잘 이해했다. 그런 박정옥이 심각한 얼굴로 나를 찾아왔다. 나는 직감적으로 알았다. 뭔가 또 터졌구나…….

― 무슨 일입니까?

내 물음에 박정옥이 어렵게 말을 꺼냈다.

― 외상 중환자실의 중견 간호사로 보이는 친구가 병원 고충처리실에 투서를 했습니다. 인사복지팀장이 제게 이 문서를 가지고 왔습니다.

박정옥이 내민 A4 용지 두 장에는 휘갈겨 쓴 글씨가 틈 없이 담겨 있었다. 곧 시행될 정기 순환근무제에 대한 격한 표현들이 눈에 띄었다. 이 계획에 불만이 많은 것 같았다. 그러나 외상센터에서 계획한 순환근무제는 사실 간호사들을 위한 것이었다. 40병상에 이르는 중환자실은 A, B, C 세 구역으로 나뉘어져 있고, 계획된 순환근무제는 그에 따른 업무 편중 문제를 해결할 수 있었다. 환자에게 수준 높은 의료 서비스를 제공하면서, 간호사로서 다양한 경험을 축적하기에도 좋았다. 투서를 쓴 간호사가 업무가 당장 늘어날 것이 걱정이었는지, 현재 같이 근무하는 사람들이 좋아서 순환근무를 피하려 하는 것인지 나로서는 알 수 없었다.

통상 대부분의 국내 대학 병원은 이렇게 하지 않는다. 대개 간호사들을 한 부서의 동일 섹터에만 고정시켜 단시간 내에 업무숙달도를 끌어올리고, 같은 일을 반복시켜 해당 직무에 익숙해지도록 한다. 간호사들에 대한 대표적인 인사관리 방법이다. 그러나 이 방법으로는 간호사가 환자 치료에 대해 넓은 시야를 가질 수 없다. 영·미권의 간호사들은 부서를 넘나들며 일했고, 일부는 행정직까지 섭렵해 병원장 자리에도 올랐다. 나는 그 같은 세계적인 흐름을 생각했다.

나는 간호사들의 업무 강도를 모르지 않았고 그들을 위한 시스템 수준이 조금도 높아지지 않은 것도 알았다. 그러나 계획된 외상센터의 순환근무제는 중환자실 내에서 구역만 달리해 순환이동하는 것이고, 그로써 40병상 전체 운영에 대한 폭넓은 시야를 갖출 수 있었다. 당장은 낯선 시스템이 힘겨울 수 있지만 시간이 지나면 간호사 개인의 발전에 도움이 될 것이었다. 아무리 좋은 제도라도 기저에 깔린 뜻을 당사자들이 이해하려 하지 않는다면 할 수 없는 일이다. 나는 답답했으나 다른 일로도 바빠 허덕이고 있었다. 수간호사들이 먼저 부서를 이동했고 주임간호사들이 그 뒤를 따르며 솔선수범했다. 평간호사들을 언제 순환근무시킬지는 정하지 못했다.

연말에 소방방재청의 문성준 국장이 정년퇴임했다. 그가 있던 도봉소방서의 옥상 헬기장은 곧 문을 닫았다. 2011년 문성준이 도봉소방서 옥상으로 나를 데리고 올라가 헬기장을 자랑하던 것을 기억했다. 중형규모의 헬리콥터까지 이착륙이 가능한 헬기장에는 유도 시설부터 급수송수관까지 완비되어 있었다. 작지만 잘 만들었다고 속으로 감탄할 때, 문성준이 목소리를 높였다.

— 정말 적은 예산으로 만들었지만, 북한산과 도봉산 등지에서 산악사고를 당하는 환자들에게는 생명줄이나 다를 바 없는 곳입니다. 이걸 시작으로 서울시 모든 소방서를, 소방헬기를 이용한 차세대 구조구급의 메카로 만들 겁니다.

그때 문성준의 표정은 상기되어 있었다. 김준규나 문성준 같은 사람들이야말로 어떻게든 어려움을 돌파해나가는 뛰어난 공무원들이었다. 나는 그들이 중심이 되어 소방이 발전해가는 모습을 보았다. 그러나 문성준이 퇴직하자 헬리콥터 소음에 대한 지역 주민들의 민원을 이유로 헬기장은 2015년 말 완전히 폐쇄됐다.

언론이 헬기장 폐쇄의 문제점을 지적했을 때, 인터뷰에 임한 소방 측은 '헬기장을 새로운 곳으로 옮겼으므로 문제가 없다'라고 공식적인 입장을 밝혔다. 소방 측에서 말한 새 헬기장은 비만 오면 잠기는 중랑천 개천가에 있었다. 그곳에는 유도등이나 급수관도 없었고, 입지 특성상 유사시 다른 소방대원들의 지원을 받기도 어려웠다. 나는 소방서 옥상의 헬기장 대신 개천가의 헬기장이 얼마나 한심한 것인지를 실무자를 통해 들었다.

진정성을 가진 사람이 떠나고 난 후에 그 뒤를 받쳐줄 새로운 사람은 나타나지 않았다. 서울의 소방서 옥상마다 항공 구조구급 핵심 시설을 만들겠다는 문성준의 구상은 산화되어 흩어졌고, 서울 지역 소방서들은 항공 전력까지 유치해 입체적인 구조구급 작전을 할 수 있는 기반을 잃어버렸다.

해군 제5성분전단전단장 김종삼 제독이 이순신 지휘봉을 본뜬 목봉을 보내왔다. 둥글게 깎아 만든 나무봉이 푸른색과 붉은색, 노란색, 흰색 띠가 곱게 매인 채로 긴 함에 담겨 있었다. 오래전 환자였던 해병대원이 이순신 제독의 검을 본떠 만들어준 장검을 떠올렸다. 책상 밑 한쪽에 보관해둔 나무함을 꺼내 올렸다. 은빛 장검은 함 속에서 여전히 날을 세우며 빛났다. 이순신의 지휘봉과 검을 책상 위에 나란히 올려두고 한참을 보았다. 환자 치료 기록은 세세하게 기억으로 남기지 않는데, 환자와 제독이 남긴 흔적은 연구실 한쪽을 채우고 있었다.

이기주의

 눈앞의 환자는 일주일 전에 일반병실로 옮겨갔어야 했다. 중환자실 간호사들에게 이 환자의 전실(轉室)을 여러 번 지시했으나 환자는 여전히 중환자실 병상을 차지하고 있었다. 간호사들이 환자의 보호자인 부인과 인척(姻戚)에게 연락해 전실 준비를 하도록 일렀으나 보호자들은 따르지 않았다. 나는 말없이 환자를 바라보았다. 중환자실 침상이 의료 외적인 문제로 점거되면 다른 환자를 치료할 수 없다. 간호사 한 명이 옆에서 멈칫거리며 입을 열었다.

　— 보호자가 연락이 잘 되지 않습니다. 이미 여러 번 말씀 드렸는데 여전히······.

　입을 떼던 간호사가 말끝을 흐렸다. 나는 아무 말 없이 그 병상을 떠나 돌아 나왔다.

새벽에 실려 왔던 그 환자는 간이 극심하게 부서져 있었다. 혈압조차 잘 측정되지 않을 정도로 상태가 나빴다. 초음파상 복강 내에는 검붉은 피가 가득했다. CT도 찍지 못하고 곧장 수술을 시작했다. 간의 중앙 부위 전체가 폭발하듯이 터져나가 간 조직이 네 개 층을 이루며 너덜거렸다. 그 사이사이로 피가 뿜어져 나왔다. 프링글 술식(Pringle maneuver)[*]으로 간신히 주요 출혈을 잡아내면서 간 절제를 최소화하고, 남아 있는 간 조직을 꿰맸다. 내장이 부풀어 올라 복벽을 닫지도 못한 채 비닐로 덮고 중환자실로 올렸다. 환자의 간수치가 3,000이 넘게 치솟았다. 전담간호사 김은미에게 일렀다.

— 신장 기능을 계속 확인해야 해. CCr(creatinine clearance, 크레아티닌청소율)[**]도 꼭 나가야 한다.

환자는 극적으로 회복했고, 얼마 지나지 않아 의식을 찾아 일반병실로 옮겨갈 수 있었다. 그러나 일주일이 지나도록 환자의 보호자들은 일반병실로 올라가기를 거부했다.

외상센터 중환자실은 그 자체가 삶과 죽음이 혼재된 공간이다.

---

[*] 간을 절제하는 동안 출혈을 줄이기 위하여 간 내로 유입되는 문맥혈류와 간동맥혈류를 차단하는 방법.
[**] 혈청 중과 소변 중의 크레아티닌 양을 측정하여 산출하는 신장 기능의 지표로, 사구체여과율(토리여과율, glomerular filtration rate, GFR)의 근사치로서 사용된다.

굳이 따지자면 죽음과 좀 더 가까운 곳이다. 중환자실에서 집중치료 받고 있는 환자들 중 상당수가 영안실로 보내진다. 중환자실 환자가 일반병실로 간다는 것은 사선을 넘어섰다는 신호이자 살았다는 의미고, 기뻐해야 할 일이다. 그렇게 살아난 중환자실 환자들이 병상을 비워줘야 다른 중증외상 환자가 그곳에서 다시 삶으로 넘어올 기회를 얻는다. 그럼에도 이 환자의 보호자는 전실을 거부하고 있었다. 보호자가 간병인을 구하지 못했다는 게 이유였다.

중환자실 환자들은 대부분 의식이 없고 전문적이고 엄중한 관리가 필요하므로, 중환자실 간호사들이 환자에 대한 모든 처치와 관리를 도맡는다. 그러나 환자가 의식을 찾아 일반병실로 옮겨지면 환자가 먹고 마시고 토하고 배설하는 모든 문제가 직계 보호자나 간병인의 몫으로 남는다. 그것은 보호자에게 힘겨운 일이고, 24시간 환자 곁을 지키는 보호자도 드물다. 최근에는 간병인 서비스를 이용하는 경우가 많았다. 여기에는 적지 않은 돈이 들어가므로 일부 보호자들은 환자가 회복해도 중환자실에 있기를 고집했다. 어떤 보호자들은 전실 과정이나 퇴원일 결정에도 개인의 편의를 들이대곤 했다.

나는 이런 태도를 다른 나라에서는 본 적이 없다. 만약 의료비가 무료인 영국에서 환자들이 자신의 편의를 위해 병원에 남겠다고 한다면 영국의 의료 시스템은 하루도 견디지 못할 것이다. 사무실로 돌아와 김지영에게 이 기막힌 상황을 말했다.

— 김 선생, 캐나다에서 근무할 때도 이러는 걸 봤어? 캐나다도 병원비는 무료잖아.

김지영은 대답 없이 한숨을 쉬었다. 캐나다라고 영국과 다를 리 없다. 나는 다시 김지영에게 보호자를 찾아 중환자실에서 환자가 나올 수 있도록 해보라고 일렀다. 중환자실에는 가능한 한 여유 병상을 확보해두어야 했다.

다음 날 아침 환자의 친척이라는 남자를 만났다. 여태 한 번도 본 적 없는 얼굴이었다. 그가 환자와 얼마나 가까운 사이인지는 알 수 없었다. 직계 보호자인 부인은 보이지 않았다. 그 남자에게 상황을 설명하고 빨리 전실해달라고 부탁했다. 그는 내 말이 끝나기도 전에 눈을 부라리며 나를 노려보았다. 눈알의 흰자와 검은자의 뚜렷한 경계가 나를 벨 듯 선명했다.

— 아 참, 보채지 말라니까!

남자는 내게 막말을 이어가며 숨을 몰아쉬었다. 그의 입이 뿜어내는 숨 냄새가 역했다. 간이 갈가리 찢어진 환자를 내가 밤새 수술해서 살려놓았다는 것을 그가 고려할 리 없었다. 무례와 이기(利己)에 둘러싸인 지긋지긋한 상황들이 겹쳐졌다. 이런 태도를 지닌 보호자와 환자가 암 수술처럼 정규 수술이 필요한 일반 진료를 받으러 외래로 내원했다면 대부분의 외과 의사들은 함부로 손대려 하지 않을 것이다. 적당한 핑계로 그들을 초대형 병원으로 전원시킬 것이고, 이들은 거기에서만큼은 의료진의 지시를 잘 따를 것이다.

　환자나 보호자에게 감사하다는 반응을 기대하면서 외상외과 의사 생활을 시작하는 순간 위기에 빠진다. 그저 먹고살려고 하는 일일 뿐이다. 나는 진심으로 그렇게 생각해왔다. 남자는 귀를 닫고 제 할 말만 쏟아붓고는 씩씩대며 돌아갔다. 간호사들이 부인은 여전히 연락이 되지 않는다고 전해왔다.

한계점

자정에 가까운 시간, 경기 소방의 연락을 받았다. 환자는 태안에 있었다. 응급구조사 이수현이 함께 가기로 했다. 옷을 갈아입고 워커 끈을 단단히 조였다. 비행 가방을 챙겨 헬기장으로 향했다. 깊은 밤의 스산함이 살갗 아래로 스몄다. 헬리콥터의 로터 소리가 어둠을 부수며 날아왔다. 기체가 제 모습을 드러내며 내려앉을 때 거센 하향풍에 떠밀리지 않으려 몸을 둥글게 말았다. 바람을 안고 달려가 헬리콥터에 오르는 내 뒤로 전담간호사 설주원이 아닌 송서영이 올라왔다. 나는 경악하여 소리쳤다.

― 송 선생 어떻게 된 거야? 안 돼! 어서 내려!

송서영은 임신 6개월째였다. 이미 전담간호사 한 명이 임신 후에 출동을 계속하다 첫 아이를 잃었다. 송서영은 말없이 비행 가방을 캐빈 안에 내려놓고 고글을 얼굴 위에 가져다 썼다. 설주원이 나올 수 없는 상황이어서 자신이 대신 나섰다고 했다.

나와 함께 일하는 간호사나 응급구조사들 대부분이 결혼 적령기에 있었다. 때가 되면 가정을 꾸리고 임신과 출산을 하는 그들에게 외상센터는 좋은 직장이 되지 못했다. 중증외상 환자 이송에 헬리콥터를 운용하려면 항공 이송 전담 인력만 따로 선발해야 했다. 보건복지부의 닥터헬리 사업 지원을 받는 병원들은 가능했으나 소방방재청의 헬리콥터로 출동하는 우리에게 별도의 지원은 없었다. 기존 인원들이 업무를 쪼개가며 버텨야 했다.

환자가 발생해 출동하려면 최소 두 명 이상의 의사와 간호사, 응급구조사들이 헬리콥터에 올라 비행에 나서야 한다. 근무자가 적은 야간이나 공휴일에는 인력 부족 문제가 그대로 드러났다. 무한정 당직 인원을 늘릴 수는 없었다. 결국 임신 중인 간호사와 응급구조사들이 무게가 100파운드에 가까운 장비들을 메고 헬리콥터에 뛰어올랐다. 나는 무리한 출동을 막아섰으나 대부분 고집을 꺾지 않았다. 전담간호사 증원 신청을 해놓았지만, 공문이 재단이사회까지 올라가서 확정된 다음 다시 내려오는 시간은 까마득했다. 나는 인력 충원 여부를 가늠할 수조차 없었다. 그런 속사정을 모르는 사람들은 우리가 정부 지원이라도 받고 헬리콥터를 타는 줄로 알았다. 그날 송서영은 임신한 몸으로 출동해 환자를 데려왔고, 환자는 수술을 받고 살았다.

늦은 밤 사무실 책상에는 위에서 내려온 서류들이 쌓여 있었다. 숨 돌릴 틈 없이 행정적인 문구들 사이에 눈을 묻었다. 시간이 얼마나 지났는지조차 알 수 없을 때 정경원과 김지영이 찾아왔다. 둘 모두 문간에 서서 나와 눈을 맞추지 못한 채 머뭇거렸다.

— 뭐해? 이리 와서 앉아.

난 애써 자리를 권했다. 두 사람은 엉거주춤 다가와 내가 내민 의자에 앉았다. 정경원에게 짧게 물었다.

— 무슨 일이야?

정경원이 한참 만에 입을 열었다.

— 저…… 이제는 한계 상황을 넘은 것은 물론이고 다들 정말 위험한 것 같습니다.

조심스럽게 시작된 정경원의 말은 우리 팀에 쌓인 문제들을 아프게 짚어나갔다.

— 문종환이 많이 아픈 건 아시죠? 최근 들어 자꾸 재발합니다. 지난번 통증이 심할 때도 진통제로 버텼는데요. 이제는 더 늦기 전에 수술을 받게 해줘야 할 것 같습니다.

문종환의 건강에 문제가 있다는 건 알고 있었다. 문종환은 2014년 봄에 임상강사로 합류해 군에 입대한 권준식의 공백을 잘 막아내고 있었다. 여러 차례 괜찮은지를 물었을 때 늘 문제없다며 웃었는데 사실은 괜찮지 않았던 것이다. 내게는 다들 아픈 것을 숨겼다. 내가 이런 근무를 강요한 것은 아니나 최종적인 책임은 팀의 업무량을 이런 식으로 몰아가는 내게 있다. 팀원들이 무너져가고 있었다. 나는 힘들게 대답했다.

― 최대한 빨리 수술 일정을 잡읍시다.

췌담도외과 김욱환 교수에게 수술을 부탁할 생각을 했다. 정경원이 말을 이어갔다.

― 뿐만 아니라 다들 거의 집에 못 가고 있습니다. 무엇보다 수면 시간이 절대적으로 부족합니다.

외상센터의 업무 범위는 병원 전 단계까지 출동하는 것이 원칙이었다. 소수의 인력을 쪼개어 버텨야 했으므로 팀원들의 희생은 불가피했고 출혈은 컸다. 나도 그 점을 잘 알았으나 그만두지 못했다. 외상센터가 제 몫을 하기 위해 필요한 병원과 정부 차원의 지원은 없었다. 모든 측면에서 한계였다. 정경원은 매우 심각했다.

― 다들 교수님을 보고는 차마 말을 꺼내지 못하는 것 같습니다. 저라도 해야 할 것 같아서요.

정경원은 내 눈치를 보고 있었다. 그래도 내게 직언해주어야 한다. 나는 김지영을 돌아보았다.

― 전담간호사들 쪽도 난리일 텐데, 어때?

김지영은 천천히, 명확하게 그간의 일을 보고했다. 몇몇은 수술을 받았고 일부는 독감에 걸려 근무표를 조정해주었다고 했다. 무엇보다 출동 중 부상당해 다친 인원들이 근무에서 빠지면 남은 사람들이 그 공백을 메워야 했다. 연쇄적으로 전체의 피로도가 심각하게 쌓여가고 있었다. 나도 알고 있다고 생각했으나 정경원과 김지영이 소상히 털어놓은 상황은 훨씬 더 심각했다.

— 왜 진작 말하지 않았어?

신경질적으로 다그치는 내 말에 김지영의 목소리가 작아졌다.

— 안 좋은 얘기들만 계속 보고할 수는 없잖아요. 그러면 센터장님도 위축되실 거고요. 가뜩이나 외부적으로도 사방에서 치이는데요.

그러고는 덧붙였다.

— 모두가 한계 상황인 거 아는데 제가 옆에서 자꾸 이런 보고나 올리면 더 하고 싶으시겠어요?

김지영은 내가 얼마나 견딜 수 있는지, 그 한계치를 보고 싶지 않다고 했다. 그는 내가 더 이상의 스트레스를 이기지 못하고 스스로 판을 접어버릴 것을 걱정하고 있었다. 나는 김지영을 이해할 수 없다가도 이해가 됐고, 이해하면 할수록 빨리 때려치워야 할 것 같았다. 정경원과 김지영이 떠나고 한동안 아무것도 하지 못했다. 서류 위의 글자들이 좀처럼 눈에 들어오지 않았다. 기나긴 밤이었다.

다음 날 아침 일찍 박미미 간호부장을 만났다. 서은정 외래간호 팀장이 동석했다. 나는 두 사람에게 외상외과 전담간호사들의 업무에 대해 비교적 상세하게 설명하려고 애썼다. 외상외과 전담간호사들은 3교대로 밤 근무를 계속하면서도 헬리콥터를 타고 출동했다. 임신한 간호사들까지 탑승해야 했고 그로 인한 유산이나 치명적인 합병증도 우려됐다. 다른 과의 전담간호사들은 3교대 야간 근무를 하지 않았다. 공휴일은 다 쉬었으며 헬리콥터 출동은 더욱이 할 일이 없었다. 나는 외래간호팀에서 관장하던 외상외과 외래간호사 T/O에, 임신이나 부상 등을 이유로 비행이 어려운 외상외과 전담간호사들을 우선적으로 순환배치해달라고 요청했다. 간호부장은 외래간호팀장에게 검토를 지시했다.

병가 처리가 되어 약물 치료를 받고 있는 송미경을 찾아갔다. 잘 먹어야 낫기에 소고기를 샀다. 집은 병원에서 가까웠다. 송미경의 모친은 마침 집에 계시지 않아 만나지 못했다. 송미경의 삼남매 모두가 공부를 잘해 안정적인 직장에서 근무 중이었고, 송미경이 아픈 일이 집안의 첫 우환이라고 했다. 병원으로 돌아오는 길, 김지영이 옆에서 한숨을 쉬었다. 더는 전담간호사들을 혹사시킬 수 없다고 했다. 나는 감당이 안 되는 업무량과 그것을 조절할 수 없는 현실 사이에 있었다. 그 괴리 사이에서 팀원들은 하나둘 깎여 쓰러져나갔다. 머리가 아파왔다.

옥상옥(屋上屋)

PPT 슬라이드 위에 펼쳐진 대한민국 소방항공대의 미래는 환상적으로 밝았다. 정부 범부처 헬리콥터 공동 활용 방안에 대한 양해각서와 항공대원들에 대한 해외 연수 기회 제공, EC-225가 대구에 추가 배치될 시 한반도 남부 지역이 얻는 이점 등이 막힘없이 이어졌다. 외상 관련 학회에 참석한 소방방재청 이오숙의 발표는 명쾌했다. 누구든 이런 보고를 받으면 완벽한 희망을 생각할 것이다. 그러나 이오숙은 이미 문제점을 깊이 알았고, 그가 쉬이 해결되지 않을 문제를 고민하고 있음을 나는 알고 있었다.

2015년 1월 경기 소방특수대응단 서석권 단장이 용인소방서로 떠났다. 서석권의 공백은 소방항공대나 외상센터 의료진 모두에게 치명적인 타격을 가져왔다. 서석권 이후 부임한 특수대응단장들 중 여럿은 내가 항공 출동하는 것을 반기지 않았다. 소방항공대의 실무자들은 단장의 부정적 태도를 버거워했다. 외상센터 신규 의료진을 대상으로 한 헬리콥터 탑승 훈련은 올해에도 진행하기가 어려웠다. 김태연이 애를 썼으나 일은 좀처럼 풀리지 않았다. 나는 직접 신임 단장에게 전화를 걸어 훈련을 부탁했다. 내 말은 그의 귓등을 스쳐 지나갔다. 출동과 훈련을 피하려는 그의 말은 유려했고, 말과 말 사이에 수없는 미사여구가 이어졌다. 소방 고위 간부들이 주로 쓰는 말을 그 역시 접두사처럼 꺼내놓았다.

— 우리 소방은 국민의 생명과 안전을 최우선적으로 생각하고 있기 때문에…….

나는 그의 말이 잠시 끊어진 틈을 타고 들어가 해야 할 말을 박아넣었다.

— 저를 포함한 외상센터 팀원들은 국민의 생명과 안전을 그렇게 깊게 헤아려야 하는 소방공직자 신분이 아닙니다. 그래도 헬리콥터를 이용한 의료진 투입이 환자를 살리는 시발점이라는 사실은 알고 있습니다. 교과서에서 배워 알고 있기 때문에 저희도 어쩔 수 없이 하는 겁니다. 헬리콥터에 탑승하고 출동하는 것에 대해 소방방재청을 비롯한 국가로부터 어떤 금전적인 보상도 받고 있지 않습니다. 학문적으로 분명히 옳기 때문에 할 뿐입니다.

내 말은 단호하고 빨랐으며 목소리에는 힘이 들어갔다. 그러나 전화기 너머의 상대는 여전히 내 말을 흘려듣고 있었다.

소방의 많은 중간관리자들은 의료진의 헬리콥터 출동을 폄하하면서도 추후 책임질 만한 결정적 지시는 내리지 않았다. 그들은 상대방으로 하여금 스스로 지쳐 나가떨어지게 만드는 신묘한 능력을 갖추고 있었다. 한국 사회의 어느 조직에서든 그런 재주가 있어야만 치열한 승진 경쟁에서 살아남는다는 말을 나는 무수히 들어왔다. 아주대학교병원도 마찬가지였고 소방도 다르지 않을 것이다. 이번에도 역시 그들은 내가 먼저 지쳐 포기하기를 기다리는 것 같았다.

주객전도. 그 한마디를 떠올렸다. 사고 현장에서 환자 구조와 구급에 있어 그 몫의 첫 부분은 소방의 것이다. 그러므로 이 일의 주체는 그들이 되어야 한다. 그러나 관리자들은 제 몫을 다하지 않고도 태연했다. 그들은 현장에서 멀리 있어 현장을 체감하지 못했다. 현장을 머리로만 아는 이들이 사무실에 앉아 진급 사업에 몰입할 때, 일선의 소방대원들은 화마(火魔)를 막지 못하는 기준 미달의 방염복을 입고 화염 속으로 뛰어들었다.

'소방항공대 육성을 통한 21세기형 중증응급환자 이송 시스템 도입'이라는 지휘 방침은 최고위 간부층에서부터 흔들렸고, 중간관리자급으로 내려와서는 으스러져 실체를 알 수 없었다. 그러나 중증외상 의료 시스템 구축에서 환자의 항공 이송은 필수적인 부분이고, 나는 외상외과 의사였으므로 사정하는 것은 다시 내 몫이었다. 작년처럼 신임 단장에게 '죄송합니다' '감사합니다'라는 말을 수백 번 전하며 비위를 맞췄다. 그때마다 '우리 소방대원들은 국민의 생명과 안전을 위하여'로 시작되는 말들이 들려왔다. 나는 적극적으로 동감을 표시했다. 창자가 비틀렸다. 치솟는 속을 애써 눌러 삭였다. '국민의 생명과 안전을 위하여'라는 말은 실제 사고 현장에서 목숨을 내놓고 몸으로 뛰어드는 일선 소방대원들만이 말할 권리가 있다. 책상 앞에 앉아 말과 공문으로 일관하는 그들의 것이 아니다. 적어도 나는 그렇게 생각했다.

'석해균 프로젝트'는 경기도와 소방방재청, 경기도 의료원과 아주대학교 의료원이 양해각서를 체결하고 언론에도 공표한 정부 주요 사업 중 하나였다. 그런데도 몇 년 만에 협약 당사자 중 하나인 소방 안에서 조직적인 저항이 생기는 이유를 알 길이 없었다. 그런 중에도 소방 최고위 간부들은 응급의료기금으로 소방 헬리콥터를 구매하고 싶어 했고, 보건복지부에서 별도로 운영 중인 '닥터헬리' 사업은 국가 전체의 항공 전력을 분산시키는 것이라고 비난했다.

처음부터 소방방재청이 중증외상 환자를 위한 항공 지원에 적극적으로 나섰다면 보건복지부는 따로 닥터헬리 사업을 할 필요가 없었을 것이다. 소방 최고위 간부들은 각 소방항공대가 보유한 헬리콥터들의 응급환자 이송 출동 현황이 세계 평균에 비해 얼마나 뒤떨어지는지 몰랐다. 세계 표준을 따라가기 위해서 운용 횟수를 얼마나 더 늘려야 하는지, 그러려면 파일럿과 정비사들이 얼마나 충원되어야 하고 어떤 것들이 더 필요한지를 살피지 않았다. 진지한 고민은 실무자 선에서만 떠돌다 바람에 실려 날려갔다. 몇 년간 지리멸렬하게 반복되는 문제들을 지켜보다 따로 의료용 헬리콥터를 도입하며 살림을 차려버린 보건복지부의 결정을 이해했다. 현장의 실무자들 사이에는 허무한 웃음만 떠돌았다. 나는 그 모습을 보며 생각했다.

이만하면 한국에서 정말 많이 했다······.

이 같은 현실을 소방방재청장이 조금이라도 느끼고 있는지 궁금했다. 그러나 계속 직언하기에는 내 입장이 곤란했다. 소방 내부 분위기에 대한 첫 번째 책임은 소방방재청 내부에 있을 것이고, 그에 대한 개혁 조치도 소방방재청장 주도로 이루어져야 할 것이다. 그러나 정작 '책임자'들은 문제가 있는지조차 모르는 듯했다. 모든 내부 문제는 암과 같아서 초기에는 드러나지 않고, 구성원들은 그 심각성을 잘 느끼지 못한다. 시스템이 완전히 곪아 복구가 불가능할 때가 되어서야 깨닫게 된다. 많은 사람들이 세월호 사태를 두고 마치 우연에 의해 일어난 재해인 양 말했고 이 일을 계기로 뭔가 획기적인 개선이 있을 것처럼 굴었다. 하지만 우리 팀 대부분의 의견은 같았다. '터질 일이 터진 것뿐이다.' 그것이 우리가 보는 명확한 현실이었다. 나는 기본적으로 대한민국 사회 전반에 깔린, 말만 앞서는 분위기를 신뢰할 수 없었다.

석해균 프로젝트의 '종료'에 대한 공식적인 지시는 내려오지 않았다. 올해에도 출동은 지속될 것이므로 의료진의 비행 훈련은 꼭 필요했다. 나는 강태석 경기 소방본부장에게 협조를 요청했다. 2011년 석해균 프로젝트가 잠시 중단됐을 때 그는 소방방재청 구조구급과 과장으로서 프로젝트가 눈앞에서 붕괴되는 과정을 지켜보았다. 강태석은 진심으로 '국민의 생명과 안전을 위하여' 의료진의 항공 출동이 지속되기를 바라는 사람이었다. 그의 휘하에서 일하던 김승룡 계장은 내가 중앙구조단과 비행할 수 있게끔 길을 만들었었다. 그는 내가 전화한 이유를 금방 이해했고, 올해 신규 의료진에 대한 비행 훈련은 간신히 진행됐다. 김태연은 소방 측으로부터 '내년에는 정말 이런 식으로 안 할 것이다'라는 말을 들었다고 보고해왔다. 김태연의 낯빛이 어두웠다.

내년이라. 내년이 오기는 올까.

긴 미래는 생각하지 않았다. 앞이 보이지 않는 상황에서 생각을 해봤자 답은 없고 그만두어야 한다는 결론만 선명해졌으므로 나는 생각하기를 멈췄다.

그 와중에 해양경찰청을 해체하고 소방방재청까지 끌어다 붙여 만든 국민안전처 내부에 한 인사가 새 보직을 만들어 출현했다. 민간 기업의 귀빈 수송용 헬리콥터를 오래 조종한 사람이라고 했다. 충청도에서 일어난 교통사고로 사람이 죽어갈 때, 그는 환자에게 가는 AW-139를 돌려세웠다. 기상이 좋지 않음에도 허요와 신순영을 태운 AW-139가 충청도 영공 가까이 진입했을 때였다. 소방대원들과 허요는 기상이 문제라면 비행 가능한 지역 끄트머리까지만이라도 갈 테니 회항 지시를 철회해달라고 부탁했다. 기상이 허락하는 지점까지만이라도 환자가 육상으로 와주면 시간을 절대적으로 단축할 수 있다는 우리 측의 설명을 듣고도 그는 완강했다. 결국 AW-139는 그대로 방향을 돌려야 했다. 그 탓에 앰뷸런스에 실려 육상으로 200킬로미터를 달려와야 했던 환자는 거의 죽기 직전에야 센터에 도착했다.

정경원의 화가 깊었다. 나는 말렸으나 정경원은 참지 않고 그에게 전화를 걸었다. 회항 지시에 대해 항의했고, 소방항공대의 구조구급 업무에 대해 설명하려 애썼다. 전화기 너머의 인사는 자신이 20여 년간 헬리콥터 조종사였다는 말만 반복해댔다. 정경원의 입은 분노로 굳게 닫혔고 얼굴에는 기막힌 참담함이 흘렀다.

사람은 자기가 사는 세계 밖의 일을 잘 보지 못한다. 나는 그 인사를 이해해보려 애썼다. 귀빈 수송용 헬리콥터 파일럿이었다면 큰 기업체의 업무용이나 관광객 수송용 헬리콥터를 조종했을 것이고, 시계가 충분히 확보된 화창한 날에만 비행해왔을 것이다. 그러나 소방항공대의 구조구급 임무를 통제하려면 현장을 잘 이해하는 사람이 그 자리에 앉아야 했다. 김태영 전 장관은 실제 전투에 투입할 장교들은 줄어드는데 관료화된 참모 조직만 비대해지는 군대는 썩은 군대라고 지적했었다. 나는 그 말이 틀리지 않다고 생각했다.

해병대는 전투병과 중심으로 편제를 운영하고 의료 부분은 전적으로 해군에 의지한다. 해병대 전체를 전투병력화하기 위해서다. 소방방재청 역시 '소방항공대 육성을 통한 21세기형 중증응급환자 이송 시스템 도입'이라는 기치를 내걸었으면, 적어도 항공 핵심 전력인 파일럿 육성에 힘을 기울여야 한다. 그러나 그것은 텅 빈 말일 뿐이어서 파일럿이 부족한 현장의 아우성은 듣지 않았고 중앙에는 또 다른 '옥상옥(屋上屋)'을 만들어 붙여놓았다.

이 같은 상황은 오래 반복되어 왔다. 이미 오래전 소방방재청은 해양경찰청과 함께 해체 수순을 밟고 행정 조직 아래로 들어가 버렸다.* 이에 대해 시정을 건의할 대상조차 알 수 없어서 나는 죽은 듯 조용히 있었다. 그저 지치고 지겨울 뿐이었다.

새 외상센터 건물의 환자용 엘리베이터가 지나치게 좁았다. 각종 장비가 옆에 달린 중환자용 침대가 들어가면 의료진이 탈 자리가 부족할 정도였다. 비좁은 엘리베이터 안에 육중한 중환자용 침대가 드나들면서 엘리베이터 내부는 금방 우그러졌다. 내가 설계 당시부터 지적했던 부분이었다. 하지만 땅이 좁았고 기본 설계상으로도 한계가 있었다. 시설팀에서 변경에 난색을 보여 그대로 진

---

* 2014년 국민안전처 하부 조직인 중앙소방본부로 개편되었다.

행했으나 결과는 생각보다 심각했다. 환자에게 RIS(Rapid Infusion system, 급속가온혈액주입기) 장비까지 달면 엘리베이터에 들어가지도 못했다. 그러나 교체하기에는 예산이 너무 많이 들어 엄두가 나지 않았다. 그대로 둘 수는 없으므로 문짝을 뜯어서 입구만이라도 좀 더 늘리는 방안을 시설팀에 부탁했다. 결국 엘리베이터 내부의 지지대를 철거해 공간을 넓혔다. 가로세로 약 10센티미터 정도의 공간이 더 생겼다.

2016년 3월부터는 새 건물에서 진료를 시작했다. '경기남부' 권역외상센터인 만큼 경기도에서는 직접 센터 운영 실태를 들여다볼 공식적인 통로를 확보하길 원했다. 나는 서울삼성병원 응급의학과 이중의 교수에게 부탁했다. 그는 응급의학계에서 외상센터와 소방의 움직임을 가장 세밀하게 들여다 볼 수 있는 사람이었다. 본관에서 외상 중환자실과 외상 병동을 맡고 있던 수간호사 손현숙과 노미숙이 그대로 옮겨왔다.

병동 수간호사 증원에 실패하는 바람에 노미숙 혼자 60병상을 살펴야 하는 상황이 되었다. 박병남과 김보형 수간호사에게 새로여는 중환자실 두 구역을 맡겼다. 이미화를 필두로 김소라, 권지은, 신순영이 전담간호사로 팀에 합류했다. 산적한 문제들은 여전히 많았으나 이제 최단 시간 안에 환자를 수술방으로 올릴 수 있게 되었다. 수술방에 부임한 수간호사 문지영이 좋아했다.

외상센터 새 건물이 준공되어 병상에 여유가 좀 생겼다. 더는 중환자실 병상 동냥을 하지 않아도 됐다. 타 지역 항공 출동 횟수는 증가했다. 매번 출동할 때마다 헬기장으로 날아오는 헬리콥터를 기다리며 나는 생각했다. 이렇게 지어진 외상센터 덕분에 많은 환자들이 생명을 건지고 그 환자들을 치료하면서 우리도 생업을 유지할 수 있으며, 경기 소방항공대원들도 더 많은 일을 해내고 있다……. 허 위원은 우리를 보면서 자신이 구현하고자 했던 '선순환의 사이클'을 확보한 것 같아 보람이 있다고 했다. 나는 이 분야를 전공하는 사람들의 '직장'을 마련할 수 있어서 좋았다. 본관 옥상 헬기장도 완공에 가까워져 가고 있었다. 외상센터 행정요원으로 민수연을 선발했다. 가시적으로는 상황이 나아지는 듯 보였다. 그러나 한편으로는 여전히 외상센터의 존립과 이 건물의 내일을 장담할 수 없었다.

침몰

어떤 프로젝트에 정부가 나서면 돈이 돌고 사업적 성격을 띠게 된다. 이런 사업은 언제나 관련된 자들의 욕심을 부추겼다. 2008년 이후 중증외상센터에 대한 정부 지원이 현실화되자 전국적으로 열풍이 불었다. 원래 외상외과에 관심을 갖고 전공하고 있었다는 사람들도 사방에서 나타났다. 돌아가는 꼴이 아프리카 토착민 마을에 콜라병이 하나 떨어지면서 발생하는 '사유(私有)'와 '이권(利權)'을 다룬 영화 〈부시맨〉을 보는 듯했다.

문제는 누가 그 사업의 핵심을 거머쥐는가에서 그치지 않는다. 정부 지원이 결정되고 나면 사업 추진 기관과 사업 수행기관들 간의 관계가 180도 역전된다. 이때부터는 사업 수행 기관들의 목소리가 커져, 아무리 엉망이 되어 막가더라도 막아설 수 없다. 제재에 대한 기준이 명문화되어 있긴 하지만 실제 집행 근거인 사업지정 취소와 지원금 환수는 누구도 원하지 않는다. 그 같은 초강수를 두면 사업을 처음 추진하여 입안했던 공무원들이 책임을 져야 하고 다칠 수 있다. 그러므로 실제 사업이 엉망으로 흘러가더라도 적당히 포장해 잘 돌아가는 듯이 보이는 편이 모두에게 좋다.

그 모든 부작용과 비용은 결국 '사유'나 '이권'과 아무런 관련이 없는 환자들이 고스란히 떠안는다. 권역별로 중증외상센터가 들어선 후에도 각 지역의 중증외상 환자들은 제대로 치료받기 어려웠으며 부적절한 전원도 빈번했다. 정부 사업으로 중증외상센터가 꾸려지기는 했으나, 실무를 책임지는 의료진의 의지와 생각은 저마다 달랐다. 권역별 중증외상센터와 지역 내 응급의료센터들이 유기적으로 협조하여 운영되어야 했으나 원칙은 안팎으로 지켜지지 않았다.

보건복지부는 2016년 새해 초, 전국에 산재한 중증외상센터 병원장들과 중증외상센터장들을 세종시로 불러 모았다. 회의는 절망적이었다. 목소리들은 제각각이었으나 방향은 대체로 같았다. '중증외상센터에 환자가 없으므로 센터 전용으로 운영돼야 할 의료 장비와 병실, 국가에서 인건비를 지원받는 중증외상센터 전담 의료진을 타 부서의 일반진료에 운용할 수 있도록 관련 규정을 완화해달라'라는 것이 주된 의견이었다. 대부분의 병원과 중증외상센터는 중증외상센터의 의료진과 장비가 중증외상 환자에만 사용되는 것을 못마땅하게 여겼다. 모두가 센터로 오는 중증외상 환자가 없다는 말만 해댔다. 중증외상센터가 제 역할을 하려면 센터는 '중증외상센터'로서 진료실적을 올려야 한다. 진료실적을 올리려면 중증외상센터의 본질에 닿아야 하고, 그 본질에 따라 운영 방안을 마련해나가야 한다. 그러나 대부분의 병원들은 각 지역에서 환자를 집중시키려는 '의지'가 없는 것 같았다. 병원 경영자들은 인력과 장비의 '효율적 운영'만이 중요해 보였다. 보건복지부는 자신들이 선정한 권역 중증외상센터의 운영 상황이나 유지에는 깊이 관여하지 않았다. 결국 상황은 악순환의 고리를 따라 엉망진창으로 굴러가고 있었다.

중증외상센터 공모가 있던 당시 내놓았던 대형 병원들의 말은 지금과 달랐다. 그들은 해당 지역에 중증외상 환자들이 수없이 발생하고 있으므로 지역 주민들의 생명을 구하기 위해서는 중증외상센터 설립이 필요하다고 강력히 주장했다. 그런 병원들이 권역별 중증외상센터 사업에서 우선적으로 선정됐다. 그랬던 이들이 지금은 외상환자가 없다고 말하고 있었다. 내 속에서 비죽한 물음이 솟았다.

그토록 많다던 환자들은 다 어디 갔단 말인가.

우리 외상센터 새 건물은 중환자실 40병상, 일반병실 60병상으로 정부 기준의 두 배에 달하는 수였으나, 불과 석 달만에 병실이 부족해서 아비규환에 빠졌다. 다른 관할 지역에서 전원 오는 환자들도 많았다. 내가 겪고 있는 현실에서는, 국책사업을 받아 중증외상센터를 만들어놓고 환자가 없으니 다른 일을 하게 해달라는 주장을 좀처럼 이해할 수 없었다.

그들의 의견대로 가자면 이 사업은 시작된 의미가 없다. '외상센터 소속 스태프들은 외상센터의 일만 맡아야 한다'라는 규정은 스태프들을 보호하기 위한 최후의 장치이기도 했다. 우리처럼 극도로 바쁜 곳에서 그 원칙이 무너지면 스태프들은 이쪽저쪽으로 끌려다녀야 하고, 외상센터는 지속되지 않을 것이다. 애초에 환자가 없다는 것 자체가 이해되지 않는 일이다.

그러나 각 지역에서 올라오는 그 같은 요청은 집요했다. 보건복지부 내에는 중증외상센터에 대한 무용론이 사방에서 피어올랐다. 그 바람이 거셌다. 바람의 크기와 방향을 볼 때 중증외상 의료 시스템의 미래는 불투명해 보였다. 정작 중증외상센터에서 근무하는 대부분의 의사들은 스스로가 얼마나 복잡한 상황에 놓였는지를 모르는 듯했다. 그들은 보건복지부가 수용하기 힘든 조건들을 끊임없이 졸랐고, 하고 싶은 말을 거르지 않았다. 보건복지부 관료들은 그들의 요구에 골치가 아팠을 것이고, 끝내는 중증외상센터 무용론에 귀를 기울이기 시작했다. 그러나 회의 자리에 모여 앉은 누구도 그것을 우려하지 않았다. 스스로 '중증외상센터 무용론'이나 다를 바 없는 의견을 설파하는 데 바빴고, 무구한 '설'들만이 회의실에 난무했다.

　나는 몇 차례 입을 열려다 그만두었다. 어차피 그 자리에 와 있는 병원장들 대부분도 제 임기를 마치면 그만일 사람들이고, 후임자들 역시 비슷한 말을 할 것이다. 병원장들은 바쁘고 그들에게 중증외상센터는 국책사업 선정에 따라 현금이 들어오는 사업일 뿐이다. 그런 그들에게 중증외상센터의 국가적 설립 목표와 세계적 표준에 대한 정확한 이해를 기대할 수는 없다. 설명한들 들으려 하지 않을 것이었다.

　나는 중증외상센터 사업의 종료를 생각했다. '중증외상센터 무용론'과 함께 국가적 지원이 끊어지면 모든 것은 뜻밖에 쉽게 정리될 수도 있었다. 정부의 지원이 끊기면 중증외상센터를 운영할 병원은 거의 없다. 이 사업이 종료되면 모두가 타의에 의해서라도 이 일을 더는 하지 않게 될 것이다. 어쩌면 모두가 그것을 원해서 중증외상센터 운영에 관심없는 것일 수도 있었다. 나는 각각의 권역별 중증외상센터와 거기에서 근무하는 개별 의사들과, 이 일에 관계된 모두를 설득해 끌고 나가기란 불가능하다는 사실을 어느 순간부터 깨달았다. 수많은 국책사업들이 중도에 깨지거나 망가지기 마련이고, 대부분은 그냥 그렇게 넘어간다. 극히 운이 나쁜 경우에 감사기관이나 언론에 적발될 따름이지만 그나마도 처벌 유무는 사안의 중대성이 아니라 해당 기관의 로비력에 따른다. 내게는 2010년의 감사원의 감사가 머릿속에 깊이 박혀 있었다. 그 당시 전국에 35개라던 중증외상특성화센터들 중 아주대학교병원을 포함해 불과 세 곳만이 감사를 받았다. 힘이 없으면 사람이나 기관이나 살아남기가 어려운 판이었다. 그러한 현실을 가까이에서 오래, 너무도 선명하게 보아왔다.

회의 같지 않은 회의는 무의미하게 종료되었다. 일그러진 표정으로 회의장을 빠져나가는 윤한덕의 입가에서 차가운 말이 새어 나왔다.

— 2018년 이후에 이 사업이 잘도 계속 가겠구나…….

당시 보건복지부 응급의료과 현수엽 과장이 내게 다가왔다. 그는 어두운 표정으로 말했다.

— 왜 아무 말도 안 하셨어요? 좀 도와주시지.

현수엽은 각 중증외상센터들이 지역 거점 중증외상 환자 치료 기관으로서 제 역할을 못 하는 것을 걱정했다. 내가 나서서 외상센터의 본질을 인식시켜주기를 원하는 것 같았다. 그러나 나는 몇 년째 반복되는 일들에 진절머리가 났다. 어차피 그도 이 부서를 떠나면 그만일 것이다. 이 사업에 대해 진정성을 가졌던 공공의료과 손영래 과장이 떠났을 때와 마찬가지로 현수엽마저 떠나고 나면 어차피 지속가능성은 더욱 없다. 모든 국책사업이 공직자들이 초기에 도안한 대로 잘 굴러가기만 했다면 국가가 이 지경은 아니었을 것이다. 그래도 난 현수엽의 질책에 입을 열지 못했다. 한참 그를 바라보다 간신히 말을 꺼냈다.

— 참 큰일이네요…….

돌아오는 차 안에서 병원장은 많은 얘기를 했다. 나는 일부에 대해서는 설명을 덧붙였고 대부분은 그냥 듣기만 했다. 이 짓거리가 얼마나 갈 수 있을지를 생각했다. 돌아오는 고속도로는 많이 막혔다. 차는 느리게 나아갔다. 중증외상센터 사업이 과연 이만큼의 속도로나 나아갈 수 있을지 생각해보았으나 회의감만 깊었다. 중증외상센터 사업은 첫 단추부터 잘못 끼워진 관계로 아예 '다른 방향'으로 가고 있었다. 어둑해지던 하늘은 이미 검게 변했고 눈앞에 늘어선 붉은 후미등이 피었다 지기를 반복했다. 저녁을 훌쩍 넘어 병원에 도착했을 때 피로에 전 나는 누구에게도 오늘의 회의 내용을 설명하지 않았다. 그대로 센터장실에 틀어박혔다. '2018년 이후에 이 사업이 잘도 계속 가겠구나.' 윤한덕이 비통하게 던진 말이 계속 머릿속을 맴돌았다. 긴 밤, 좁은 창밖의 어둠을 응시하며 혼자 내뱉었다.

— 곧 끝나겠구만……. 차라리 끝나는 게 좋겠어…….

그것이 불과 몇 달 전의 일이다. 그 사이 현수엽이 보직 이동해 응급의료과를 떠났다. 후임 담당자는 현수엽과 달랐다. 그는 세계적 표준의 중증외상 의료 시스템에 대한 관심은 없어 보였다. 얼마 전 걸려온 전화에서 후임자는 자신의 입장을 명확히 했다. 그는 시종일관 대수롭지 않다는 투였으나 내게 전하려는 메시지만은 분명했다. 외상센터 스태프들이 일반 진료도 할 수 있게 해야 한다는, 다른 병원 외상센터들과 입장을 같이하고 있었다. 이 연락조차 보건복지부 권준욱 국장이 '이국종 교수와 상의해보았느냐'라고 확인하지 않았다면 걸려오지 않았을 전화였다.

그는 자신이 알아서 일을 진행하겠노라 했다. 나는 전화를 끊으려는 목소리를 붙잡고 늘어졌다. 내가 뜻을 틀어막자 후임자의 날선 반응이 귓가에 꽂혔다.

— 당직 아닌 날 일반 환자들 좀 보겠다는 게 무슨 문젭니까?

그의 물음에 내 입에서도 냉기 가득한 말이 터져 나왔다.

— 과장님도 일찍 일 끝내시면 복지부 옆 오송 역전에서 푸드 트럭 운영하시나요? 그것과 다를 게 뭐가 있습니까?

몇 마디 말로 내 뒤틀린 심사를 다 전할 수는 없었으나, 그 정도로도 그는 격하게 반응했다. 통화는 결론 없이 끊어졌다. 나는 손에 든 빈 전화기를 내던지고 싶었다. 숨을 골랐으나 마음이 쉽게 진정되지 않았다. 현수엽과 권준욱에게 우리 사정을 헤아려 중증외상센터의 근본을 지켜달라는 부탁을 메시지로 써 보냈다. 그러나 현수엽은 이미 한국에 없었다.

센터장실 의자에 몸을 파묻고 눈을 감았다. 지난 춘계 외과 학술대회에서 만난 외과학교실 서광욱 주임교수의 말이 허공에서 울렸다.

— 잘해야지, 더 잘해야지.

그때 식사 자리에서 서광욱은 내 감사 인사와 술잔을 받고는 말했다.

— 잘해야지, 더 잘해야지. 나도 그래. 아주대학교 의과대학은 내 청춘을 바친 곳인데 나도 이제 9년밖에는 안 남았어. 20년 후에 내 손자가 '할아버지, 저런 학교 병원에서 있었단 말이에요?' 그러면 어떻게 해? 어떤 어려움이 있어도 버티는 거야. 절대로 밀리면 안 돼.

서광욱은 외과부장에 취임하고 나서 외상외과를 배려해주려고 애썼다. 전공의들이 부족해서 모든 임상과들이 허덕이는 상황에서도 보건복지부가 정한 수련 규정에 따라 전공의를 배정하려고 했다. 적어도 그는 규정과 원칙을 준수하려는 사람이었다. 나는 그것이 진심으로 고마웠다.

잘해야 한다, 더 잘해야 한다, 버텨라……. 서광욱의 말은 내게 하는 말이자 스스로에게 하는 말 같았다. 그러나 모든 것이 끝으로 치닫고 있었다. 헐겁게나마 쌓아오던 모든 것이 허망하게 붕괴되는 한복판에서 나는 한 발짝도 떼지 못했다. 침몰하는 배 위가 내 자리였다.

희미한 빛

용인 산비탈에서 차가 굴러 계곡에 처박혔다. 출장을 가던 청년 넷이 박살난 차에서 튕겨 나오고 으스러진 차체에 끼어 몸이 터져버렸다. 경기 소방특수대응단이 보유한 항공 전력 전부가 동원됐다. 나와 허요, 전은혜가 황병훈, 박상수 기장이 조종하는 AW-139에 올라탔고, AS365와 Ka-32는 소방대원들만 데리고 곧장 현장으로 날아갔다. 먼저 도착한 소방대원들이 찌그러지고 휘어져버린 차체를 절단하고 있다는 현장 소식이 다급하게 전해졌다.

　우리가 사고 현장에 도착했을 때 환자들은 찢기고 터진 핏덩어리였다. 차례로 기관삽관을 해서 세 대의 헬리콥터에 나눠 태워 보냈다. 병원에서 기다리고 있는 팀원들에게 전화를 했으나 헬리콥터의 기동음에 묻혀 말이 제대로 전해지지 않았다. 이륙과 동시에 전화는 끊겼다. 캐빈 안에서 환자들은 시시각각 죽음에 다가섰다. 헬리콥터들은 그 속도를 앞질러 병원으로 가려 애썼다. 마지막 환자를 데리고 병원에 돌아왔을 때, 첫 번째로 도착한 환자는 이미 수술방에 올려진 후였다. 나는 허요에게 나머지 환자들을 부탁하고 수술방으로 진입했다. 5월에 전역해 돌아온 권준식이 이미 수술을 시작하고 있었다. 나는 권준식을 돕기 위해 제1조수 자리에 섰다.

권준식은 정중절개(long midline incision)로 복벽을 열어놓고 환자의 왼쪽으로 수직확장(vertical extension)을 하는 중이었다. 켄트(Kent Retractor)를 절개 부위에 걸고 도르래를 감아올렸다. 아드득거리는 소리와 함께 환부에 건 줄이 팽팽하게 당겨졌다. 넓어진 절개창에서 핏물이 솟구쳤다. 나는 권준식 앞으로 다가서서 말했다.

— 간을 들어 올려봐. 들어 올려서 피가 뿜어져 나오는 곳부터 먼저 잡아.

간에서 올라오는 출혈만 막을 수 있다면 나머지 부위에서 올라오는 출혈은 지혈용 겸자와 결찰에 어떻게든 잡혀 진정될 것이고, 환자는 일단 산 채로 수술방에서 나갈 수 있을 것이다. 그러나 환자의 상태가 좋지 않았다. 마취과 이인경 교수의 다급한 목소리가 모니터의 알람 사이를 비집고 들려왔다. 마취과 간호사들이 혈액백들을 들고 뛰어 올라왔다. 성분적혈구와 혈장액이 순차적으로

RIS 장비에 꽂혔다. 프링글 술식으로 간으로 유입되는 70퍼센트 이상의 혈액을 차단했는데도 출혈은 멈추지 않았다. 이인경이 필사적으로 RIS를 조작해 고속 수혈로 따라붙어도 모니터에 보이는 수치들은 죽음의 경계선상에서 벗어나지 못했다. 복강 내 전체와 후복막강에서도 핏물이 넘실거렸다. 간의 우엽*에도 출혈이 일었다. 뿜어져 나와 소용돌이치는 핏물이 부서진 간 우엽을 덮고 켄트 블레이드(blade)위로 차올랐다. 출혈부위가 넓고 출혈량이 너무 많았다. 우리가 가진 지혈제의 숫자로는 감당이 되지 않았다. 간신히 붙여둔 지혈제들은 솟구치는 핏물 사이로 추풍낙엽처럼 떨어져나갔다. 파열된 간 뒤쪽으로 간정맥은 복부대정맥과 합쳐지며 갑자기 넓어졌다. 거기에서부터 더욱 커진 간정맥 파열을 완벽하게 수습해갈 수는 없을 것이다. 파고 들어가야 할 자리는 넓고 깊었으나, 파고든 후 수습해서 살려 나올 여지가 거의 없었다. 너덜너덜해진 복부하대정맥과 상대정맥이 수술 절개창 속 시야 안으로 들어왔다. 권준식과 나는 빠르게 봉합해나갔다. 웬만한 것은 무시해 가면서 측면봉합재건술(side wall repair)을 시도했다.

    뿜어져 나오던 출혈의 기세가 죽기 시작했다. 양쪽으로 파열된 혈관들을 결찰하며 주춤하던 출혈이 부서진 조직 가운데로 다시 몰렸지만 출혈 강도는 낮아졌다. 그럼에도 부서진 간 실질에서 피

---

*   간은 크게 두 개로 구분하면 우엽과 좌엽으로 나뉜다.

가 계속 스며 나왔다. 이미 훨씬 전부터 환자 본인의 피는 한 방울도 남아 있지 않을 것이었다. 이인경이 쏟아 넣는 타인의 혈액과 수액으로 환자는 간신히 이승에 붙어 있었다. 이인경과 마취과 전공의들이 수술대 위쪽 기둥에 스크린을 친 채로 이쪽을 주시했다. 프링글을 계속 걸어놓을 수는 없다. 이미 시간은 20여 분을 넘어가고 있었다. 이제는 풀어봐야 할 시간이었다. 수술방에 정적이 흘렀다. 생사를 가르는 격랑을 목전에 두고 있었다. 이제 밀어붙여야 했다.

― 어디서 터져 나오는지 다시 한번 보자.

나는 차오르는 숨을 억누르며 내뱉듯이 말했다. 밀리면 끝이다. 내가 프링글을 풀자 권준식이 외쳤다.

― 프링글 오프(Pringle off).

권준식의 낮은 목소리 뒤로 수술방 간호사의 목소리가 청명하고 길게 울렸다.

― 프링글 오프합니다!

S4(segment 4)*에서 다시 핏물이 뿜어지듯이 솟았고 조직들이 산산이 터져 올라왔다.

― 아!

이인경이 날카롭게 비명을 질렀다. 혈압이 점점 떨어졌다. 핏물

---

* 간은 간정맥을 기준으로 네 개의 분절(section)로 나뉘며, 다시 간문맥을 기준으로 상하로 나눠 총 여덟 개 구역(segment)로 나눈다. 이 중 S4는 간 좌엽의 내측 부분이다.

이 무더기로 터져 나왔다. 이인경이 RIS를 조작하고 있는 마취과 전공의들을 재촉했다.

— 더 빨리!

수술방 안의 모두가 분주하게 움직이며 서로를 도왔다. 죽음으로 가득 찬 칠흑 같은 장막 속이었다. 그 안에서 몇 안 되는 사람들이 한줄기 여린 빛을 향해 버티며 나아가고 있었다.

처박히는 핏물

건설 현장과 공장, 농장 같은 값싼 인력이 필요한 험한 노동 현장은 많았고, 돈이 필요한 외국인 노동자들은 그 밑바닥으로 밀려들어 왔다. 대개 내게 오는 환자들은 그런 노동 현장에서 다친 이들이었으므로, 내가 담당하는 외국인 환자의 비율도 자연히 늘었다. 내 환자들이 대개 그러하듯 그들도 돈이 없어 병원비를 감당하지 못했다. 그중 동남아시아에서 온 한 환자는 내게 2억 원이 넘는 치명적인 적자를 안기고 말없이 사라졌다. 그런 일은 너무 잦았으므로 새로울 것은 없었다.

밤 12시에 본원 응급실에 실려 온 환자는 중국동포였다. 공사장에서 일하는 인부였고 철근에 항문 바로 옆이 뚫렸다고 했다. 응급실 연락을 받고 외상센터 건물을 나와 본관 응급의료센터에 닿았을 때, 환자의 거친 고성이 응급실 천정을 뚫고 나갔다.

― 그냥 꿰매라니까 웬 놈의 사람들이 이렇게 와서 봐대!

한국말이었으나 전형적인 중국동포의 억양이었다. 나는 커튼을 열고 들어갔다. 외상외과 임상강사 최동환이 환자와 다른 사내 사이에서 쩔쩔매고 있었다. 그 곁에 선 사내는 모자를 삐딱하게 쓰고 환자와 비슷한 억양으로 떠들어댔다. 환자는 환부를 드러낸 채 엎어져 있다가 상반신을 틀어 나를 노려보았다. 눈 속에 적대감이 가득했다. 나는 피곤해졌으나 그 눈빛을 모르는 척 넘겼다. 철근은 환자의 항문 옆을 7시 방향으로 뚫고 들어갔고, 그것이 찢어놓은 상처 안에서 피가 스며 나왔다.

항문 근처에 관통손상을 입은 경우에는 세심한 주의가 필요하다. 뚫고 들어간 물체에 의해 직장(rectum)까지 미세하게라도 천공이 생겼다면, 외부만 봉합하는 것은 의미가 없으며 극도로 위험하다. 내진으로 관통 방향을 대충이라도 확인하고, CT촬영 같은 영상의학적 검사와 장 내시경 등을 통해 정확한 손상 정도를 알아야 한다. 최악의 경우에는 인공항문 수술(ileostomy)을 해야 할지도 모른다. 만의 하나 환자의 말대로 항문 바로 옆 상처를 밖에서만 꿰매놓으면 상태가 순식간에 악화되어 패혈증으로 죽을 수도 있다.

이때의 패혈증은 쉽게 말해 '똥독이 올라 죽는' 경우다. 터진 내장으로 세균 가득한 똥물이 스며 나와 조직과 조직 사이를 파고들고, 그렇게 퍼져나간 세균들은 핏물을 양분 삼아 빠르게 전신으로 퍼져 환자를 죽인다. 그러므로 외관상 상처가 작아 보여도 치명적인 패혈증으로 죽거나, 살더라도 환부로 배설물이 평생 스며 나오게 될 수 있어 고도의 주의를 요한다. 의과대학 학생들에게 많이 내는 시험 문제일 만큼 기본적인 치료 원칙이다.

직접 내진하려고 환자에게 다가갔을 때, 환자가 내 손을 뿌리치며 일어났다.

— 관둬. 다 관둬! 내가 그냥 딴 데 가고 말지. 이까짓 거 가지고 뭐한다고 이놈저놈 와서 들여다보기만 하고.

환자는 완강했다. 나는 그를 말려 진료를 받게 하려고 애썼다.

— 환자분, 이러시면 안 됩니다. 이건 심각한 문제입니다. 밤을 새더라도 여러 검사를 더 받으셔야 합니다. 어떤 형태로든 반드시 수술을 받아야 하니 환자분의 협조가 꼭 필요합니다.

환자는 말을 듣지 않았다. 욕지거리를 계속 쏟아내면서 제 손으로 왼팔에 꽂힌 수액 바늘을 뽑아냈다. 노동으로 단련된 강한 팔뚝에서 생각보다 많은 피가 흘러내렸다. 팔뚝을 타고 흐른 검붉은 피가 병원 바닥에 큰 핏방울로 떨어졌다. 지름 2센티미터에 가까운 둥근 핏자국이 선명하게 바닥에 박혔다. 환자의 팔에서 떨어지는 핏물의 속도는 느리지도 빠르지도 않았다. 소란 속에서 나는 그것을 물끄러미 보았다. 내 혼란스러운 인생이 일정한 간격으로 떨어지는 핏물과 함께 병원 바닥에 처박히는 것 같았다. 옆에서는 임상실습생들이 환자를 말리려고 계속 애쓰고 있었다. 나는 학생들을 막았다.

— 그냥 놔둬.

환자는 손으로 주삿바늘이 뽑힌 자리가 아니라 그 위쪽 근위부를 눌러 피가 계속 흘러내렸다. 내가 통상적으로 수술하는 환자들은 내게 상말을 쏟아내는 이 환자가 흘리는 피의 5,000배 이상을 쏟아내는 사람들이고, 그들도 대다수는 수술을 받고 살아난다. 나는 환자 팔에서 흐르는 붉은 피를 보며 생각했다.

그래 뭐, 죽을 일도 아닌데 성질대로 주삿바늘 좀 뽑았다고…….

실습생이 환자에게 거즈를 대주는 광경을 보았다. 나는 보호자로 보이는 사내를 컴퓨터 앞으로 끌고 와 설명했다.

— 환자분이 수술을 안 받으면 생명이 위험할 수도 있고, 변이 경피누공을 따라서 새어 나오는 장애를 얻을 수도 있습니다. 무엇보다 힘든 검사와 수술이 기다리고 있는데, 꼭 좀 설득해주시기 바랍니다.

사내의 반응은 머리 위 모자를 타고 내려오듯 삐딱했다. 병원에 온 지 4시간이 지났는데 의사들이 와서 보기만 할 뿐 CT 한 번 찍었다며 통명스럽게 말했다. 응급의학과 최민정 교수는 환자가 도착해서부터 계속 이 지경이었다고, 설득해서 CT를 찍는 데만도 이만큼 시간이 걸렸다며 고개를 저었다. 서울삼성병원에서 오래 일하다 온 최민정이 경기도 남부권역의 외국인 노동자들이 드러내는 거친 태도를 이해하기는 힘들 것이다. 괜스레 최민정에게 미안해졌다. 환자는 스스로 옷까지 갈아입고 일어났고, 보호자라는 친구는 내 말을 끝까지 듣지 않은 채 몸을 돌려 환자를 따라 나갔다. 병원의 누구도 두 사람을 말리지 못했다. 내가 보호자인 친구의 팔을 잡았을 때 그는 귀찮은 눈빛으로 돌아보았다. 팔을 붙잡은 채로 나는 천천히, 그리고 확실하게 말했다.

— 우리 병원이 아니어도 좋으니까 다른 병원에 데려가서라도 반드시 치료를 받으셔야 합니다. 치료받지 않으면 위험할 수 있습니다.

그는 대답하지 않았다. 두 사람은 빠른 걸음으로 응급실 밖으로 사라졌다. 빠져나간 환자가 원무팀에 수납이나 하고 가는지 물을 기력도 없었다. 새벽녘에 센터장실로 돌아와 지친 몸을 눕혔다.

다음 날 그 중국동포 환자는 다시 병원 응급실로 실려 왔다. 응급실로부터 연락을 받았으나 그를 보고 싶지 않았다. 다시 온 환자를 치료하지 않고 보낼 수는 없어서 권준식에게 부탁했다. 그 환자에게 왜 다른 병원에서 치료받지 않고 이곳으로 돌아왔는지 묻지 않았다. 그런 일 말고도 해결해야 할 문제들은 많았다.

그나마 지급되던 부서 운영비가 2016년이 되자 격감했다. 사무실 생수 값을 댈 수 없어 생수 배달을 중지하고 정수기로 전환했다. 행정팀장 전용범이 병원 경영층을 상대로 계속 자투리 예산 지원을 신청해서 부족한 운영비를 메워나갔다. 한 보직교수가 외상센터 발전기금에 대해 병원 발전기금 사무국에 따졌다는 이야기를 전해 들었다. 왜 '외상센터 발전기금'이라고 항목을 달아놓아 기부된 돈이 의료원 발전기금으로 들어오지 않도록 했는지 불만인 모양이었다. 내 환자들 중 그나마 사정이 나은 사람들이 때로는 너무 많이, 때로는 소액을 기부했고, 병원의 교수들과 직원들 또한 약정을 하고 기부를 했다. 나는 만류했다. 그 마음은 고마웠으나 외상센터 운영과 지원에 대한 문제는 개인들이 책임지거나 환자들의 성의로 유지되어야 할 것이 아니다. 나는 외상센터 후원을 문의하는 사람들에게 그럴 필요가 없다고 말했다.

경기 소방항공대의 박명섭 기장이 대학원 진학을 상의해왔다. 본교의 공공정책 대학원을 알아봐주었다. 민수환 기장은 파일럿들을 위한 항공의학 교육 과정을 만들고자 직접 자료를 들고 나를 찾아왔다. 다들 열심히 공부하고자 하는 모습이 보기 좋았다.

남겨진 파편

일부 정치인들이 특별히 생각하는 노동자들 대부분이 몸을 써서 먹고살았고, 몸으로 먹고사는 노동자들은 일하다 사고로 으스러져 죽어가곤 했다. 이런 이들에게 선별적 의료 혜택을 주려면 중증외상 분야를 보완해야만 했다. 그러나 말로 먹고사는 이들은 몸으로 먹고사는 이들의 삶을 깊이 알지 못한다. 아무것도 모르는 이들끼리 말의 잔치만 벌이며 '노동자들을 위한 정책'을 논했으므로, 그들이 만들어내는 정책은 실제 노동자들에게 가닿지 않았다. 부서지고 찢겨져 죽어나가는 노동자들을 눈앞에서 보는 나는 그렇게 느꼈다.

    기본적으로 국가의 정책이란 것 자체가 숨을 길게 쉬지 못한다. 5년짜리 단임제 대통령과 각종 선거로 자리를 꿰차는 수년짜리 정치인들, 1년이 멀다 하고 자리가 바뀌는 정부 관료들의 숨은 좀처럼 긴 호흡을 가지지 못했다. 정책을 움직일 만한 모든 이들은 입장과 상황에 따라 말을 달리했다. 어제는 가능하던 것이 오늘은 불가능했고, 오늘 불가능한 것이 내일은 가능해질 수 있었다. 한양대학교 경제학부 하준경 교수는 '여러 제도적 측면과 사회적 자본 활용 측면에서 보면 우리나라는 아직 선진국이 될 수 없다' '경제 주체 간 신뢰를 쌓아 시스템으로 움직여야 하는데, 당장 눈앞에 보이는 이익을 추구하는 방향으로 의사결정이 이뤄지고 있다'라고 했다.* 한국이 경제적으로는 꾸준히 성장했지만 진정한 선진국으로 평가받지는 못하고 있는 게 현실이라는 말이었다.

정책의 방향을 제시하는 것은 정치인이어도 그 정책의 근간은 주무관과 사무관들에게 있다. 대부분의 기안과 정책 기조 작업들은 주무관의 사전 작업에서 시작해 사무관의 손끝에서 정리되어 생명력을 얻는다. 그것은 다시 상부로 올라가 과장과 국장의 결재를 거치면서 다듬어지고, 장관과 대통령의 최종 결재를 기다려야 한다. 이 과정 속에서 자기 부처의 한구석에 처박혀 일하는 주무관과 사무관들이 모든 정책의 큰 그림을 다 들여다볼 수는 없다. 이들 앞에 쏟아지는 방대한 업무량은 경주마의 눈가리개와 같아서,

---

* 정진우·정혜윤 기자, 〈머니투데이〉, 2016년 6월 28일자.

얇은 가림막 하나로 구분됐을 뿐인 다른 과 사무관과의 교감은 고사하고 앞만 보고 달려가는 것만으로도 벅차다. 그렇게 해야만 업무들을 구멍 내지 않고 간신히 따라갈 수 있을 듯했다. 정책의 일관성과 방향성을 조율하겠다는 정부의 각종 구호들은 정부 청사 내에서 단순한 파티션 하나를 넘지 못한다. 그러니 같은 부처, 같은 국에 소속되었다고 한들 막과 막 사이에서 만들어지는 정책들은 저마다 다른 방향을 가질 수밖에 없다. 하물며 서로 다른 지역과 도시, 건물에서 일하는 정책 부서들과 세밀한 정책들을 조율해 나간다는 것은 비현실적인 소리로 들렸다. 그러나 현재 우리 사회를 구성하는 대부분의 행정조직들의 실체가 이러하고, 조직의 규모가 커질수록 이런 현상은 더 심해지기 마련이다.

나는 보건복지부 전체에 사무관이 얼마나 될지를 생각했다. 어림짐작해보아도 그렇게 많은 수는 아닐 것 같았다. 그 인원으로 국가 전체 보건의료뿐 아니라 복지 체계에 이르는 일들을 물 샐 틈 없이 관리한다는 것 자체가 애당초 불가능에 가까워 보였다. 그렇게 할 수 있는 예산도 없을뿐더러, 전 세계 어느 나라의 어떤 정부도 할 수 없는 일이다. 정부는 조직을 비대하게 불려 모든 것을 다 살피려 하지만, 조직 특성상 '선택'과 '집중'은 피할 수 없다. 피라미드의 밑면을 넓혀 아무리 거대한 조직을 만들어놓아도 어차피 조직 전체의 주요 업무 추진 방향은 위에서부터 내려오게 되어 있다. 결국 업무의 실행은 꼭대기에 위치한 몇 개의 명령 체계에서 내려오는 지시를 빈틈없이 진행하는 문제로 수렴된다. 애초에 조직의 전체 크기와 정책의 광범위성 사이에는 상관관계가 거의 성립하지 않는다.

고교 동창 이정엽과 공공의료과 손영래 과장은 그같이 비대화한 행정조직을 '공룡'이라고 보았다. 빙하기를 맞아 무기력하게 죽지 않으려면, 큰 조직은 '기술력'과 '민첩성'을 갖춘, 정예화된 기동부대 같은 소규모 조직의 연합체로서 구성되어야 한다는 것이 두 사람의 공통된 생각이었다. 사람들은 정부가 '크고도 민첩하며 매우 체계적으로' 잘 움직여나가기를 바라지만 큰 정부가 모든 문제를 다 해결해줄 거라는 믿음은 환상에 가깝다. 수많은 경제 위기를 안고 가는 국가들이 그것을 방증해왔다.

결국 정책이나 국가 사업은 같은 방향을 보며 의지를 가지고 집요하게 좇는 이들에 기대어 살아남는다. 살아남는다고 해도 무수히 뜯기고 휘둘려 종국에는 유명무실해지는 일도 비일비재했다. 보건복지부 내에서 중증외상센터 설립 사업에 힘을 쏟던 손영래와 응급의료과의 현수엽, 공인식도 떠났다. 나만 홀로 덩그러니 남았다. 국가적으로 중증외상 의료 시스템을 만들어보고자 발버둥 쳤던 의료인 출신 관료들은 사라졌고, 중증외상센터 사업은 통상적인 정부 사업 중 하나가 되었다. 사방에서 밀려오는 물살에 부서진 조각들이 발끝에 채는 광경에 나는 무참해졌다.

아집

남쪽 지방에서 해병대원 한 명이 장갑차에 치여 인근 대학 병원으로 이송됐다. 그 병원은 연휴가 지나야 수술할 수 있다고 했으나 해병의 상태는 몹시 나빴고 해군 의무처는 기다릴 수 없었다. 저녁 9시가 넘어 담당 해군 군의관이 지원 요청을 해왔을 때 나는 병상에 누워 있었다. 움직이지 못하는 나 대신 정경원이 송미경을 데리고 출동에 나섰다. 두 사람은 200여 킬로미터의 밤하늘을 날아 해병이 누워 있는 병원 근처에 가닿았다. 병원 부지 내에는 헬기장이 없어 길바닥에 헬리콥터를 주기시키고 앰뷸런스를 기다렸다. 이세형 비행대장과 정경원은 헬리콥터의 시동을 끄지 못한 채 1시간 가까이 기다렸으나 병원에서 환자를 보내주지 않았다. 밤 12시를 넘어서는 시점에 관할 지역도 아닌 다른 동네에 헬리콥터를 주기 시킨 채 대기하는 이세형의 속은 타들어갔을 것이다. 정경원은 전화기에서 손을 떼지 못했다고 했다. 해군 군의관들이 나서서 상황을 정리했고, 정경원이 환자를 헬리콥터에 싣고 돌아온 것은 새벽 2시가 넘어서였다.

환자는 설 연휴 이후까지 수술을 미룰 수 있는 상황이 아니었다. 중안면부 르포르 3급 골절(midface Le Fort type Ⅲ fracture)에 두개골 기저 골절(basal skull fracture)까지 의심되는 상황이었고, 빨리 기관삽관술을 통해 기관절개 수술을 통해 기도를 확보하고 골절 부위에 대한 기본 고정 수술을 해주어야 했다. 다행히 환자는 곧바로 수술을 받고 살았으나, 며칠 뒤부터(몇 년 후까지도) 그 대학 병원의 응급실에서 쏟아내는 말들이 계속 들려왔다. 내가 그 병원 응급실에 난입해 그들이 받은 환자를, 그곳 의료진과 상의 한마디 없이 빼내갔다는 비난이었다. 보호자들을 겁박했다고도 했다. 해당 병원의 의료진이나 보호자들과 접촉한 것은 해군일 것이고, 정경원을 비롯한 우리 항공팀은 헬리콥터를 떠나지 않았으며, 무엇보다 나는 병상에 누워 있었다. 그런데도 내 험담만 파다하게 퍼져나가고 있었다. 응급의학과 민영기 교수는 그 병원 응급실이 기본 치료조차 하지 않았으면서 내 이름만 씹어댄다고 분통을 터뜨렸다.

원거리든 근거리든 다른 대학 병원에서 지원 요청을 받아 환자를 데리고 오는 과정은 늘 힘겨웠다. 환자가 죽어가니 와달라는 요청을 받으면 우리는 늘 비행해서 날아갔고, 환자를 받아 와서 수술했으나, 그러고 나면 늘 수많은 뒷말이 남았다. 아주대학교병원과 지척에 있는 대학 병원들도 필요하면 전원 요청을 보내면서도 우리가 헬리콥터를 이용해서 환자를 이송하는 것에 불만이 많았다. 나는 그것을 알면서도 날아갔다. 심각한 상태의 환자들에게 이송시간 단축과 이송 중 처치는 중요했다. 헬기장이 없으므로 때로는 길바닥에, 때로는 인근 관공서 구청 잔디밭이나 주차장에, 군부대 안 헬기장에 헬리콥터를 계류해두고 하염없이 환자를 기다렸다. 출동 요청을 받을 때 해당 병원과 시간 약속을 해두지만 환자는 10여 분 거리의 약속 장소로 제시간에 오지 않곤 했다.

환자가 언제 올지 몰라 헬리콥터 시동을 끄지 못했다. 근거리 비행을 고려해 연료는 많이 넣어 오지 않았고 로터는 계속 돌아가며 기름을 먹어댔다. 파일럿들은 환자가 언제 오는지를 반복해 물었다. 헬리콥터가 대기 상태로 있으면 다른 곳에 사고가 발생해도 출동하지 못한다. 파일럿들의 얼마 되지 않는 휴식 시간은 줄어들고, 자칫하면 쉼 없이 다음 출동을 나가야 할 수도 있었다. 그럴 때마다 나는 좌불안석이 되어 얼굴을 들지 못했다. 지근한 대학 병원이 혈압이 60밖에 안 되는 환자를 인턴의 손에 실어 약속시간을 40분 이상이나 넘겨 길바닥으로 내보냈을 때, 나는 그 병원과는 더 이상 환자 항공 이송을 하지 않기로 했다.

지척의 또 다른 대학 병원도 계속 엇나갔다. 그곳 응급의학과

장은 환자 항공 이송을 원하지 않는 것뿐만 아니라, 우리에 대한 비난을 멈추지 않았다. 경기도 보건과에서 주재한 공식 회의 자리에서 경기남부권역외상센터에서 하는 환자 항공 이송은 코미디이자 쇼라고 했다. 나는 그 병원에서 우리 외상센터로 보낸 환자들의 명단과 진단명이 적힌 리스트를 그에게 내밀었다. 서류상의 환자들은 대개 ISS(Injury Severity Score, 손상 중증도 점수) 점수가 높은 중증외상 환자들이었다. 서류를 받아든 그의 눈이 종이 위의 이름과 수치들을 훑고 지나갔다. 잠시 후 그는 고개를 들고 부릅 뜬 눈으로 나를 보았다. 서류를 움켜쥐고는 종이 위에 선명하게 찍힌 진단명과 점수는 모르는 척했고, 다시 검증해야 한다며 악을 쓰듯 소리쳤다. 나는 그의 반응에 무감했다. 애초에 종잇장 하나에 그가 물러서리라 기대하지 않았다. 부끄러움을 아는 이가 드문 판이었다. 모든 것이 지겨웠다. 환자 항공 이송이 중단되면 환자들만 죽어나갈 것이다. 회의를 마친 후 교수들을 소집했다. 나는 그 병원에서 주장하는 대로 그쪽으로는 비행하지 말라고 공지했다.

그날 이후 혈압이 낮아 위독한 환자들이 그 병원에서 앰뷸런스로 실려 오다 사망하곤 했다. 나는 숨을 잃고 싸늘하게 식어서 오는 환자들을 보며 눈 하나 깜짝하지 않았다. 이미 죽음은 익숙한 것이고, 그 죽음은 내게서 비롯되지 않았다. 그 죽음을 삶으로 치환할 단초를 밀어낸 것은 내가 아니었다. 나는 온기를 잃어가는 시신 앞에서 그보다 더 차갑게 식어가고 있었다.

다시 그 병원에서 극도로 위중한 환자의 전원 요청이 왔을 때 내 결정에 반발한 것은 우리 스태프들이었다. 욕을 먹어도 출동해야 한다고 교수 몇이 나섰다. 대개 회의석상에서 비열한 말들을 듣는 것은 나와 김지영, 김태연이다. 나는 그 자리에서 들은 것을 팀원들에게는 구체적으로 전하지 않았으므로, 그들은 내 결정을 다 이해하기는 어려웠을 것이다. 외과 임상강사 최동환이 나서서 출동에 착수할 때, 나는 그를 막아섰다.

― 내가 특별히 지시하기 전까지는 가지 말라고 했잖아!
― 환자가 진짜 좋지 않습니다. 얼마 전에도 죽어서 왔습니다.

최동환의 목소리가 다급했다. 그 마음을 알았으나 내게 번복의 여지는 없었다.

― 그건 네가 관여할 바가 아니야. 그 병원의 문제지. 너는 오는 환자나 잘 보면 돼.

최동환의 얼굴에서 핏기가 사라졌다. 나는 다시 그에게 강조했다.

― 정부, 병원, 그 병원 응급실의 누구도 우리보고 헬리콥터 타라고 한 적 없어. 네가 뭐 해서 월급받는지 알아?

곧바로 문종환과 권준식, 허요를 비롯한 스태프들을 사무실 옆 복도로 불러 모았다. 모인 얼굴들은 하나같이 피로에 절었고 침통했다. 나는 그들에게 속에 있던 말들을 쏟아부었다.

― 다음에 너희가 센터장 되면 하고 싶은 대로 해. 센터장이 되

면 온갖 회의 자리에 들어갈 거고 그 더러운 말들을 다 듣게 될 거야. 그걸 듣고도 너희 마음에 선한 의지가 남아 있으면 그렇게 하라고. 나는 우리가 하는 일을 쓰레기 취급하는 소리 듣고 사는 게 지겨워. 나 혼자 지겨우면 그만이지만 그 말들은 당신들 모두를 무시하는 거야. 그걸 몰라서 그래?

다들 고개 숙인 채 말이 없었다. 나는 이미 토해낸 말들이어서 멈추지 않았다.

— 밖에서 들리는 말은 내 선에서 끝내. 마음 상해하지 말고, 일하는 데 위축되지 말라고. 하지 말라는 데는 다 이유가 있는 거야. 다들 죽을 만큼 힘든 걸 뻔히 아는데 사기 떨어지고 이 일 하기 싫어질까 봐, 이탈할 것 같아서 웬만해서는 이런 이야기는 안 했어. 그런데도 내가 이렇게까지 말을 하는 건 그만큼 심각하다는 말이야. 내가 하는 이야기는 100가지 중 한 가지일 뿐이야. 그 한 가지는 나조차도 감당이 안 돼서 하는 거고. 나만 쓰레기 취급당하는 게 아니야. 여러분 명예와도 관련된 거라서 나는 이렇게까지 숙이고 들어가면서 이 짓을 더 하고 싶지 않아.

복도에 정적만 흘렀다. 모두 말이 없었다. 나는 그대로 몸을 돌려 센터장실로 들어와 문을 닫았다. 좁은 방 안에 우두커니 있었다. 지겹다는 말조차 지겨웠다. 이리저리 뒤채며 나뒹구는 인생은 나 하나로 족했다. 바깥의 스태프들까지 그렇게 살 이유가 없다. 잠시 후 흩어지는 발소리가 무겁게 들렸다. 환자가 죽어서 오거나 늦게 도착해 죽어나가면 최동환의 발은 더 무거워질 것이다. 그것을 모르지 않으나 나는 더 생각하지 않으려고 했다.
 그날 헬리콥터는 출동하지 않았다. 환자는 위독한 상태로 앰뷸런스에 실려 왔으나 간신히 죽지 않았다. 환자가 산 것은 다행이었다. 스태프들도 마음의 짐을 덜 것이었다. 그러나 나는 그 모든 것에 무심해져 갔다.

의료와 정치

의과대학 부속병원에서 일어나는 정치 행위는 여의도에서처럼 고차방정식을 동원한 고도의 정치 놀음은 아니다. 그러나 때때로 병원 내에서 공공연하게 벌어지는 정치 행위들이 정치 1번지의 실제 정치보다 훨씬 잔인하다고 느꼈다. 정치와 거리가 먼 나는 가능한 한 조용히 몸을 낮춰 엎드리려 애썼다. 그러나 내가 아무리 물 밑에 잠겨 숨죽이려 해도 사방의 말들이 나를 수면 위로 끌어올렸다. 석해균 선장의 일은 5년이 지나서도 여전히 말의 잔치 속에 있었다. 시간이 흐르면서 당시의 급박했던 사실은 모두 희석되고, 진실이 빠져나간 자리에는 하찮은 말들이 비집고 들어와 앉았다. 2016년이 되어서도 뒷말은 퍼져나갔고, 이제 더는 감당이 되지 않았다.

수년 전, 보건복지부 내에서 논의되던 중증외상센터의 추진 계획이 알려졌을 때, 수많은 사람들이 이 판에 뛰어들었다. 2002년부터 몸담았던 중증외상 관련 학회는 2010년 들어 세부전문의 자격을 양산해냈다. 한국 의료계에서 세부전문의 제도란 기묘한 것이다. 잘 운영하면 학문의 저변을 넓힐 수 있으나, 잘못하면 학문의 본질을 흐리고 학회 구성원들 간에 갈등만 증폭시킬 수 있다. 나는 그 같은 우려를 학회 집행부에 전달했으나 받아들여지지 않았고, 그해 말에 학회 이사직을 그만두었다. 그때 내가 학회에 더는 몸담지 않게 된 것을 김지영과 정경원은 반겼다. 두 사람이 그토록 홀가분하게 생각한 이유는 묻지 않았다.

5년쯤 지난 뒤, 그 학회 운영을 맡았던 사람으로부터 학회 소식을 들었다. 학회 재정이 붕괴됐다고 했다. 그는 재정 붕괴의 근본적인 책임이 '아주대학교 외상외과 의료진'에 있다고 들었다며 진위 여부를 물어왔다. 나는 경악했다. 아덴만 여명 작전 당시 그 학회에서는 우리를 오만에 보내 석 선장을 구하게 함으로써 중증외상에 대한 정부의 관심을 유도하고자 했고, 그것을 위해 보건복지부를 상대로 영수증 처리조차 할 수 없는 로비 차원의 접대가 늘어나 재정이 고갈됐다는 것이다. 나는 황당했으나 그에게 더는 말하지 않았다. 나와 가깝게 지내던 교수들에게 연락해 자초지종을 물었으나 다들 모르쇠로 일관했다.

2011년에 내가 오만에 가게 된 상황을 미리 알고 있던 사람은 없었다. 심지어 내가 학회를 나오고 난 후에 벌어진 일이었다. 급박하게 이루어진 사안이었고 몇몇 관료들의 결정이었으며, 처음부터 우리 팀이 가기로 했던 것도 아니었다. 누구도 일의 진행 상황을 세세히 알지 못했다. 석 선장의 상태는 생각보다 너무 나빴고 내가 스위스 국적 항공기를 동원해 급히 한국으로 이송하며 일이 커졌다. 석 선장은 내 환자였고, 항공 이송은 환자의 생명이 달린 일이었다. 내 업무 영역에 해당되는 일이어서 했을 뿐, 정치적인 계산은 없었다. 그때 내게 정치적인 이해타산을 따질 만한 여력은 티끌만큼도 남아 있지 않았다. 이렇게 악의적인 말들이 5년 가까이 뒤에서 돌며 붙어나 퍼져나가는 경로와 까닭을 모르지는 않았으나 대응하지 않았다.

  2016년 가을, 국정감사 기간이 가까워오자 석 선장과 관련한 각종 악성 소문들이 활자화되어 정치권으로까지 삽시간에 퍼져나갔다. 박철민 보좌관이 그중 몇몇을 내게 전달해주었다. 굴지의 지역 거점 병원의 한 병원장이 근거 없는 말을 공개적으로 글로 적어 퍼뜨렸다. 지난 5년간 지겹게 들어온 말이 장황한 메시지로 여의도에 뿌려졌다. 그 메시지 속에는 '석해균 선장의 손상 중증도 점수(ISS)는 8점에 불과하며 이국종이 쇼를 한 것에 지나지 않는다'라는 표현이 반복적으로 등장했다. 나를 향한 원색적인 비난과 자신의 인맥들, 여야를 막론한 정치권 중진들의 이름이 모두 열거되어 있었다. 그 글은 내게도 전해졌다. 거기에 나열된 누군가의 힘만으로도 우리 외상센터는 한 방에 날아갈 수 있었다. 8점이라는 손상도 점수는 석 선장에게 턱없는 숫자였다. 쇼 따위를 할 계산도, 이유도 내게는 없었다.

나를 정조준하여 국회의원 회관에 온갖 말들을 쏟아낸 그의 문제가 무엇인지 헤아려지지 않았다. 국립 의과대학 출신으로 대형 종합병원의 원장이었고, 의료계에서는 응급의료기금을 바탕으로 이루어지는 대형 국책 과제를 싹쓸이하듯 따내가는 그의 경이적인 능력에 모두가 혀를 내둘렀다. 일찍이 중증외상센터 국책사업까지 받아낸 그에게 부족한 것은 없어 보였다. 그런 이가 시궁창에서 구르며 허덕이는 나를 이토록이나 깎아내리려는 이유를 좀처럼 알 수 없었다. 정경원은 외부 회의에 다녀올 때마다, 국내 여러 곳에서 벌어지고 있는 학회를 다녀올 때마다 이런저런 말들을 들었다. 정경원은 심각하게 말했다.

— 여러 병원 외상센터에서 우리 센터의 운영 시스템이 잘못되어 있다고 한답니다. 이젠 저도 교수님을 닮아간다고 대놓고 얘기합니다.

그 말을 할 때 정경원의 낯도 많이 헤져 보였다.

10여 년 전부터 외상 관련 학회에서 만나 가까이 지내던 어느 의대교수 하나는 술만 먹으면 내게 전화를 걸어 욕설을 퍼부었다. 욕의 정도와 길이는 점점 심해졌다. 나는 욕설의 이유를 알지 못했고 그 대담함이 놀라웠다. 다음 날 맨 정신이 된 그는 술기운에 실수했다며 눙쳤다. 나는 이유를 묻지 않았다. 의사라면 말술을 먹고 정신을 놓아도 다른 의사에게 함부로 욕하지 않는다. 거짓과 비방으로 가득 찬 글을 공개적으로 뿌려대는 짓 또한 하지 않는다. 의료계 바닥은 신문지 한 장 펼쳐놓은 것마냥 좁아서 그 같은 짓을 아무에게나 잘못하면 매장당하기 십상이다. 술기운은 술기운을 발휘할 만할 때, 누울 자리를 보고 발을 뻗기 좋은 상황에서 발휘된다. 그러므로 나는 그의 욕설을 들으며 내 비루한 위치를 생각했다.

나에 대한 뒷말과 욕설은 새롭지 않았다. 대부분이 주류 의과대학 사람들로부터 쏟아져 나왔다. 그들에게 나는 의사가 아니고 동료도 아니며 때로는 사람조차도 아닌 듯했다. 어느 분야든 대한민국 사회는 쏠림 현상이 심하고 국민들이 선호하는 의과대학은 손에 꼽힌다. 이 병원에서도 전공의 시절부터 학교를 낮잡아 보는 교수들의 말을 귀에 못이 박히도록 들었다. 많은 교수들은 이곳에서 밥을 벌어먹고 살면서도 학교와 병원에 대해서 자신의 준거집단으로서의 정체성을 가지지 못했다. 그러다 어떤 이들은 서울의 대형병원에서 이직 제안이 들어오면 쉽게 떠나갔고, 남은 사람들도 조직에 자부심이 있어 버티고 있는 것 같지는 않았다. 있다고 한들 그런 사람이 얼마나 될지 나는 궁금했다. 그런 이들에게 나는 거추장스러운 미친놈일 것이다.

병원 내에 외상센터에 대한 뒷말은 여전히 많았고 여러 임상과에서는 중증외상 환자에 대한 협진 의뢰를 반기지 않았다. 일부는 격렬히 반감을 드러냈고 일부는 절묘하게 중증외상 환자 진료를 방해했다. 10여 년이 지나도록 일관되게 벌어지는 일들이었다. 이제는 고통보다 지겨움이 컸다. 그러나 치유되지 못하고 켜켜이 쌓이기만 한 상처들은 때때로 내장을 뚫고 나오는 것 같았다.

국회의원회관에 나에 대한 활자들이 뿌려진 사실을 알게 된 날 저녁, 외과 동기 윤태일과 직원 식당에서 마주 앉았다. 우리는 묵묵히 밥을 먹었다. 밥알이 마른 입안에서 까슬하게 굴러다녔다. 나는 이런 취급을 받으면서도 목구멍으로 밥을 씹어 삼키고 있는 스스로가 한심스럽고 비굴하게 느껴졌다. 나는 윤태일에게 물었다.

— 내가 말이야, 그래도 선배들이라도 있는 오래된 학교 출신이라도 이렇게 마음대로 밟을까?

윤태일은 한참을 말없이 밥을 삼키고 씁쓸하게 말했다.

— 이렇게까지 까대는 건 쉽지 않겠지.

그러고는 말을 이었다.

-어쩌겠냐? 이 바닥이 다 이런데.

윤태일이 걱정스러운 눈빛으로 물었다.

— 병원에서는 어떻게 안 막아준다냐?

나는 말없이 고개를 저었다. 윤태일은 그런 나를 다잡으며 말했다.

— 국종아, 이런 놈들에게 잘못 걸리면 너 뼈도 못 추린다. 뒤를 봐주는 정·관계 고위층이 많아. 끊임없이 소송 걸 거고 힘 좋은 언론이나 정치권 동원해서 너 아주 쓰레기로 만들 수 있어. 사람 병

신 만드는 거 우습다. 우짜겠냐, 이걸?

윤태일은 깊게 한숨을 내쉬었다. 해결책이 없기로는 나나 윤태일이나 다 마찬가지였다.

— 몸 생각해라.

윤태일이 한숨을 쉬고 자리에서 일어났다. 난 집으로 돌아가는 그를 주차장까지 배웅했다. 차로 걸어가며 윤태일이 내 어깨를 끌어안았다.

— 힘내고 항상 조심해라. 이런 데 잘못 휘말리면 사람만 우스워지고 골로 간다. 우리 나이에 이러다가 어디 터져서 쓰러지는 거야. 너 앞은 잘 보이냐?

사무실로 돌아 들어오는 길에 학회뿐만 아니라 대외 활동과 원내 사람들과의 접촉을 더 줄여야겠다고 생각했다. 적절한 시점에 이 판에서 빠져나가야 더는 추해지지 않을 것이었다.

3월에 새로 합류했던 임상강사와 전담간호사 두 명이 동시에 사직했다. 버스에 치여 많이 으스러진 아홉 살배기 환아를 밤새 수술해서 간신히 살려냈는데, 아버지가 애를 데리고 병원에서 말없이 사라졌다. 2016년 외상센터 개소식은 병원 윗선의 일정으로 여러 번 연기되었다. 임인경 교수는 개소식 일정이 계속 바뀌는 것을 의아해했고 내 몸을 걱정했다.

끝없는 표류

해군항공대 유성훈 전단장이 세상을 떠났다. 교통사고였고 8월 한여름의 일이었다. 평생 바다와 하늘을 누벼온 사람의 생이 땅 위에서 종결되었다. 많은 해군 제독들 중에서도 우리 팀원들을 항공대원으로 여기며 특별히 아꼈고, 해군과 훈련할 때면 늘 몸소 현장을 지휘했다. 그런 사람이 부기장 없이 혼자만의 단독 비행으로 너무 급히 하늘로 돌아갔다. 앞으로 해군항공대는 윤기희 제독이 맡아 이어갈 것이라고 했다. 이기식 해군작전사령관이 장례위원장을 맡은 영결식은 포항공항의 해군항공대 옆 해병1사단 도솔관에서 거행되었다. 폭염이 심하던 2016년 광복절이었다.

식이 끝나고 유성훈 제독의 관이 영결식장을 서서히 빠져나갈 때 양측에 도열한 해군과 해병대 장병들이 경례를 했다. 무거운 분위기 속에서 유족들이 조용히 흐느끼며 관을 뒤따라 빠져나갔다.

유성훈이 생전에 항공지원을 준비하던 UFG 훈련은, 일주일 후 그 없이 개시되었다. 미군의 참가 병력만 25,000명이었고 유엔사에 전력을 제공하는 아홉 개국이 참가하는 훈련의 규모는 컸다. 날씨마저 40도에 육박하는 폭염이 지속되었다. 나는 훈련 내내 유성훈의 공백을 깊이 느꼈다. 해군항공대가 움직이지 않았다. 그해 여름이 내게는 악마와도 같았다.

공사 현장의 인부 한 명이 초대형 트럭에 몸이 깔렸다. 병원에 실려 왔을 때 그는 죽음에 닿아 있었다. 크게 열려버린 골반에서 피는 빠른 속도로 뿜어져 나왔다. 심장은 움직이지 않았다. 나는 트라우마 베이에서 가슴을 열어 환자의 심장을 손으로 마사지하며 수술방으로 올라갔다. 기다리던 마취과 쪽에서 소리를 높였다. 수술방 간호사들 중 이브닝과 나이트 근무자들이 함께 수술방 양쪽으로 들어왔다. 마취과는 치프(chief, 레지던트 4년차)가 야간 당직자로 바뀌었다. 핏물이 휩쓸 듯이 솟았다. 며칠째 잠을 거의 자지 못해 온몸의 뼈마디가 아팠으나 칼을 들고 너덜거리는 환자의 하복부를 더 크게 갈랐다.

— 발포어(Balpour Retractor)*를 물려!

---

* 복부 수술 시 사용하는 견인 기구. 절개창을 벌려서 시야를 확보하게 한다.

마취과 쪽 알람이 짧게 여러 번 울리며 위험을 알렸다. 채윤정 교수가 다급하게 소리쳤다.

— 볼륨(volume)이 전혀 없어요!*

수술은 긴박하게 이어졌다. 골반강 안에 박아놓은 대형 거즈들마저 솟구치는 피에 밀려 위로 흘렀다. 채윤정이 전공의를 몰아가는 다급한 목소리가 들렸다. 마취과 전공의들이 RIS를 사용해서 맹렬한 기세로 피를 밀어 넣었다. 송형근 교수의 정형외과팀이 하지 쪽에 붙어 수술 테이블에 가세했다. 내가 맡은 체간부 쪽이 너무 큰 판을 벌이고 있어 송형근이 이끄는 정형외과 쪽은 공간이 넓지 못했다. 채윤정은 체간부와 하지 양쪽에서 수술할 수 있도록 마취기 위치를 조정했다. 우리는 출혈 부위를 서서히 외곽에서 잡아 오므려가며 달려들었다. 출혈이 잡히기 시작했고, 빠르게 수혈되는 혈액 덕분에 심장이 부풀어 오르며 다시 떨려왔다. 전기 충격이 필요했다.

— 인터널 패들(internal paddle) 주세요!

몇 차례의 심장 전기충격 이후에 환자의 심장이 다시 뛰기 시작했다. 송형근은 환자의 하지를 살려내려고 필사적이었고, 문종환이 붙어 하지로 들어가는 대퇴동맥을 복구해냈다. 나는 방광에서 소변줄을 뽑아내고 인공항문을 만들어 대변이 나오는 위치를

---

* 피가 거의 없다는 의미다.

상복부 쪽으로 조정했다. 환자는 복부와 하지가 열린 채 아이오반 (Ioban)**을 덮고 중환자실로 실려 나갔다.

    수술방은 피바다였다. 바닥에 쏟아진 피가 더 퍼져나가지 못하게 둑처럼 막아둔 시트들이 붉게 물들었고, 환자가 누웠던 자리는 피에 깊이 젖어 흥건했다. 수술대에서는 여전히 피가 흘러 떨어져 내렸다. 핏방울이 바닥에 고인 핏물에 떨어져 닿을 때 작은 핏물결이 나타났다 사라지기를 반복했다. 나는 그 자리에서 물러나 발 받침대에 주저앉았다. 붉은 피바다 한가운데 위치한 수술대가 전쟁 중 해상 위에 뜬 항공모함과 같아 보였다. 그 아래로 수없이 쓰고 버린 일회용 수술기구 포장지들이 돛단배마냥 핏물 위를 떠다녔다. 실바람조차 불지 않는 수술방 안에서도 그것들은 끊임없이 부유했다. 내 인생도 그 피바다 위에서 끝없이 표류하고 있었다.

** 수술 시 절개 부위를 멸균 영역으로 만들어 보호하고, 항균작용으로 수술 후 감염 위험을 줄이는 의료용 테이프.

마지막 인사

경기 소방항공대 이인붕 기장이 해군항공대 시절 블랙호크를 함께 조종했던 김선교 대령과 함께 찾아왔다. 이성호 비행대장이 퇴임한 지 며칠 지나지 않아서였다. 우리 셋 모두 이성호의 퇴임을 안타까워했다. 이인붕은 오랫동안 이성호와 비행해왔고, 김선교는 해군항공대를 떠들썩하게 했던 링스 파일럿 이성호 소령을 기억했다. 그런 김선교 역시 곧 전역을 앞두고 있었다. 은퇴 후에는 강원도 양양으로 갈 것이라고 했다. 나는 홀로 항공대에 남아 비행할 이인붕을 생각했다. 떠나간 이성호의 빈자리가 클 것이다.

이성호는 'OCS(Officer Candidate School, 학사장교)'를 거쳐 해군항공대 장교로 임용 받았고, 가끔 그 시절을 회상하곤 했다. 한국 해군에 링스 헬리콥터가 전력화되기 시작할 때였다. 바다 위에서 낡은 구축함은 늘 파도에 심하게 요동쳤고, 이성호는 작은 비행갑판 위에 수없이 이착륙을 반복하며 작전에 투입됐다고 했다. 그가 처음 중증외상 환자를 헬리콥터로 이송했던 건 목포 3함대에 배속되어 있던 때였다. 폭풍우가 휘몰아치던 밤, 전라도 앞바다 섬마을의 신부(神父)로부터 출동 요청을 받고 날아가 환자를 뭍으로 실어 왔다. 환자는 다행히 살았고, 이성호는 상부에 제출하는 보고서에 기상이 나쁘다는 말은 쓰지 않았다고 했다. 그런 그가 전역 후 경기 소방항공대에 합류했을 때 이세형 비행대장은 크게 기뻐했다.

이성호를 시작으로 해군항공대 출신들이 소방항공대로 합류하기 시작했다. 해군항공대 훈련 교관이던 이인봉이 경기 소방항공대로 왔고, 석희성이 중앙구조단에 지원해 EC-225 조종간을 잡았다. 해군항공대의 엘리트 파일럿들이 소방 항공 전력으로 합류하는 것을 보며 나는 안도했지만 경기 소방항공대의 헬리콥터 상황은 열악했다. 해군항공대에서도 '시호크 아닌 시호크'(해군항공대에서는 비싼 시호크를 도입하는 대신 육군용 블랙호크를 시호크와 비슷하게 도색하여 운용했다)를 몰던 이인봉은 경기 소방항공대에서 세부 옵션이 다 빠진 깡통 버전의 AS365와 러시아제 Ka-32를 몰았다. 어디에서도 '진짜'를 받아보지 못했다. 이성호는 제 탓이 아닌데도 이인봉에게 많이 미안해했다.

이성호와 저녁식사를 했었다. 술이 몇 순배 돌았을 때 취기가 오른 이성호가 말했다.

— 저는 해군으로 누구보다 용감하게 군 생활을 했습니다. 그 이후에는 소방공무원이 돼서 공직자로 부끄러움 없이 살아왔어요. 하지만 제게 무엇보다 중요한 것은……

그는 잠시 숨을 들이키고는 말을 이었다.

— 내가 파일럿이라는 겁니다. 저는 이 일을 관두는 날까지, 중환자가 발생하면 비행 조건이 어려워도 물러서지 않을 겁니다.

이성호의 말은 담담하지만 결연했다. 나는 목이 메어왔다. 이성호의 은퇴 시점이 머지않아 보일 때였다. 향후 대안 없이 이 사람들이 떠나게 되면 모든 것이 자연스럽게 종료될지도 모른다고 생각했다. 몇몇 사람의 희생으로 유지되는 일의 의미를 나는 갈수록 알 수 없었다. 서석권이 얼마 뒤 경기 소방특수대응단을 떠났다. 그것이 2년 전이었다.

성탄절을 목전에 두고 있을 때, 이성호의 은퇴 소식이 여러 경로를 타고 들려왔다. 현실감이 없었다. 그의 부재를 떠올리고 싶지 않았으나 해도 부정할 수는 없는 사실이었다. 나는 그에게 어떻게 인사를 해야 할지 고민했으나, 무엇으로도 그간의 고마움과 이 아쉬움을 온전히 전할 방법은 없을 것 같았다.

오전 회진 중에 김지영의 전화를 받았다. 이성호가 찾아왔다고 했다. 사전 연락도 없이 육로로 온 그가 반가웠으나 무슨 일인지 알 수 없어 걱정스러웠다. 회진을 마치고 서둘러 발걸음을 옮겼다.

반쯤 열린 센터장실 문 안쪽에서 사복 차림의 이성호가 벽에 걸린 사진들을 찬찬히 들여다보고 있었다.

— 기장님!

내 외침에 이성호가 돌아보았다. 내게 작별 인사를 하러 왔다며 웃었다. 얼굴에 띤 미소가 부드러웠다. 그가 이렇게 직접 인사하러 찾아올 줄은 몰랐다. 사복 차림의 이성호를 보고서도 그가 떠난다는 사실을 실감할 수는 없었다. 이성호 본인의 입으로 은퇴 이야기를 듣고 나서야 그것은 명확한 사실로 다가왔다. 속이 아릿하며 명치끝이 아팠다. 이제 이성호와의 비행은 없는 것이다.

차 한 잔을 앞에 두고 이성호와 마주 앉았다. 그는 나를 먼저 걱정했다.

— 건강은 어떠십니까?

— 그냥 매일 할 일 하며 지냅니다. 그나저나 앞으로 어디에서 비행할 예정이세요?

그는 말없이 웃었다. 차 한 모금을 마시고 내놓은 답은 예상 밖이었다.

— 비행은 하지 않을 생각입니다. 이제 다른 인생을 살아보려고요.

오래전부터 준비된 답인 듯 담담하고 흔들림이 없었다. 그가 많이 아파 수술을 받았을 때 반쯤은 예견했던 일이다. 그래도 석 달 만에 현장에 복귀해 조종간에 앉은 그를 보고 나는 안도했고,

그의 비행이 조금은 더 지속되리라 생각했다. 그의 조종술과 환자를 아끼는 마음이 아까웠다. 서운함과 아쉬움이 깊었으나 드러내지 못했다. 이성호는 점심식사도 하지 않고 일어나 내게 악수를 청했다.

— 제가 교수님과 함께했던 비행은 제 파일럿 인생에 참 깊이 남을 역사입니다. 앞으로도 오랫동안 기억하며 살겠습니다.

그의 얼굴은 홀가분해 보였다. 미련 따위는 없어 보였다. 내가 이 판을 떠날 때 그와 같은 얼굴을 할 수 있을까. 가능하지 않을 것 같았다.

이성호를 배웅하러 주차장까지 따라나섰다. 하늘과 바다에서 평생 살아온 사람이 육로로 차를 몰고 떠나는 모습은 낯설었다. 나는 이성호가 헬리콥터 조종간을 잡고 하늘을 날던 모습을 떠올렸다. 수술 후 복귀한 첫날 야간 비행에 나섰던 것도, 그를 보고 반가웠던 마음도 기억했다. 모든 것이 흘러가고 있었다.

며칠 뒤 공로패를 제작해 팀원들 몇과 경기 소방특수대응단을 찾아갔다. 연락 없는 방문이었으나 특수대응단장이 우리를 맞았다. 준비한 작은 케이크에 초를 꽂고 불을 붙인 후 공로패를 전달했다. 인사는 길지 않았다. 모두 구내식당으로 내려가 함께 식사를 했다. 가라앉은 분위기 속에서도 국으로 나온 맵고 칼칼한 순두부는 맛있었다. 이성호는 식사 내내 담담히 말하며 웃었다. 나는 그의 말을 듣고 그가 웃는 것을 보며 밥을 먹었다. 뜨겁고 부드러운 것이 목을 넘어갈 때 왠지 모르게 서글퍼졌다.

이성호가 병원으로 복귀하는 우리를 따라 나왔다. 소방항공대 헬기장을 지날 때, 그곳에는 AW-139와 AS365, Ka-32가 조용히 주기되어 있었다. 그날은 기상이 좋았다. 바람도 세지 않고 하늘이 시리도록 파랬다. 숨을 깊이 들이쉬자 겨울의 찬 공기가 허파에 깊숙이 스몄다. 멀리서 로터 소리가 들려와 이성호와 나는 고개를 들었다. 동체에 선명한 노란 줄이 도색된 블랙호크 한 대가 상공을 스치며 북쪽으로 고속 기동 중이었다. 블랙호크를 응시하던 이성호가 건조하게 말했다.

— 더스트오프네요. 어딜 급하게 가네…….

로터 소리가 멀어질 때쯤 이성호가 나를 돌아보았다. 나는 말없이 이성호를 끌어안았다. 찬 공기가 몸에 배어 단단한 몸에 겨울 냄새가 스며 있었다. 이성호 뒤로 펼쳐진 텅 빈 잿빛 활주로를 보며 갖가지 상념이 머릿속을 떠돌았다. 중증외상 환자 항공 이송 시스템을 이만큼이라도 만들어 끌고 올 수 있었던 것은 같은 방향을 바라보며 함께해온 파일럿들 덕분이고, 이성호는 이세형과 함께 그 중심축이었던 사람이다. 나는 그가 진심으로, 깊이 고마웠다.

그날 밤 병원 본관 옥상의 헬기장에 올랐다. 헬기장은 아직 완공 전이었으나 하늘 위 헬리콥터에서도 볼 수 있는 전광판 시그널은 사용 가능했다. 나는 시그널에 한 문장을 추가해 넣었다.

'우리는 영예로운 이성호 비행대장의 후예이다.'

의료진과 소방대원들의 목숨을 책임지고 환자들의 생명을 건져온 소방항공대 파일럿에게 보내는 마지막 인사였다.

팀원들 사이에서 독감이 돌았다. 전담간호사 몇 명이 입원까지 할 만큼 악화되었고 퇴원해서도 상태가 나빠 병가를 보냈다. 간호부에서는 외상외과 전담간호사들이 목숨을 걸고 비행한다고 해서 특별한 다른 지원을 하지는 않았다. 병원 내부에 내 보직 해임에 대한 소문이 또다시 돌았으나 확인되지 않았다.

무의미한 대안

김지영이 헬기장에 내려앉은 AW-139 동체를 손으로 쓸어내렸다. 시동을 끄지 않은 동체 표면이 진동했다. 그 위에 얹힌 김지영의 손도 떨려왔다. 김지영은 반려견을 만지는 것 같다며 웃었다. 아주대학교 의과대학에 적을 두고 학생들을 가르치고 있는 허 위원은 의과대학 8층의 자기 연구실에서 AW-139를 내려다볼 때, 그것이 어머니처럼 느껴졌다고 했다. AW-139가 제 옆구리를 열어 반은 죽은 환자와 기진맥진한 의료진을 밖으로 내놓으면, 지상에서 대기하던 의료진이 환자와 우리를 받아내는 모습이 어머니가 아이를 제왕절개하여 출산할 때와 비슷하다고 했다. 나는 그 비유가 틀리지 않다고 생각했다. 내게도 경기 소방항공대의 AW-139는 마치 살아 있는 것 같았다.

비행 중 바람의 강도가 심하면 AW-139를 휘몰아 기체의 울부짖음으로 들렸다. 하늘 위 캐빈 안에서 처치하던 환자가 상태가 나쁠 때 AW-139가 조금이라도 더 빨리 병원으로 날아가고자 애쓰는 것도 같았다. 로터가 바람을 깎아내며 만들어내는 소리는 때로 바람을 이겨내며 크게 울렸고, 때로는 많이 지쳐 힘들어하는 것처럼 느껴졌다. 의료진과 환자들은 헬리콥터에 생명을 의지했으므로, 우리에게 이것은 단순한 이동수단이 아니었다.

경기 소방항공대에 AW-139는 한 대였고, AS365와 Ka-32의 상황도 같았다. 출동이 늘수록 헬리콥터의 피로도는 가중됐다. 나는 플로트도 갖추지 못한 낡은 헬리콥터들을 끌고 바다까지 나가야 할 때면 파일럿들에게 깊이 미안했다. 때로는 그런 나를 이세형이 달래곤 했다.

— 교수님 괜찮습니다. 어차피 우리 항공대가 보유 중인 모델들은 다 트윈 엔진(twin engine)이어서 만일의 경우 엔진 하나가 멎어도 바로 추락하지는 않습니다.

나는 이세형의 말에 답하지 않았다. 내가 모르지 않을 것임을 이세형도 알고 있을 것이다. 1970년대 이후 개발되는 대부분의 상용 헬리콥터들은 모두 엔진이 두 개 이상씩 들어가지만 추락하지 않는 것은 아니다. 하늘 위에서 낙하해버린 강원 소방의 AS365도, 충청 소방의 소콜(Sokol)도, 제주 소방의 AW-139도 모두 베테랑 파일럿들이 조종하는 트윈 엔진이 장착된 헬리콥터들이었다.* 경기 소방이 보유한 석 대의 헬리콥터가 책임지고 있는 목숨은 여럿이고 기체 상태는 중요하다. 점검은 절대적으로 중요하고 필수적인 일이다. 환자 이송에는 AW-139가 제일 나았으나 환자 발생 시 언제나 AW-139만 고집할 수는 없었다.

AW-139가 정기 점검에 들어가 AS365가 출동했던 날, 헬기장에 내려앉은 AS365조차 이상을 보였다. 랜딩기어의 유압완충 장치가 망가져 착륙바퀴의 이음 축에서 연두색 완충유가 줄줄 흘렀다. 환자와 의료진을 센터 안으로 들여보낸 최준영 대원이 무릎을 꿇고 바닥에 스며드는 기름을 본인 장갑으로 닦아냈다. 거친 보도블록을 세게 문지를 때마다 북북 소리가 올라왔다. 흰 목장갑이 연둣빛으로 물들었다. 나는 그를 일으켜 세웠다.

— 그러시지 않아도 됩니다. 양이 많으면 제가 닦겠습니다.

날은 추웠고 장갑을 끼지 않아 손이 시려왔다. 이미 최준영의 손끝도 붉었다. 그가 입김을 내뿜으며 말했다.

— 큰일이네요. AW-139가 나오려면 다음 주나 돼야 하는데 얘까지 이러면, 당분간은 Ka-32 한 대로 버텨야겠는데요.

---

* 2011년 3월 19일 충남 소방본부 소속 소콜 헬리콥터가 추락해 정비사 한 명이 사망했으며, 2011년 2월 23일 제주 해경 소속 AW-139가 추락해 탑승자 한 명, 정비사 한 명이 사망했고 조종사 두 명과 정비사 한 명이 실종됐다. 2014년 7월 17일 강원 소방 헬기 AW-139가 추락하여 소속 소방관 다섯 명 전원이 사망했다.

Ka-32라……. 좁은 기체 안에 의료진과 환자를 싣고 나르기에 Ka-32는 힘겨웠다. 그래도 없는 것보다 나았으므로 나는 Ka-32라도 좋다고 말했다. 환자를 트라우마 베이까지 넣어준 이몽영 대원이 환자용 들것을 가지고 달려 나왔다. 최준영과 이몽영을 태운 AS365는 몸을 띄워 소방항공대로 날아갔다. 잔뜩 찌푸린 겨울 하늘을 가르며 돌아가는 작은 기체가 위태롭게 보였다. 나는 광주 시내 한복판에서 추락한 강원 소방의 AS365를 기억했다. 마음이 좋지 않았다. 경기 소방항공대의 헬리콥터들과 탑승하는 대원들도 과부하가 걸려 있었다. 갈수록 내가 해결할 수 있는 일보다 해결할 수 없는 일들이 늘어나기만 했다.

한 지방자치 단체에서 1,800억 원을 들여 대규모의 안전체험 테마파크를 지어냈다. 하루 평균 입장객은 350여 명, 연간 적자 규모는 15여억 원이라고 했다. 1,800억 원이면 중증외상센터 전체 건립 비용을 상회한다. 소방항공대 두세 곳을 창설할 수 있는 금액일 것이다. 세월호와 중증외상에 대한 이슈가 불거진 이래로 안전과 외상을 테마로 수많은 것들이 벌어지고 있으나, 나는 그 핵심 가치를 알 수 없었다.

소방대원

경북 소방의 요청을 받고 데려온 환자는 소방대원이었다. 사흘 전 화재 진압 중에 얻은 개방성 상처*가 급격히 악화되고 있었다. 환자를 데리고 올 때 상공에서 세찬 바람이 AS365 기체를 후려갈겼다. AS365는 심한 바람 속에서 격하게 흔들렸다. 흰 안개가 문경 새재 인근의 산등성이를 빠르게 타고 올랐고, 축축한 바람이 뒤섞인 산곡풍은 몸집이 작은 AS365를 밀어 올렸다가 패대기쳤다. 국토의 70퍼센트 이상이 산악이라는 한반도의 지형과 저공 항로를 택해야만 하는 회전익 기체의 부조화는 장거리 비행 시마다 우리

---

* 찰과상이나 열상 등 피부가 찢기거나 절단되어 출혈이 발생하는 상처.

를 괴롭혔다. 캐빈 안에서 계속 환자를 들여다보며 시술해야 하는 우리는 자주 구토감을 느꼈고, 실제로 가끔은 토하기도 했다.

소방대원은 도착하자마자 수술을 받았다. 다리 끝에서 시작된 괴사성근막염이 하반신을 넘어 상체를 지나 이미 액와부에까지 도달해 있었다. 큰 수술에 출혈이 심했고 수술 후에는 다발성 장기 기능부전을 보이며 사경을 헤맸다. 나이가 마흔도 채 안 되는 환자의 상태는 심하게 흔들려 한치 앞도 내다볼 수 없었다. 신장기능이 마비되어 CRRT를 이용해 몸에서 노폐물을 뽑아내도 폐부종이 여전했다. 기관 내 압력이 너무 높이 올라가 산소 분압이 유지되지 않았다. 간 기능이 마비되어 복수까지 차올라 배가 남산만큼 불렀으며, 황달까지 와서 사람의 형상이 아니었다. 복압이 올라가며 복부 구획증후군까지 올까봐 전전긍긍하는 나를 문종환이 달랬다.

— 조금만 더 기다려보시죠. CRRT로 빼내는 양을 늘려서 부종을 조금 더 낮춰보겠습니다.

나는 문종환에게 부종을 뽑을 때 하루에 뽑아내는 수분량을 너무 빨리 바꾸지 말라고 당부했다. 부종을 빨리 낮추려고 서두르면 환자의 혈압이 견디지 못할 것이다. 몇 달 가까이 사투를 벌이는 동안 환자의 부인이 지극히 남편을 간병했다. 아이들은 친정에 맡겨두었다고 했다. 나는 풍전등화 같은 환자의 목숨에 부인 앞에서 얼굴을 들지 못했다.

소방대원은 천신만고 끝에 극적으로 회생해 깨어났다. 중환자실에서 일반병실로 올라간 후에도 부인은 간병인 없이 환자를 지켰다. 회진을 돌 때 환자 머리맡에 둔 아이들 사진을 보았다. 부인이 가져다두었을 것이다. 사진 속에서 아이들은 아버지와 함께 환하게 웃고 있었다. 아이들이 다시 아버지를 찾아 다행스러웠다. 환자는 회복해 퇴원했고 부인과 함께 외래로 찾아왔을 때 다시 만났다.

나는 돌풍이 불던 날 자청해서 그를 데리고 온 경기 소방항공대원들의 이름을 알려주었다. 환자 본인이 소방대원이므로 그 이름들의 의미가 남다를 것이라 생각했다. 두 사람은 진심으로 고마워했다. 환자가 일선에 복귀한 것은 이미 알고 있었으나 그의 몸 상태가 걱정스러웠다. 출동은 아직 일렀다.

— 아직은 많이 불편하실 텐데 현장 복귀를 어떻게 하셨어요?

내 물음에 환자는 웃으며 말했다.

— 행정 일이라도 하면서 동료들을 도우려고요. 제가 너무 오래 자리를 비워서요.

소방대원으로 현장에서 일해온 그는 실무선의 인력 공백으로 인한 어려움을 잘 알았다. 후방 지원이라도 맡아 하겠다는 그 마음이 안쓰러웠다. 그래도 죽지 않고 살아 웃는 모습을 보니 좋았다.

환자는 다시 공직에 복귀해 사람들을 구하고 세금을 내고, 건강보험료를 납부하며 다른 환자들의 진료비를 보조해주는 입장으로 돌아갔다. 몸이 완쾌되면 다시 현장으로 나가 위험에 처한 누군가를 또 건져 올릴 것이다. 한 목숨이 살아서 여러 목숨이 살 가능성이 늘었다. 그러나 무엇보다 좋은 것은 환자 본인이 살았고, 살아서 다시 가족 품으로 돌아갈 수 있게 되었다는 사실이다. 나는 오랜만에 마음이 좋았다.

늦은 밤 이세형이 급하게 나를 찾았다. 전화기 너머 그의 목소리는 가늘게 떨렸다.

— 윤원중 대원이 추락했습니다. 치료해주실 수 있겠습니까?

나는 놀라 잠시 답하지 못했다. 서울의 한 대형 병원에서 지원 요청을 받고 이세형과 출동을 다녀온 지 2시간 남짓 지났을 뿐이었다. 환자를 실어 오는 헬리콥터 안에는 윤원중도 있었다. 그는 경기 소방항공대의 최고참 정비사였고 함께 비행하는 것은 오랜만이었다. 환자 상태가 극도로 나빠 신경이 날카로워졌을 때 그를 보고 반가워 힘이 났다. 그것이 바로 반나절 전의 일이다. 내가 말이 없자 이세형이 이어나갔다.

— 출동 마치고 돌아와서 Ka-32를 정비하다가 로터 윗부분에서 추락했습니다.

키가 4미터에 이르는 Ka-32의 머리 끝은 높다. 나는 러시아의 설인처럼 커다랗게 우뚝 솟은 Ka-32와, 그 머리 위에서 거꾸로 추락해 시멘트 바닥에 나뒹구는 오십 대 중반 사내의 몸을 생각했다. 노구(老軀)라 하기에는 일렀으나 청년의 몸은 아니었으므로 좀 더 쉽게 부서져 나갔을 것이다.

― 아까 출동했던 헬기는 AW-139잖아요. 왜 Ka-32에서 떨어집니까?

머릿속으로는 윤원중을 데리고 올 방법을 생각하면서도 멍청한 질문이 입 밖으로 튀어나갔다. 이세형이 답했다.

― 돌아오자마자 Ka-32가 정비 중에 문제가 발생했다니까 윤대원이 직접 본다고 올라갔다가 떨어졌어요.

격한 현장 상황과 격렬한 비행 끝에 의료진과 소방대원들은 기진하지만 업무는 끝나지 않는다. 하늘 위에서부터 환자를 응급처치하며 온 의료진은 병원에 도착해서도 환자를 진단하고 수술까지 연이어 해야 했고, 소방대원들은 곧바로 소방항공대로 돌아가 헬리콥터를 정비해야 했다.

헬리콥터는 사람 몸만큼이나 예민하다. 그중에서도 Ka-32는 '매우 자주' 정비해줘야 하는 기체였다. 최고참 정비사인 윤원중은 그것을 가장 잘 알고 있으므로 Ka-32의 문제를 보아 넘기지 않았을 것이고, 기다리지도 않았을 것이다. 그러나 비행 중 기체는 대기와 부딪혀 더 격렬하게 진동하고 그 흔들림은 승무원들의 몸으로 옮겨 간다. 비행 직후에도 그 진동이 온몸에 남기 마련이므로 그 몸으로 균형을 잡기란 쉽지 않다. 나는 윤원중의 내이도 깊숙이 위치한 전정기관을 치고 들어간 격렬한 진동이, 그의 머리부터 발끝까지 관절 사이사이로 이어지며 그의 몸 전체를 흔들었을 것을 떠올렸다. 윤원중은 그렇게 덜덜 떨리는 몸으로 4미터 높이의 Ka-

32 로터 위에 올라간 것이다. 위험한 일이었다. 나는 이세형에게 물었다.

— 헬리콥터는 언제 출발하실 겁니까? 헬기장을 준비해놓겠습니다.

— 지금은 띄울 수 있는 기체가 없습니다. 앰뷸런스로 가겠습니다.

이세형은 걱정과 안타까움을 덮고 덤덤하게 말했다. 봄에 들어서 하루에도 열 건 가까운 산불이 계속 발생해 헬리콥터들은 진화 작업으로 바빴다. 최근 들어 중증외상 환자 이송 업무까지 급격히 늘고 있었다. 경기 소방항공대의 낡은 헬리콥터들은 견뎌내지 못했다. 자주 비행할수록 부품 정비 주기는 짧아졌고, 낡아빠진 석 대의 기체는 유압 장치가 터져나가면서도 간신히 비행하고 있었다. 예비 기체는 없고 다른 항공대에서의 헬리콥터 파견 지원도 원활하지 않았다. 우리는 대안 없이 사선을 넘나들었다. 결국 위험한 비행을 해오던 소방항공대원은 헬리콥터를 고치다가 부상을 당하고도 좁고 구부러진 긴 도로를 달려 병원으로 실려 왔다. 앰뷸런스가 도착한 때는 이세형의 연락으로부터 한 시간 이상 지난 후였다. 정형외과 최완선 교수가 늦게까지 가지 않고 기다려주었다.

들것에 실려 들어온 윤원중은 기름때와 땀에 젖은 비행복 차림이었다. 얼굴은 핏기가 없이 창백했다. 그는 극심한 통증에 괴로워하면서도 비명은 지르지 않았다. 중증외상 환자가 통증조차 느끼지 못할 정도로 의식이 처지기 시작하면 생사의 경계에 놓인 상황이므로, 아픔을 느끼고 있는 그를 보며 나는 오히려 안도했다.

수술은 무사히 끝났다. 수술방 밖에서는 윤원중의 부인이 기다리고 있었고, 경기 소방특수대응단장을 필두로 특수대응단 전체가 센터로 몰려와 있었다. 나는 모두에게 죄송하다고 거듭 머리를 숙였다. 고개를 들 수 없었다. 내가 중증외상 환자를 한 명이라도 더 살리겠다고 헬리콥터 출동을 시작하지 않았다면 일어나지 않았을 일이다. 의료진과 소방대원들은 다치지 않아도 됐다. 가뜩이나 위험한 현장에 뛰어드는 소방대원들에게 더 많은 짐을 지울 필요도 없었다. 응급환자 구조구급 업무를 위해 출동하는 경기 소방항공대의 출동 횟수는 대한민국 전체 지역 소방항공대 중 단연 최고에 달했다. 인력과 장비가 월등히 좋은 중앙정부 산하의 중앙구조단보다도 훨씬 많았다. 나조차도 항공대원의 숫자와 항공기의 수준이 현격히 떨어지는 경기 소방항공대의 여건으로 더 이상의 부담은 무리라고 느꼈다. 그러나 밀려드는 환자 전원 요청을 모르는 척하지도 못했다.

내가 외상외과라는, 한국에는 정착할 수 없어 보이는 괴이한 일을 할 때마다 나와 연관된 많은 사람들이 힘들어진다는 사실을 알고 있다. 문제를 알고도 그만두지 못했고 문제의 본질이 다른 곳에 있음을 알면서도, 그것은 내 권한 밖의 일이었으므로 나는 늘 진퇴양난 속이었다.

정부에서 지급하지 않아 개인적으로 구입한 무전기들이 제대로 기능하지 못했다. 헬리콥터에서 병원으로 전달되어야 할 통신망이 끊긴 채로 방치되었다. 사고 현장에서 비행해 돌아오는 긴박한 상황을 센터에 전달하기 어려웠다. 2011년부터 소방방재청에 거듭 부탁했으나 6년째 방치되어 왔다. 이 사실을 말해보아야 소방의 고위층은 같은 소리만 반복했다.

— 곧 시정하도록 최선을 다하겠습니다.

최선을 다한다. 그 말의 허망한 실체를 잘 알고 있었으나, 나조차도 그 말 외에는 달리 할 말이 없는 상황에 계속 빠져들었다. 제대로 된 장비조차 가지지 못하는 난 왜 이 일을 하고 있나……. 갈수록 자괴감은 무겁고도 깊게 나를 짓눌렀다.

2016~2017, 기록들

‥ 2015년 말, 경기 소방항공대 김태완 기장이 조용히 정년퇴직을 했다. 일단은 좀 쉴 예정이라고 들었다. 난 김태완같이 평생 하늘에서 살아온 파일럿들이 지상 생활에 잘 적응할 수 있을지 걱정됐다. 언제까지나 파일럿일 수는 없는 일이지만 그 종료 시점을 가늠할 수 없었다. 나는 항공전문의사 교육 과정을 이수했다. 그 교육 과정의 많은 부분은 파일럿에 대한 비행 적합성 검사를 시행하는 데 맞춰진다. 환갑이 넘은 나이에도 신체검사 재검 기간을 6~12개월로 좁히고, 중점검사 항목을 더해가면 파일럿의 복무 기간을 연장할 수 있다고 배웠다. 그러나 모든 것은 의학적 판단 이전에 개인의 의지와 조종 실력에 달린 문제일 것이다.

‥ 임한근 대원이 진급해서 화성소방서 구급대장으로 부임해 갔다. 축하해야 할 일이지만 마음이 쓰렸다. 임한근은 우리와 가장 많이 출동했었고, 위험한 상황이면 절대로 아랫사람들만 보내지 않고 직접 나서서 팀을 이끌었다. 그 후에도 경기 소방특수대응단에 있던 항공대원들이 영전하면서 항공대를 떠나갔다. 다른 보직을 받을 수 없는 파일럿들과 항공 안전 담당관들만이 원래 자리를 지켰다.

소방대원의 임무는 위험한 것이고, 소방항공대원의 일은 더 위태로운 것이다. 그런 보직으로 평생 남으라고 할 수는 없다. 때가 되면 떠나는 것이 당연지사다. 나는 그것을 알면서도 함께 사선을 넘던 대원들이 떠나갈 때마다 속이 비는 것만 같았다. 헬리콥터의 좁은 캐빈 내에서 손발을 맞춰오던 동료들이 떠나고 새 얼굴들이 들어오지만 나는 새로운 사람들에게 빨리 적응하지 못했다.

‥ 경기 소방항공대의 비행시간이 1만 시간을 돌파했다. 그중 이세형의 개인 비행시간은 7,500시간을 넘어섰다. 나는 7,500이라는 숫자가 가지는 의미를 헤아렸다. 한번 이륙하면 5~10여 시간 이상 비행하는 국제선 여객기와, 짧은 시간 비행하는 헬리콥터가 쌓아온 비행시간을 동일선상에 둘 수는 없다. 소방항공대 파일럿들의 비행은 산과 바다 위를 날고 화재 연기를 헤치고 들어가는, 그야말로 목숨을 건 실전 비행이다. 이제 고작 300여 시간을 넘겼

을 뿐인 나는 7,500시간의 밀도를 짐작조차 할 수 없다. 이세형에게 축하와 고마움을 담아 작은 난(蘭)을 보냈다. 다음 날 저녁, 이세형이 감사하다고 전화해왔다. 우리는 서로 고맙다는 인사를 주고받았다. 나는 이세형과 경기 소방항공대 대원들과 같이 일하고 있는 것이 좋았다.

‥ 외상센터 건물 옥상에 조그맣게 정원을 만들었다. 시설팀 김성수 과장이 조경에 신경을 많이 썼다. 내가 캔사스산 외래종 잔디를 조금 심었는데, 겨울에도 색이 푸르게 유지됐다. 수수꽃다리와 겹황매화처럼 봄여름에 꽃이 피는 화초들이 함께 있어서 더 보기 좋았다. 팀원들이 이곳에 와서 한숨 돌릴 수 있기를 바랐다.

‥ 아직 밤공기가 차가운 봄, 박정태 중령과 김훈 소령의 해병대원들이 지키고 있는 우도에서 FST 전개훈련이 시작됐다. 나는 허요와 김지영, 김지민을 데리고 해양경찰 소속 AW-139를 타고 우도로 들어갔다. 헬리콥터에서 장비들을 내리고 섬 안쪽으로 진입해 수술방을 설치하고 FST 훈련을 했다. 김지민과 김지영이 수술 실습용으로 사용했던 돼지고기와 해병 막사에 있던 쌀과 부식들을 가지고 해병대원들과 함께 저녁을 차렸다. 18시 30분이 되자 벌컨포의 실사격 훈련이 있었다. 새벽에 나는 섬 외곽 경계초소에 순찰 나가는 김훈 소령과 동행했다. 무장한 해병과 수병들이 우리를 맞

왔다. 새벽빛이 닿은 물 빠진 우도의 갯벌은 북한 해주 땅과 육로로 선명하게 연결되었다. 그 길 중간에는 아무런 장애물이 없었다.

― 우리 자체가 방어선입니다.

먼 길 끝을 응시하는 내 곁에서 김훈이 말했다. 그날 밤 우리는 해병들 숙소에서 깊이 잠들었다.

‥ 사람은 모두 늙어가는 것과 그 끝에 있는 죽음을 두려워한다. 사람이 나이를 먹으면 만성질환으로 병치레하기 마련이고, 수많은 의료인들은 거기에 기대 생계를 유지한다. 각종 뉴스에 암, 알츠하이머, 당뇨 등에 탁월하다는 기적 같은 약품이 보도될 때마다 나는 신기루를 보는 것 같았다. 의사들이 더 잘 안다. 나이를 먹으면 얼굴이 늙어가듯, 몸의 내장기관들도 낡고 고장 나는 것은 당연한 이치다. 인간은 대체 부품이 없는 존재다. 고장 나고 문제 있는 장기들을 갈아 치우지 못하므로 '약발'로 보완하며 살아갈 수밖에 없다. 만성질환은 노화와 죽음으로 가는 자연적인 과정이어서, 재원을 아무리 쏟아부어도 밑 빠진 독에 물을 붓는 것과 같다. 개발도상국의 평균수명과, 엄청난 의료비를 쏟아붓는 선진국들의 평균수명을 비교해보면 쉽게 알 수 있다. 그런데도 의료계의 재원이 만성질환에만 집중되는 한국의 현실은, 현실 정치와 일반 국민 그리고 의료계의 합작품으로 보인다.

사실 의료비를 적절히 투입했을 때 가장 극적인 효과를 볼 수 있는 분야는 중증외상이다. 그것이 세계 의료계의 정설이지만, 한국에서는 적용되지 않는다. 하긴 한국의 어떤 분야가 그렇게 세계적인 표준을 좇아가겠는가? 해외에서 치열하게 경쟁하고 있는 몇몇 민간 기업을 제외하면 한국 사회의 그 어느 분야도 그렇게까지 세계 표준을 추구하지 않는다. 다들 제 살길 찾기에만 고도로 특화되어 있는 이 사회에서 나는 그동안 쓸데없는 짓을 해온 것만 같다.

‥ 송미경이 결혼했다. 뒤이어 김효주와 이수현도 차례로 결혼을 했다. 바쁜 중에도 사람을 만나고 결혼을 하고 아이를 낳아 키우는 간호사들이 대단해 보였다. 백숙자와 송서영이 힘든 직업을 유지하며 아이를 키우고 가정을 지켜가는 방법에 대해 후배들에게 자분자분 알려주었다. 이 전쟁터 같은 곳에서 일하고 살면서도, 거기에 기대 가정을 꾸려나가는 그들이 고마웠다. 예전에 본관 8층 외상 병동에서 근무했던 신순영이 다시 돌아와 외상외과 전담간호사로 합류했다. 미국 간호사 자격시험에 합격해 뉴욕에서 일하다 돌아온 것이다. 나는 남들이 애써서 이민 가는 나라에 정착했다가 돌아온 신순영을 이해할 수 없었다. 이유를 물었으나 신순영은 대답 없이 웃기만 했다. 3월에 전담간호사 이효진이, 7월에 응급구조사 정윤기가 팀에 합류했다.

‥ 미국 해병대원들이 캘리포니아에서 증파되어 왔다. 그들은 오산의 미 공군기지를 거점으로 훈련을 했다. 강도 높은 훈련은 실전에서의 생존율을 높이고 승리에 반드시 필요하지만, 그만큼 훈련 중 부상 가능성도 클 수밖에 없다. 미 공군 군의관 닐슨(Nielson) 대위가 피범벅이 된 해병을 블랙호크로 싣고 왔다. 다음 날 자정에는 가슴이 부서진 미 공군 장병이 실려 왔다. 우리는 연일 수술을 했고 두 미군 병사는 죽지 않았다. 수술 바로 다음 날 일본 요코스카(橫須賀)에 주둔 중이던 미 해군 7함대의 해군 군의관과 해병들이 함재기(艦載機)를 타고 오산비행장으로 들어와 외상센터를 찾았다. 그들은 나와 한국 해군에 감사하다며 자신들의 항공대 패치를 놓고 돌아갔다. 미 해병항공대 VMFA 225 VIKINGS에서 온 패치 원본은 엄현성 해군참모총장에게 보내고 센터에는 사본을 보관했다.

‥ 엄현성 해군참모총장이 만두를 보내주었다. 김지영이 전자레인지에 돌려 사무실로 가져왔다. 전담간호사 김주량과 데이터 작업을 하던 김태연까지 불러 모았다. 나는 만두 접시를 내밀며 말했다.

— 먹어봐. 총장께서 보내온 만두다.

다들 따끈한 만두를 하나씩 집어 입에 가져다 넣었다. 여럿이 모여 오물거리며 먹는 모습은 보기 좋았다.

공군 이병권 장군이 크리스마스 카드를 보내면서 그 편에 공군방공관제사령부의 상징인 부엉이 인형을 함께 보내왔다. 모두 잠든 칠흑 같은 어둠 속에서도 조국의 영공을 지킨다는 의미였다. 2014년 해군 FTX(Field Training Exercise, 야외기동훈련) 훈련 당시 인천함 함장이던 성준호 대령은 인천함 재직 당시 만들어놓은 모자를 보내왔다. 편지도 함께였다. 나는 FTX 훈련 당시 위험을 떠안아주었던 성준호와, 헬리콥터에서 강하해 내려갈 때 함상에서 나를 잡아주던 권현석이 진심으로 고마웠다.

‥ 새해 초 혈액 수급에 비상이 걸렸다. 지난 연말부터 이어진 혹한에 예비군 훈련이 급감했고, 전국을 강타한 AI(조류인플루엔자)에 사회 분위기가 얼어붙었다. 헌혈자들은 급감했고 중증외상 환자의 생명과 다를 바 없는 O형 혈액 수급에 비상이 걸렸다. 경기 남부 혈액원에서 경고 발령을 냈다. 진단검사의학과 임영애 교수가 화요일 이른 오전에 비상 수혈위원회를 소집했다. 회의를 주재하는 임영애의 입술이 타들어갔다.

— 지금 O형 혈액 유지 보유량이 불과 하루치밖에 없습니다. 적정 재고를 도저히 유지할 수 없습니다.

환자에게 쓰는 피를 아껴달라고 말하는 임영애의 얼굴은 침통해 보였다. 외과 의사들의 표정도 어두워졌다. 수술을 해야 하는 임상과에 혈액 수급이 되지 않는다는 것은 치명적인 문제다. 피는 현대의학으로는 대체제가 없고, 피 없이는 환자들이 죽어나간다.

과학 발전과 함께 인공지능이 펼쳐 나갈 거라는 의료 혁명의 물결은 중증외상 같은 외과적 문제에는 전혀 존재감이 없다. 트라우마 베이에 O형 혈액 비치량을 네 개로 줄였어도 피는 부족했다. 외상외과는 언제나 만성적인 혈액 부족에 시달렸고 가난한 환자들은 수혈받은 핏값을 치르기 힘들어했다.

며칠 후 김태연이 경기도청에 회의에 다녀오며 헌혈증 70여 장을 들고 돌아왔다. 도청에서 직원들이 '릴레이'로 헌혈해 모은 헌혈증을 받았다고 했다. 나는 사회사업팀장에게 헌혈증을 보내 가난한 사람들을 우선으로 보조해줄 것을 부탁했다.

… 이천소방서의 중증외상 환자에 대한 초기 처치와 이송 능력이 선진국 수준으로 급격히 개선됐다. 그 와중에 서석권 휘하에 있던 이병호 소방령이 경기 소방특수대응단장으로 부임해왔다. 이병호가 취임식 때 '서석권 단장의 지휘 방침을 계승하여, 도민의 생명을 보호하기 위해 어떤 상황에서도 굴하지 않고 출동한다'라고 했다고 전해 들었다. 나는 비로소 이천소방서의 변화를 이해했다. 이병호와 이천소방서장 이경우는 서석권 휘하에서 있던 사람들이다. 용장 밑에 약졸이 없다는 말은 틀리지 않다. 나는 서석권이 떠난 지 오랜 뒤인데도 함께 일하고 있는 것 같았다. 동시에 중앙구조단을 떠난 김준규가 항상 그리웠다. 그가 좀 더 오래 중앙구조단을 이끌어주었으면 좋았을 텐데 그러지 못해 아쉬웠다.

‥ 대구에서 열린 춘계 외과학회(2017)에 권준식과 함께 갔다. 학회가 끝나고 돌아와 권준식과 저녁밥을 먹으며 늦게까지 술을 마셨다. 평소에 흐트러진 모습을 보인 적 없는 권준식이 처음으로 술을 많이 마셨다. 그는 졸음을 참으며 반듯이 앉아 술잔을 기울였다. 나는 권준식에게 당부했다.

— 준식아, 지치지 마라. 오래 버텨야 한다.

— 교수님, 올해만 버티면 정경원 교수님이 돌아올 겁니다. 이제 좀 쉬셔야죠.

올해 초 정경원이 장기 해외 연수를 떠난 후 몇 달 사이 극심하게 바빴다. 이제 '올해만'이라는 기한조차 버거웠다. 당직이 아닌 날이었으나 술자리가 길어져 권준식은 집에 가지 못하고 연구실에서 잤다. 간만에 집에 갈 기회를 빼앗은 것 같아 그에게 미안했다.

‥ 김태연이 3년간의 파견 근무를 마치고 경기도청으로 돌아갔다. 김태연은 권역외상센터를 만들기까지 갖은 고생을 했다. 새 건물이 완공되어 문을 열고 중증외상 환자들로 가득 차는 광경을 보았고, 세월호가 인양되어 뭍으로 올라오는 과정을 보면서 복귀했다. 김태연의 공백을 메울 길이 없었으나 더 도와달라고 부탁할 수는 없었다. 김태연의 자리를 대신할 사람은 파견되어 오지 않았다. 그 자리는 실상 원래 없던 것이고, 그 인력은 김태연이 스스로 해외 연수를

포기하고 투신해준 덕분에 얻은 것이었을 뿐이다. 김태연이 떠나자, 그에 기대 이루어지던 병원 전 단계 이송 시스템과 중증외상 의료 시스템의 연동 축은 헐거워졌다. 당장 김태연이 맡고 있던 경기도 일선 소방대원들 및 특수대응단과의 공조에서 균열음이 새어 나오고 있었다. 나는 손쓸 방법을 찾지 못했다. 김태연의 공백을 알게 된 이재율 행정부지사가 남경필 경기도지사에게 건의했고, 남경필의 승인으로 김태연은 말없이 외상센터로 돌아왔다. 전담간호사 민채원, 엄초록과 응급구조사 차다영이 팀에 합류했다.

·· 수술은 간신히 끝났다. 마취과 이인경 교수가 자기 손으로 앰부를 짜서 터진 환자의 폐 속으로 공기를 불어넣으며 환자를 중환자실로 데려갔다. 피에 절고 피곤에 절어 다리마저 풀린 외과 전공의 소중섭이 위태롭게 환자 베드를 끌었다. 밀려가는 침대 바퀴 궤적이 핏자국으로 남으며 수술방 복도를 물들였다.

나는 멍하니 서서 환자가 빠져나간 후의 수술방을 응시했다. 흥건한 핏물 위에 널부러진 많은 수술기구들과 일회용 소모품들의 잔해가 쓰레기장을 방불케 했다. 숨이 막혔다. 내가 마치 쓰레기로 뒤덮인 피바다 속으로 잠수해 들어가는 것 같았다. 조현철이 심해에서 느꼈던 것처럼, 쓰레기 핏물 속에서 나는 비로소 안도하며 쉴 수 있을 것 같았다.

‥ 외상센터에서 정형외과와 관련된 수술 부담이 늘어나자 조재호가 자신을 뒷받침해 일하고 있던 김태훈을 외상센터 전담 정형외과 의사로 보내왔다. 해군 군의관을 전역한 정승우도 임상강사로 합류했지만 장기 해외 연수를 떠난 정경원의 공백은 메워지지 않았다.

‥ 아버지를 뵈러 대전 국립묘지를 찾아갔을 때, 연평해전과 북한의 연평도 포격 시 사망한 해군과 해병대의 유해가 안치된 묘소도 잠시 찾았다. 그곳에서 고 윤영하 정장의 부친과 고 한상국 상사의 부인 김한나와 마주쳤다. 김한나는 침몰한 고속정 'PKM357' 표식이 그려진 스티커를 내밀었다. 흑백의 선명한 도안이 눈에 깊이 박혀 들어왔다.

‥ 10월 마지막 주에 접어들자 외과 4년차 전공의들이 전문의 시험공부에만 전념해야 하는 시기가 시작됐다. 화요일 아침 'M&M 컨퍼런스' 시작 전, 전공의들이 그동안의 소회를 발표했다. 전공의들은 담담하게 소감을 이어갔다. 발표 후 컨퍼런스가 끝나자 모두들 나와서 사진을 찍었다. 1년에 한 번씩 촬영하는 외과부 전체의 사진 촬영이었다. (나는 이 사진을 1996년부터 찍어왔다. 첫 촬영한 사진 속의 나와 정용식과 윤태일은 아주 어렸다.) 이 촬영이 끝나고 4년차 전공의들이 사라지는 순간, 그나마 외상외과 파트에 한 명씩이라도

나와서 수련을 받고 일을 돕던 외과 전공의가 없어지게 된다. 더 이상 수련받을 외과 전공의가 없다는 것은 대학병원 교수로서, 수련기관 의사로서 나의 역할도 없어지는 것이다. 나는 얼마나 이 일을 유지해야 하는지, 더 유지할 수 있을지 가늠이 되지 않았다. 다음 주에는 외상외과 사진 촬영이 있을 예정이었다. 기념촬영은 해마다 어김없이 돌아왔고, 사람들은 흘러가는 시간과 함께 노쇠해 갔다. 그해 겨울 응급구조사 이아용이 팀에 합류했다.

‥ (…) 시간이 흘러 새로운 정부가 들어서고, 새 정부는 공약대로 건강보험을 통한 보장성을 확대하겠다고 했다. 난 현재의 건강보험 재정상태로 얼마나 확대가 가능할지 예측할 수 없었다. 분명한 것은 한국의 병원들은 대부분의 선진국뿐 아니라 개발도상국가에 비해서도 의료 인력을 절반 이하 수준으로 고용하고 있다는 것이다. 1990년대까지는 대학 병원들이 젊은 의사, 간호사 및 의료기사들의 희생을 바탕으로 컨베이어 시스템처럼 고도로 효율화된 진료체계를 구축해서 간신히 수지를 맞췄지만, 최근 20년 동안 국민이 지향하는 삶의 자세는 획기적으로 변했다. 적절한 휴식과 보상이 있어야 하고 어려운 일은 안 하면 그만이다.

지독한 재연

아주대학교 외상센터가 주최한 '2017 아주국제외상학술대회'가 11월 16일로 예정되어 있었다. 진료와 수술, 행정 업무 속에서 행사 준비까지, 모두가 틈 없이 움직였다. 13일 오전, UC 샌디에이고 외상센터의 라울 코임브라 교수가 경기남부권역외상센터 시스템을 둘러보려고 일찍 방문해 있었다. 바로 그날 오후, 더스트오프 팀 상황실에서 급전(急電)이 들어왔다.

— 더스트오프, 10분 안에 아주 외상센터에 도착합니다. 도착 예정 시간 10분입니다. 다시 말합니다. 도착 예정 시간 10분입니다(Dustoff is coming down to Ajou Trauma Center in 10 minutes. ETA(estimated time of arrival) 10 minutes. I say again, ETA 10 minutes)……

　도착 예정 시간 10분. 싣고 오는 환자는 총상을 입은 군인이라고 했다. 상황은 급박하게 계속 전해졌다. 흉복부와 사지에 다발성 총상을 입은 환자라고 했다. 찢어진 폐에서 새어 나오는 공기는 폐와 심장을 짓눌러 쪼그라뜨리고 있었다. 긴장성기흉(Tension Pneumothorax)이다. 빨리 치료하지 않으면 몇 분 내 사망할 수도 있다. 더스트오프팀 구급대원들은 흔들리는 헬리콥터 안에서도 폐에서 빠져나오는 공기를 제거하도록 신속하게 응급처치를 해냈다. 그들은 거의 다 죽은 목숨을 필사적으로 붙들어 데리고 왔다. 환자는 피를 너무 흘려 블랙호크 캐빈 바닥이 피로 물들었다.

　인계받은 환자는 이미 의식이 없었다. 혈압이 60 아래로 떨어지며 심각한 출혈성 쇼크를 보였다. 초음파 검사상 복부 안에도 피가 가득 차오르고 있었다. 환자를 뚫고 지나간 총알은 최소 다섯 발 이상이었다. 총탄의 흔적은 팔다리뿐만 아니라 가슴과 엉덩이, 겨드랑이에까지 사방에 위치했다. 그 자리를 따라 피가 계속 솟구쳤다. 탄환이 어디에서 와서 무엇을 부수고 어떻게 빠져나갔는지 쉽게 보이지 않았다. 확보한 중심정맥과 사지정맥을 통해 O형 혈액과 수액을 '때려 부었으나' 밑 빠진 독에 물 붓기였다. CT촬영을 하기에는 상황이 너무 나빴다. 병원에 도착한 지 30분 만에 환자를 수술방으로 올렸다. 그런 와중에 군과 국정원 관계자들이 센터에 들이닥쳤다. 그들은 환자가 북한군 병사라고 전해왔다. 나는 그 말을 듣고도 별 생각이 없었다. 북한군인과 이런 식으로 조우하는 일이 내게는 낯설지 않았다.

환자의 상태는 순차적인 수술이 불가능할 정도로 심각했다. 외상외과와 정형외과 두 팀이 동시에 달라붙었다. 환자의 복부를 칼로 가르고 들어갈 때, 김태훈 교수의 정형외과팀이 좌측 상단의 출혈들을 빠르게 잡아나갔다. 절개창 사이로 검붉은 선혈이 내 머리끝으로 튀어 올랐다. 눈앞이 붉었다. 배 속에서 쏟아져 넘쳐흐른 핏물이 내 발을 적셨다. 마취과 의료진의 날 선 외침이 터져 나왔다. 수술방에 가득한 극도의 긴장감이 팽팽하게 날을 세웠다. 골반을 부수고 들어온 총알이 10여 군데의 내장을 뚫고 지나가며 파열시켰고, 으깨진 장에서 흘러나온 온갖 내용물이 복강과 장기를 오염시키고 있었다. 내장은 동시다발적으로 손상됐다. 살릴 수 있는 부분이 너무 적었다.

핏물 속에서 허우적거리고 있을 때, 피 구덩이 속에서 스멀거리는 기생충들을 보았다. 적은 수가 아니었다. 의료진 모두가 일순간 얼어붙었다. 그간 찢기고 으스러진 환자들을 수없이 봤으나 이런 상황은 처음이었다. 보통의 상황이면 구충제를 먹이면 될 것이나 내장이 터져나간 환자에게 경구 약을 투여할 수는 없다. 약이 있음에도 쓸 수 없다는 사실에 미칠 것만 같았다. 오만에서 석해균 선장을 마주했던 때가 그대로 겹쳤다. 환자가 죽고 그 이후에 벌어질 일들이 순식간에 스쳤다. 눈앞이 아득해졌다. 수술을 참관하던 코임브라 교수의 외침이 정적을 깨고 들어왔다.

— 이 교수, 할 수 있는 만큼 최대한 기생충을 없애야 해. 짜내서 제거하도록 해. 그렇지 않으면(Dr. Lee, You've got to get rid of them as many as you can. Otherwise)…….

흩어지던 정신을 붙잡았다. 그의 조언대로 눈에 보이는 대로 기생충들을 짜내며 걷어내기 시작했다. 최대한 제거하는 데까지 제거한다……. 그것이 우선이었다. 기생충이 봉합한 부위를 뚫고 나오면 내장들은 다시 파열될 것이다. 그렇게 되면 이 수술은 무용한 것으로 돌아가고, 환자는 죽고 만다. 나는 시급하게 해야 할 일에 집중하려 애썼다. 어느 정도 마무리가 되어갈 때 권준식의 목소리가 귓속을 뚫고 들어왔다.

— 교수님, 아직도 출혈이 많습니다.

고개를 들어보니 핏발 선 눈을 한 권준식과 이호준이 나를 응시하고 있었다. 마취과 의료진이 쉴 틈 없이 피를 쏟아 넣고 있었으나 탄공과 열린 후복막강으로 끊임없이 피가 빠져나갔다. 북한 환자의 피와 남한 사람들이 헌혈한 피가 뒤섞인 피였다. 저 피 중 얼마만큼이 북한 환자의 피이고 남한 사람의 피인지, 그 둘이 어떻게 섞여가는지 알 수 없었다.

끊임없이 피가 솟는 부위 중 일부는 꿰매고 일부는 결찰해 들어가며 출혈을 잡아갔다. 도저히 못 쓰게 된 장은 끊어내고 살릴 만한 곳은 봉합해 정리했다. 1차 수술을 마쳤을 때 수술방 바닥은 피바다였고 의료진 모두가 피 칠갑이었다. 피와 땀 냄새가 뒤섞인 공기가 수술방을 가득 메웠다. 모두가 기진하여 쓰러질 듯했다. 환자는 배가 열려 있는 상태로 중환자실로 올려졌다.

환자에 대한 모든 것은 보안에 붙여졌다. 국군 기무사령부와 국정원, 경찰, 지역 육군 사단까지 인원을 보내 철통 경비를 한다고 했다. 보안구역까지 정해서 지켰다. 그런데도 환자의 모든 정보는 실시간으로 빠져나가 언론에 보도되었다. 민간 병원에 있기 때문에 보안이 되지 않는다는 의견이 군으로부터 흘러나왔다. 기막혔다. 어떤 경로로 정보가 빠져나가는지 짐작이 갔으나 이번에도 나는 입을 닫고 눈을 감았다. 모든 것이 지겹고 귀찮았다. 병원 측은 신경을 곤두세웠고, 센터에는 100여 명이 넘는 외상환자들이 누워 있었으며, 새로운 환자들도 계속 밀려들어 왔다. 수술은 연달아 이어졌다. 나와 팀원들 모두 먹지도 자지도 못한 채 허공 위를 걸었다.

2차 수술이 끝난 뒤, 환자 상태에 대한 브리핑에서 기생충에 대해 언급한 것을 두고 정치권에서 날 선 비판이 튀어나왔다. 나는 조직에 속한 일개 외과 의사일 뿐이다. 환자는 군을 비롯해 국가 기관의 관리를 받고 있고, 이 환자에 관한 한 내 의지는 끼어들 수 없다. 그럼에도 나는 또다시 내 뜻과 무관하게 그 말들 한가운데에 놓였다. 말이 말을 낳는, 말의 잔치 속에서 이리저리 뒤채는 인생이 한심스러웠다.

대부분의 정당이 노동자와 농민을 위한다고들 했다. 그들이 말하는 노동자에 외상센터에서 일하는 우리는 없었다. 한국 중증외상센터의 직원 고용 수준은 영미권의 3분의 1에 불과했고, 적은 인력이 과도한 업무를 감당하느라 과로로 쓰러져나갔다. 수술방의 모든 의료진이 감염의 위험을 감수하고 환자의 피를 뒤집어썼다. 전담간호사들이 다치거나 유산해 대열에서 떨어져나갔다. 그러나 이 현실은 무관심 속에 외면받고 있었다. 이곳의 노동자들은 무슨 이유로 희생을 기본 값으로 감수해야만 하는가. 거대 담론만이 존재하는 대한민국 사회에서 중증외상센터의 지속가능성은 제로에 가깝다.

북한군 병사의 목숨은 이승에 남았다. 그 덕에 중증외상 의료 시스템에 대한 사회적인 관심이 다시 일어났다. 2011년 석해균 선장이 복지부 캐비닛에 처박혔던 중증외상센터 정책을 끌어내더니, 북한군 병사가 죽어가던 중증외상 의료 시스템을 건져낸 셈이었다. 오산의 주한 미군 공군기지에서 군의관 베리(Berry) 대위가 북한군 병사의 상태를 확인하러 왔다. 보안을 유지하며 카투사(KATUSA, Korean Augmentation to the United States Army) 병력 대동도 없이 조용히 왔다. 환자의 상태가 생각했던 것보다 좋은 것을 확인하고는 직접 한국어로 인사를 건네던 베리 대위가 자신이 근무하는 전투비행단에서 가져온 선물들을 북한군에게 건넸다. 각종 의류에서 모자와 기념품에 이르기까지 오산 미 공군기지의 A-10

썬더볼트(Thunderbolt)* 파일럿들과 정비병력들이 보내온 것들이었다. 젊은 북한군 병사가 좋아하는 것을 보면서 베리 대위가 환하게 웃었다.

평소에 중증외상센터가 무엇인지도 모르고 살던 평범한 사람들이 여론을 형성하고 새 정부에 청원했다. 국민들이 아는 사실은 실제 상황의 100만 분의 1도 되지 않는다. 한국 사회는 약육강식의 정글과 같고, 그 안에서 각자도생하며 사는 것이 당연한 일이다. 이 사회는 영화 〈매트릭스〉와 흡사하고, 사회가 움직이는 시스템의 근간은 모르는 채 사는 것이 좋다. 개인의 행복을 위해서는 정부나 사회 시스템을 개선해보려는 시도는 하지 않는 게 낫다. 일부 '선수'들만이 그런 시스템을 이용해 개인의 이윤을 극대화할 뿐이다. 나는 이 사회 안에서 평범하게 자영업자로서의 의사직을 유지하지 못하고, 주제넘게 시스템에 접근한 탓에 바싹 타들어가고 있었다.

유명 시사 고발 프로그램은 북한군 병사가 생명을 건진 것이 확실해진 시점에 중증외상센터 사업의 난맥상을 고발했다. 그 프로그램의 PD조차 현실을 차마 다 방송으로 알리지 못했다. 그나마

---

* 미국 Fairchild-Republic사에서 공군용으로 제작, 납품한 쌍발 터보팬 엔진을 장착한 단좌형 제트전폭기. 대지공격을 주 임무로 하는 독특한 기체 형상 때문에 '흑멧돼지(Warthog)'라는 별명으로 불린다. 1970년대에 전력화된 이후로 미국이 치른 대부분의 전쟁터에서 최전방의 가장 위험한 항공임무들을 떠맡았으며, 오산의 주한 미 공군기지에 배치되어 북한 기갑부대의 남침을 막는 임무를 수행하고 있다.

여론에 의해 먹고사는 정치권에서 미미한 반응을 보였다. 하지만 그마저도 2011년과 같았다.

석 선장이 입원하고 있던 아주대학교병원으로 고위 정치권 인사들이 방문했듯, 2018년이 시작되던 겨울에 보건복지부 장관이 나를 찾아왔다. 그는 병원의 보직교수들을 만나지 않고 나만 보기를 원했다. 장관은 보건복지부 권준욱 건강정책국장을 배석시키고 내 말을 들었다.

1시간 30분 예정의 방문은 3시간을 넘겼다. 말이 길어지자 장관은 배석한 수행원에게 선약 일정을 변경하라고 지시했다. 나는 그에게 중증외상 의료 분야에서 지난 15년 가까이 일하며 겪은 난맥상을 압축해서 전달했다. 황량했던 2002년과, 2003년부터 미 8군 의무처와만 협업해왔던 일, 2008년 시작된 중증외상특성화센터 운영 당시의 일들과 감사원의 감사, 2011년 석 선장이 살아나면서 정부 지원이 본격화하자 그때까지 부정적이던 의료계의 태도가 돌변했던 일들……. 지난한 시간이었다. 중증외상 환자에게나 우리들에게나 중증외상센터는 사지일 뿐이라는 내 말에 장관의 표정이 어두워졌다. 장관 일행은 조용히 센터를 빠져나갔다. 기관 차원의 의례적인 의전은 없었다. 나는 홀로 센터 정문까지 따라나가 배웅했다. 관용차를 기다리던 장관이 내게 손을 내밀었다.

― 힘을 내시길 바랍니다. 곧 개선책을 마련해보겠습니다.

나는 끝까지 상황의 심각성을 전달하려고 애썼다.

— 지친 팀원들이 자주 골절상을 입고 유산까지 합니다. 더 이상 오래 견뎌내지 못할 겁니다.

장관은 말없이 내 손을 잡았다 놓고 관용차에 올라탔다. 차량은 그대로 센터를 빠져나갔다.

그 후 달라진 것은 크게 없었다. 오히려 여론은 순식간에 온도를 달리했다. 북한군 병사 덕분에 순간적으로 다시 일어났던 정치권의 주목은 2011년에 비하면 매우 미미했다. 이슈와 관심 자체가 작았던 만큼, 지원을 약속해줄 것 같았던 정·관계와 언론이 흩뿌리던 모든 말 잔치의 결과물들은 빠른 속도로 사라져갔다. 북한군 병사는 자의에 의해 탈북했으므로 북한으로 송환되지 않았다. 외과학교실에서 근무하던 유채린을 외상센터 행정팀으로 영입했다. 어떻게든 전용범과 김지영을 받쳐주어야 했다. 외상센터 내 행정 업무 부담도 이미 한계를 넘어선 지 오래되었다. 2018년의 시작을 알리던 겨울이 그렇게 지나가고 있었다.

잔해

2018년 봄, 미국에서 연수를 마치고 복귀한 정경원이 한 달 만에 나를 찾아왔다. 이대로는 버틸 수 없다고 했다. 보건복지부에서 일곱 번째 닥터헬기 운영을 아주대학교병원에 맡기겠다고 발표한 후였다. 정경원은 항공 출동을 위해서는 최소 일곱 명의 외상외과 의사가 더 필요하다고 강경하게 말했다. 선진국에서 근무하다 오면 한국의 현실이 헐겁게 보일 수밖에 없다.

일곱 명이라…….

병원에서 그만큼 충원해줄 리 없었다. 나는 정경원을 달래 다섯 명 충원을 건의하기로 했다. 그러나 공문으로 적어 보낸 '5'라는 숫자는 붉은 펜으로 지워지고, 그 자리에는 '0'이 적힌 채 내려왔다. 창자가 끊어지는 것 같았으나 인력 충원은 절실했다. 나는 병원 측에 간곡하게 부탁했다. 공문의 숫자가 '0' 대신 '1'로 바뀌어 다시 내려왔다. 붉게 적힌 '1'이라는 숫자가 날카롭게 속을 베고 지나갔다. 정경원은 반발했다. 팀원들도 마찬가지였다. 닥터헬리까지 배정된 마당에 사람이 충원되지 않으면 모두가 죽어나갈 것이 뻔했다.

그 와중에 보건복지부 권준욱 건강정책국장이 다른 부서로 떠났다. 장관이 보내온 신임 국장은 관료 출신이 아니었다. 의과대학 교수 출신인 그도 현장의 목소리를 들으러 왔다고 했다. 나는 보건복지부 장관에게 보고했던 내용을 한 차례 더 반복했다. 설명은 4시간여에 걸쳐서 끝이 났고, 국장은 향후에 보건복지부에서 구성한 중증외상센터장들의 회의체를 통해 의견을 제시해달라고 했다. 원론적인 답이었다. 곧이어 장관은 새 정부의 방침에 따라, 언론을 통해 동영상으로 중증외상센터 운영 개선안을 발표했다. 개선안 내용은 핵심을 빗나가 있었다. 중증외상센터 사업과 무관한 다른 병원의 전공의들을 중증외상센터가 있는 병원으로 보내 순환근무시키겠다고 했다.

2012년 보건복지부에서 내려보낸 '중증외상센터 선정 시 운영지침서'에는 전공의 수련기간에 대한 기준이 명시되어 있다. 중증외상센터를 유치한 병원의 외과, 정형외과, 신경외과 등의 전공의들은 4년간의 총 수련기간 중 중증외상센터에서 6개월 이상 의무적으로 근무해야 한다. 중증외상센터 근무 일정에 공백이 없어야 한다고도 분명히 적혀 있다. 이 기준은 전공의들의 수련을 목적으로 한 것이고, 기준만 지키더라도 외상센터를 운영하는 일부 병원의 외과계 전공의들은 중증외상 환자 치료에 대한 기본개념을 가질 수 있다. 그러나 중증외상센터를 유치한 많은 병원들은 자기 병원의 전공의들을 중증외상센터에서 수련시키지 않았다. 그런 상황에서 중증외상센터와 무관한 병원의 전공의를 데려와 순환근무시키라는 개선안은 실효성이 없었다. 이 발표에 외과학회는 발칵 뒤집어졌다. 다른 의과대학의 외과 교수들로부터 수없이 항의 전화가 걸려왔다.

— 당신이 이 교수요? 이봐요. 당신이 하는 일만 중요합니까? 우리 병원은 외상센터도 아니고 여기도 바빠요. 듣자하니 외상센터들 다 논다던데 당신 언론 플레이 하는 거 아니야? 뭐 그리 바쁘다고 그래? 당신만 일해?

잔뜩 격앙되어 항의하는 사람들 사이에 중증외상센터를 유치해서 운영 중인 병원의 외과 교수들도 있었다.

많은 연구를 통해서 2010년에 보건복지부에서 내린 결정은, 전국에 걸쳐서 6개의 대형 거점 외상센터들을 집중 육성한 후 소규모 센터들을 만드는 것이었다. 그러나 2012년, 그 결정을 스스로 뒤집었다. 전체 예산 규모는 반으로 줄인 채 처음부터 외상센터들을 소규모로 쪼갰고, 처음 계획보다 3배수나 많게 늘려 전국에 산개시키겠다고 나섰다. 그러므로 지금의 상황은 그때부터 예정된 결과다. 나는 그 당시 내 말을 없는 것으로 삼고 무리하게 '쪼개기' 정책을 실행했던, 청와대와 보건복지부 관료들과 교수 출신 인사들을 또렷이 기억한다. 관료들은 그렇다고 해도, 의과대학 교수들은 조금만 진정성을 가지고 들여다보았으면 이 사태를 예견할 수 있었을 것이다. 그러나 알 게 뭐겠는가. 들여다보지 않으면 올바른 정책의 길은 조금도 보이지 않는다.

가뜩이나 전공자가 적은 외과 전공의들을 타 병원의 중증외상센터로 보내 수련을 의무화한다는 것은 절대 불가능했다. 전공의들은 외상외과를 배우고 싶으면 중증외상센터가 있는 병원에서 수련을 받으면 될 것이다. 중증외상센터가 없는 병원에서 수련받는 전공의들이 제 의지와 무관하게 그저 노동력으로 '끌려오는' 것은 옳지 않다. 대번에 전공의 협의회에서 반대성명을 발표하며 공식적으로 반발했다. 한국의 수많은 병원들이 이미 부족한 인력 공백을 젊은 전공의들로 때우고 있는데 그들을 또 앞세울 수는 없었다.

간호사를 증원해준다고 배분한 예산들도 턱없이 모자라는데, 그나마 어디론가 새어 나갔다. 보건복지부에서는 사용처를 확인하지 않았다. 장관이 언론에 발표했고 보건복지부에서는 단발성 예산을 집행했으니 그것으로 끝이었다. 외과계의 현실을 들여다보겠다고 마련한 국회 공청회에는 국회의원은 고사하고 보좌관조차

한 명도 보이지 않았다.

이런 상황에 허 위원이 학교를 떠났다. 허 위원은 의과대학 전체 교수들 중 극소수만이 학생들로부터 받는 '황금분필상'을 수상할 만큼 학생들을 잘 가르쳐왔다. 많은 연구 과제를 잘 수행했고 중증외상센터의 밑그림을 그리고 정책을 만들어오기도 했다. 그런데도 허 위원의 교내 입지는 점점 약해졌고, 허 위원에 대한 교직 재임용 건은 몇 년 전부터 계속 흔들렸다. 2017학년도를 마쳐갈 때 허 위원은 또다시 그 문제로 극심한 어려움을 겪었다. 허 위원이 중증외상센터 밖의 정·관계로부터 날아오는 화살들을 방어해주지 않으면 외상센터는 버틸 수 없었다. 나는 피가 마르는 것 같았다.

4월 어느 날, 허 위원이 매우 건조하게 내게 통보했다.

― 저는 이달 말로 학교를 떠납니다.

나는 경악했다. 몇몇 곳에 상황을 급히 알아보았다. 허 위원의 사직은 이미 돌이킬 수 없었다. 나는 진땀을 흘리며 허 위원에게 재고를 요청했으나 소용없었다. 허 위원의 이 같은 결정이 학교 때문인지, 중증외상센터에 미래가 없다고 판단했기 때문인지는 명확치 않았다. 단 하나 분명한 것은 그가 더 나은 자리로 영전하는 것이 아니라는 사실뿐이었다. 중증외상센터의 방파제 역할을 해왔던 허 위원이다. 나는 의료원의 결정에서 허 위원을 걷어내려는 힘을 뼈저리게 느꼈다. 어떻게든 상황을 돌려보려 애썼지만 돌이켜지지 않았다.

 허 위원이 떠난 5월 1일, 학교에는 비가 내렸다. 저녁에 외상센터 사무실에서 잡무를 처리하고 있을 때 정경원과 김지영, 김태연이 사무실로 나를 찾아왔다. 허 위원이 중증외상센터 설립과 보호에 어떤 역할을 해왔는지는 오로지 나를 포함한 이 네 명만이 알고 있다. 2008년부터 허 위원이 해온 일들을 아는 의료원의 주요 보직자들은 이미 보직을 떠난 지 오래였다. 나는 세 사람에게 허 위원이 진행하던 연구 사업에 대한 승계 및 남은 현안에 대한 정리 작업과, 최악의 경우 각자 떠나야 하는 상황까지를 포함해 여러 가지 대안을 얘기했다. 허 위원의 이탈 조짐이 드러나던 때부터 불안해하던 정경원이 수전증 증세를 보였다. 내게 담배를 피우면 좀 낫느냐고 물을 만큼 스트레스를 받는 듯했다. 김태연은 부정맥을 호소했다. 김지영은 깊이 한숨 쉬었고, 이를 악물고 버텼다. 허 위원의 존재감은 있을 때도 컸지만, 떠나고 난 후 크레바스(crevasse, 빙하가 갈라져서 생긴 틈)로 드러났다.

 경기도의 예방 가능한 사망률 개선을 위한 연구 사업은 허 위원이 진행하려던 것이었으나 허 위원이 떠나면서 연구 자체가 흔들렸다. 나는 밀려드는 환자에 정신이 없었고, 허 위원의 공백을 메우느라 더욱더 허덕거렸다. 그 허덕임은 기존의 힘겨움과는 차원이 달랐다.

 아주대학교병원 외상센터뿐만 아니라 빈사상태에서 헤매고 있는 국가의 중증외상 의료 시스템 측면에서도 허 위원의 이탈은 깊은 타격을 가져올 것이었다. 대한민국 전체를 거꾸로 털어보아도 허 위원의 반만큼이라도 응급의료와 중증외상 의료 시스템에 대해 밑바닥까지 이해하면서 정책 입안의 방향을 정확히 제시할 만한 사람은 극히 드물었다. 최후의 보루가 사라졌다. 나는 그렇게 생각했다.

허 위원이 떠난 지 몇 달 뒤, 경기도에서는 '2019년도 경기도 예방 가능한 사망률' 관련 연구 예산 전액을 삭감하겠다고 통보해 왔다. 이런 다급한 사정을 모르는 의료원은 병원의 연구 중심 사업에 우리가 계속 나서주기 바랐고, 연구 중심 병원 선정 사업에 이미 끝을 보이고 있는 외상센터의 경기도 연구 사업을 끼워 넣었다. 몇몇 기업체들은 우리와 연계해 정부의 국책 사업에 참여하기를 원해왔다. 그러나 나는 이미 파김치가 되어 있는 팀원들을 더 이상 새로운 연구나 국책사업에 끌고 들어갈 생각이 없었다. 나는 수일 전 핏발 선 눈으로 현황 보고를 하던 정경원의 신음을 기억하고 있었다.

— 교수님, 이제 저희는 정말 더 버틸 수가 없습니다.

현장 상황은 더욱 악화일로를 걷고 있었다. 외상센터 안에는 환자를 끌고 CT를 찍으러 갈 사람도 부족했다. 외상외과 교수들은 다른 대학 병원이라면 수련의들이 할 일들을 직접 몸으로 감당하며 버텨내고 있었다. 새벽 3시에 환자에게 소변줄을 꽂고, 똥으로 오염된 핏물을 온몸에 뒤집어쓰며 수술했다.

이런 현실과는 정반대로 새 정부는 '삶의 질'을 개선하겠다고 나섰다. 각종 정책들이 쏟아져 나왔다. 정부의 정책 방향은 외상센터에도 영향을 미쳤다. 절대적으로 부족한 의사들의 업무 공백을 메워주는 전담간호사들의 근무시간도 주 52시간으로 묶여버렸다. 김지영은 담당간호사의 근무일정표를 더 이상 짤 수 없다고 비명을 질렀다. 나는 돌아서는 김지영을 보며 생각했다. 병동을 일부 닫아야겠구나……. 결단을 내려야 했다. 증원은 없으면서 근무시간을 제한하는 기상천외한 정책. 이것은 센터 운영에 엄청난 타격이었다. 나는 세상의 흐름과는 정반대로 돌아가야 간신히 유지될 수 있는 내 처지에 구역질이 올라왔다.

김지영이 극도로 어두운 얼굴로 나를 찾았다. 전담간호사 한 명이 또다시 유산해 2주간 병가처리를 해야 한다며 승인을 요청해왔다. 나는 제대로 대답하지 못하고 멍하니 있었다. 그동안 유산하여 병가를 승인해줬던 간호사들의 이름이 스쳐 지나갔다. 매번 같은 상황에 나는 똑같이 물었다.

— 왜 유산한 거야? 신체적 부담이야? 아니면 정신적 부담이야?

그럴 때마다 김지영은 같은 대답을 쏟아붙였다.

— 둘 다예요. 그걸 모르세요?

우리는 지속가능성이 없는 일을 하고 있다. 그건 나도 아는 얘기다. 그러나 내겐 이 사실을 극복해나갈 힘이 없다. 쓰러질 듯 자리에서 일어났다. 아무 말도 하지 못했다. 뒤돌아서 나가는 내게 김지영이 말을 던졌다.

— 이젠 더 이상 버틸 힘이 없습니다.

나는 김지영에게 아무 말도 붙이지 못하고 걸어 나왔다. 얼굴을 들 수 없었다. 정치권과 바깥세상의 '저녁이 있는 삶'은 우리에게 너무나도 멀고, 나는 그 간극을 메울 수 없다. 중증외상센터는 용광로와도 같다. 한번 불이 붙어 가동하기 시작하면 폐쇄하는 순간까지 멈출 수 없다. 거의 반은 죽어 실려 온 환자들이 수술을 받고, 중환자실에서 인공생명유지장치에 의존한 채 죽음의 늪에서 밤새 헤매는 곳이 여기다. 오로지 의료진만이 그 곁에서 터진 장기를 꿰매고 끊임없이 약물을 투여하고 기계들을 조작해가며 환자의 숨을 이승에 잡아둔다. 그 어느 조직이나 정부 부처도 24시간 이런 식으로 끊임없이 일하지 않는다.

국회의사당과 정부청사 안쪽의 사람들은 이런 우리의 현실을 절대로 이해하지 못할 것이다. 우아하게 회의를 하고 대책 방안을 마련해보겠다고 하고서는 사라져버린 사람들에게 우리는 쉽게 잊혔다. 세상에서 우리는 버려진 소모품에 불과한 것 같았다. 사실, 자기 눈앞에 시시각각으로 닥치는 일이 아니면 누가 진정성을 가지고 이 문제를 해결하려고 노력하겠는가. 북한군이나 해외 망명자들의 인권에 대한 고민 가운데 100분의 1만큼이라도 피바다 속에서 환자와 함께 신음하는 의료진을 생각한다면, 정책이 이따위로 돌아가지는 않을 것이다. 낮에는 일하고 밤에는 잘 자는 사람들의 책상에서 결정되는 정책에 따라 24시간 쉼 없이 일하는 사람들의 생사여탈이 결정되는 현실에 신물이 났다.

    나는 그런 허망한 시스템 아닌 시스템 속에서 최전선에 내몰려 있었다. 진작 종료했어야 하는 중증외상센터를 계속 끌고 오면서 어쩌다 정치적 이슈가 되는 환자들을 만났고, 그들이 치료되어 살아날 때마다 무지개처럼 제시되던 헛소리들을 믿어가며 너무 오래 버텨왔다.

풍화(風化)

 6월 초, 현충일에 어머니를 모시고 아버지를 뵈러 대전 현충원으로 향했다. 중증외상센터가 뿌리째 흔들리고 있던 때였다. 대전으로 가는 내내 어머니는 차창 밖에 시선을 둔 채 내게 아무것도 묻지 않았다. 나는 고요한 어머니를 태우고, 말없이 누워계신 아버지에게로 향했다.
 417 묘역은 푸르렀다. 사방이 고요하고 전경은 선명했다. 하늘은 파랗고 잔디는 초록빛이었다. 늘어선 석비와 울긋불긋한 꽃들은 비현실적이었다. 아버지 함자가 새겨진 석비를 찾아 그 앞에 섰다. 주변의 잔디가 작년보다 촘촘해졌다. 나는 가지고 온 꽃바구니를 석비 옆에 내려놓았다. 초록 잔디에 흰 장미가 유독 눈에 띄었

다. 챙겨온 음식은 단출했다. 아버지가 좋아하시던 술을 꺼내 올렸다. 아마도 이 술 한 잔이 가장 반가우실 것이었다. 아버지 이름 앞에서 거수경례를 마치고 해군 정모(正帽)를 벗어 석비 위에 올렸다. 떨어지는 초여름 빛이 정모 테두리에 꺾였다.

어머니는 사과 한 알을 잘라 아버지에게 내드렸다. 손놀림이 더뎠다. 어머니는 잔디 아래 누운 아버지의 나이를 훌쩍 지났다. 살아생전 없던 평안이 이제야 두 양반 사이에 있었다. 이만한 세월이 필요했던 것인가……. 문득 말없이 마주한 두 사람에게 묻고 싶었다. 나는 이제 어디로 가야 하는 것인지.

한국에서의 중증외상센터 사업은 침몰하고 있다. 겉으로 드러나지 않았을 뿐이다. 나는 미국에서 중증외상 의료 시스템의 세계적 표준과 원칙을 배웠고, 런던에서 직장생활을 했다. 또한 일본의 외상외과 의사들이 얼마나 뛰어난지 너무 잘 알고 있었다. 그렇기 때문에 한국의 중증외상 판 안쪽에서 뒹구는 나는 침몰을 또렷하게 알았다. 본질은 찾아보기 어려웠다. 많은 사람이 중증외상 의료 시스템 구축에 필요하다며 다들 자기 이권만을 관철시키려 할 뿐, 정작 중증외상센터가 무엇인지 해외에서 진정성 있게 공부하려는 이들조차 없었다.

정부에서 중증외상센터에 예산을 지원한 지가 10여 년이 되어가고 있다. 그러나 내가 아는 한 외상센터 근무자들 중 장기 해외 연수를 1년 이상 다녀온 사람은 거의 보이지 않았다. 의학의 어떤 분야도 이렇게 엉망인 곳은 없다. 출범한 지 1~3년이면 전국에서 해외 연수를 다녀온 사람이 전국에 수십 명이 되고, 그에 따라 5년 안에 기틀을 잡는다. 의료계도 행정부도 진정성은 없었다. 이대로라면 권역외상센터라고 불리는 정부 지정 의료기관들은 '권역응급의료센터'와 차별성을 드러내지 못한 채 사라지게 될 것이다. 각 권역외상센터의 주축을 형성하는 전임교수급 외과 의사들은 중증외상센터 사업이 종료되더라도 보직을 변경하면 밥벌이에 지장이 없다. 그러므로 중증외상센터의 존폐가 자기 목을 겨누고 있는 칼임을 느끼지 못한다. 밖에서 보이지 않는 많은 것들이 이미 잔뜩 망가진 채로 굴러가고 있었다. 그러나 누구도 그것을 추스르려 하지 않았다.

보건복지부의 의욕 넘치는 관료들을 이 일에 끌어들인 지 15년이 넘었다. 석해균 선장이 다시 살아난 일을 동력 삼아 정부로부터 중증외상센터 지원을 끌고 들어온 지도 10년을 향해 간다. 그러나 초석을 함께 놓던 행정부와 정치권 사람들은 모두 사라져버렸다. 2015년 경기도청의 박수영 부지사가 떠났고, 올해 여름 이재율 부지사마저 은퇴하여 떠나갔다. 이제 경기도청 안에 중증외상센터 정책을 이해하고 추진해줄 고위층은 사라졌다. 중증외상센터 사업은 보건복지부의 큰 골칫덩이가 되어가는 듯했다.

안쪽의 상황도 허물어져만 갔다. 새로 지은 중증외상센터가 존속되려면 이 안에서 지속가능하게 일할 수 있는 환경이 마련돼야 했다. 어떤 거대 담론보다 현장의 업무 환경 개선이 절실했다. 뜻하지 않게 벌어지는 일들은 너무 많았고, 그것을 감당할 인력은 부족했다. 우리는 무너지고 있었다. 모두가 그것을 잘 알았다. 나는 팀원들이 더는 할 수 없다고 마지막 외침을 전하는 순간이 오리라는 생각이 들었다.

나는 복마전같이 얽힌 중증외상센터 사업을 뒤돌아보았다. 어쩌면 가용 자원이 제한된 일개 지방 사립 의과대학을 기반으로 말도 안 되는 일을 벌여왔는지도 모른다. 기존의 100년 된 의과대학에서도 성공하지 못한 일이었다. 더욱이 대학의 부속 병원은 해군처럼 일사분란하게 움직이는 조직이 아니다. 아니, 그렇게 움직일 필요조차 없는 기관이다. 윗선의 보직자들은 시기마다 자리를 달리하고 일은 일관된 방향으로 추진되지 않는다. 각자 의견이 갈리고 편이 나뉘며 조직 안에는 뒷말이 끊임없이 돈다. 이것은 한국의 전반적인 분위기였다. 의료계는 사회의 일부일 뿐이니 대학의 부속 병원은 한국 사회의 축소판이었다.

중증외상센터는 고도의 단계적 뒷받침이 요구되는 사업이다. 한국 사회의 투명성 정도로는 의료계나 정부 모두 이런 사업을 감당할 수 없다. 15년간 나는 그 사실만을 확인한 것 같았다.

어차피 내 목이 날아가는 것은 쉬운 일이다. 병원에서 내려오는 공문 한 장, 정부에서 내려오는 공문 한 장, 하물며 지역 주민의 민원 제기만으로도 나는 중증외상센터장에서 보직 해임될 수 있다. 내가 사라지면 쏟아져 내릴 낙하산들을 생각했다. 한두 해의 잘못된 인사면 이 건물도 더 이상 외상센터로서의 기능을 할 수 없을 것이었다. 나는 지금껏 허상을 지어 온 셈이다. 몸이 부서지도록 일해서 15년 넘게 쌓아온 일들이 사상누각이었다.

　닥터헬리가 도입되는 상황에서도 병원 측은 비행할 의료진 충원에 난색을 표했다. 나는 병원 측에 더 이상 새로운 헬리콥터 도입 사업에 참여할 의향이 없음을 밝혔다. 언제부턴가 나는 보직교수들이 중증외상센터가 적자의 주범이자 병원 내 감염의 주범, 병원 구성원들이 불편하게 느끼는 헬리콥터 소음의 주범임을 지적할 때마다 해명하지 않았다. 나는 단지 그러한 사안들이 불만이면 공식적으로 정리해달라고 답변했을 뿐이다.

　— 그렇게 문제가 많다고 생각하시면 외상센터 닫고 사업 반납하면 됩니다.

　공식적으로 정리하지 않고 각종 압박성 언사로서 내가 스스로 옷을 벗도록 유도하는 조직의 운영 방식에 몸서리가 쳐졌다. 정부의 인건비 보조와 소수의 의료진을 쥐어짜서 버텨가는 운영 형태 덕분에, 외상센터는 더 이상 연간 수십 억 원의 적자를 내는 부서가 아니다. 그럼에도 병원 측은 적자 타령을 했고 헬리콥터 소음을 싫어했다.

　병원에 내 뜻을 전하고 행정동에서 병원 본관으로 연결된 통로를 건널 때, 지상 헬기장을 내려다보았다. 지난 15년 동안 어려운 상황에 부딪힐 때마다 사력을 다해서 주위 사람들을 설득했고, 팀원들을 몰아붙이며 어떻게든지 일을 진행시켜 왔다. 때로는 생명에 위협을 느꼈고 의료진과 간호사들이 쓰러져나가는 상황에서도 밀어붙여 왔다.

나는 단 한 번이라도 중증외상센터의 세계적인 표준을 한국에 심어보고 싶었다. 아주대학교병원 중증외상센터가 문을 닫고 한국의 중증외상센터 사업이 종료되고 나서도, 다음 세대 의사들 중 누군가가 다시 중증외상센터를 만들어보려 할 수도 있다. 그때를 위해 우리가 남겨놓은 진료 기록들이 화석같이 전해지기를 바랐다. 우리의 기록들은 마치 내가 2002년 처음 외상외과 전임강사로 발령받았을 당시 찾았던, 한 한국계 미국인 외상외과 의사가 3년간 고군분투하다가 사라지며 남긴 기록과도 같을 것이다. 그 당시 나는 그 기록들을 들춰보며, 외상외과가 어떤 임상과인지를 더듬어 갈 수 있었다.

이만하면 된 것 같았다. 세계적 표준을 따라가는 '최상위 중증외상센터(Level 1 Trauma Center)'의 진료기록을 만들어 남기는 일은 이만하면 충분하다는 생각이 가슴 속에 밀려왔다.

— 어차피 처음부터 지속가능성은 없던 일이었잖아요.

허 위원은 학교를 떠나기 전 이렇게 말했다. 나는 한국 사회에서는 절대로 이루어질 수 없는 시스템을 고수하기 위해 나와 함께 있는 소수의 팀원들의 희생과 허 위원의 보호 덕분에 간신히 버텨왔다. 이만하면 정말 많이 버텨냈다. 진심으로 그렇게 생각했다.

이세형 비행대장은 헬리콥터의 비행 원리에 대해 바람을 깎아 치고 올라가는 것이라고 했다. 헬리콥터는 바람과 함께 주위 모든 것들을 깎아내며 그 반동으로 솟아오르고, 앞으로 나아간다. 고정익 기체와 달리 글라이더 비행이 불가하므로 힘들어도 버텨서 항력을 얻지 못하면 곧장 추락한다. 어쩌면 나도 중증외상센터도 헬리콥터가 바람을 깎아 나아가듯 내 동료들을 깎아가며 여기까지 밀어붙여왔는지도 모른다. 그들은 아파도 아프다고 하지 않았고, 힘들어도 힘들다고 내색하지 않았다. 간신히 구축해온 선진국 표준의 중증외상센터를 유지하기 위해 말없이 버티다 쓰러져나갔다. 결국 이 중증외상센터 바닥은 내 동료들의 피로 물들었다. 그러나 앞으로 언제까지나 이렇게 주위를 깎아내며 나아갈 수는 없다.

나는 이미 한참 전에 내가 하는 일의 옳고 그름과 방향성을 완전히 상실한 것 같았다. 내 의도와 관계없이 급류에 휩쓸려 발버둥치다 여기까지 떠밀려왔을 뿐이다.

'훗날 정경원이 중증외상 의료 시스템을 이끌고 나가는 때가 오면 지금보다는 발전이 있지 않을까'라고도 생각해왔다. 그러나 그런 생각조차 환상이었다. 어쩌면 인생 자체가 신기루 같은 것인데 내가 너무 오래 그것을 좇아왔는지 모른다. 그러나 지금 멈춰 서기에는 이미 너무 많은 것들이 내 인생을 휩쓸고 지나가버렸다.

석비에 새겨진 아버지의 함자를 가만히 들여다보았다. 손끝으로 석비 모퉁이를 가만히 쓸어내렸다. 정모에 꺾여 닿은 볕이 뜨겁지 않았다. 나는 어디까지, 어디로 가야 하는가. 아버지는 답이 없었다. 그가 누운 자리는 평안해 보였다. 영면한 아버지의 자리가 부러웠다. 그러나 나의 끝도 멀지는 않을 것이다. 서글프도록 허망하기는 했으나 산 날들이 대개 온전하지 않았으므로 그 사실도 그렇게 나쁘지 않은 것 같았다.

종착지

이천소방서에서 출동 급전을 받았다. 야간작업 중에 추락한 환자를 건져내는 중이라고 했다. 환자의 상태가 극도로 좋지 않았다. 경기 소방에서 보낸 AW-139가 병원에 5분 내로 도착할 터였다. 장비를 메고 지상 헬기장으로 걸어갈 때, 경비요원들이 이동하는 우리를 앞서서 헬기장으로 향하는 문을 열었다. 장비와 약재를 가득 실은 카트를 끌고 전담간호사들이 뒤따랐다. 내 곁에 팀원 몇이 따라붙었다. 나는 주위를 돌아보았다.

― 뭐해? 들어가 있어.

― 아닙니다. 가시는 거 보고…….

팀원들의 얼굴은 수척했다. 해결되지 않은 일들이 너무 많아 생각조차 하고 싶지 않았다. 아무리 고민해봐도 방법도 대안도 찾아지지 않는 문제들이었다. 우리는 말없이 걸었다. 잠시 후 헬기장에 AW-139가 내려앉았다. 조종석 앞 유리창 너머 이인붕 기장과 박정혁 부기장이 보였다. 이인붕이 나를 보고 옅게 웃었다. 박정혁은 꾸벅 목례했다. 캐빈 안에는 김성우 대원이 있었다. 전담간호사 김윤지와 내가 들어가 앉자 헬리콥터는 바로 이륙했다. 엔진 출력을 높이며 상승하는 헬리콥터를 지상 요원들이 위태롭게 올려다보고 있었다. 그들의 겉옷과 흰 가운이 거센 하향풍에 심하게 펄럭였다. 사람들이 쓰러지지 않을지 나는 두려웠다. 그들은 점차 작아졌다.

AW-139는 의과대학 건물 앞에서 수직상승했다. 의과대학 8층, 허 위원이 쓰던 연구실 높이까지 떠올랐다. 창 너머로 불 꺼진 연구실이 보였다. 주인을 잃은 방이었다. 불 꺼진 허 위원의 연구실처럼 우리 외상센터도 아무 자취 없이 사라질 것이다. 나는 우리가 간신히 유지하고 있는 이 모든 것이 허상일 뿐이어서 한순간에 사라져버릴 수밖에 없다는 것을 잘 알았다. 2002년 이후 외상센터와 정부, 사회의 많은 분야를 축으로 벌어졌던 막장 드라마의 향연이 이렇게 끝장나는 것을 몸소 체험하며, 나는 국가적인 중증외상 의료 시스템을 구축하는 것이 얼마나 말도 안 되는 것인지를 느꼈다. 이런 방식으로 그동안의 노력들이 파장을 맞는, 한국 사회를 구성하는 조직들의 무(無)영혼을 더는 감당할 수 없었다. 오랜 친구들이 일갈하던 말이 뇌를 후벼 파고 들어왔다.

— 이게 영화냐? 현실은 해피엔딩이 아니야. 네가 보건복지부 장관도 아니고 국가 외상센터 체계가 어떻게 흘러가든지 무슨 상관이냐?

— 네가 죽도록 하는 일들이 너 개인과 상관이 정말 있는 거냐? 산티아고 순례나 다녀오는 게 어때?

하긴, 나는 이 말도 안 되는 상황 속에서 허우적거린 덕분에 비루하게나마 여태까지 월급을 받아 먹고살았다. 또한 전국에 산개하게 된 스무 곳 가까운 외상센터에서 창출한 일자리에서도 수천 명이 생계를 유지했다. 그러나 지금껏 터져 나온 문제점들이 정치권의 결정이나 행정부의 공문, 병원 보직자의 사인으로 이어질 때, 우리의 모든 것은 깡그리 날아갈 것이다. 내가 목숨을 걸고 좇아온 것은 결국 신기루였다. 마지막으로 치닫는 상황에서 나는 어두워진 기체의 창 너머를 응시했다. 외상센터의 종말은 저 어둠만큼이나 더욱 확실하게, 선명한 어둠으로 창밖 바로 앞까지 다가와 있었다.

헬리콥터는 의과대학을 지나 본교 체육관을 넘어 동쪽으로 기수를 틀었다. 기장석의 이인붕 어깨 너머로 경기 동부의 흐릿한 야경이 가파르게 기울어졌다. AW-139가 내뿜는 익숙한 엔진음 사이에서 최석호가 내 등을 툭 치며 던졌던 말이 들려왔다.

— 야 인마, 뭘 그리 복잡하게 생각하냐. 그냥 할 수 있는 데까

지는 하는 거야.

그냥 할 수 있는 데까지……. 나는 늘 내가 어디까지 해나가야 할지를 생각했다. 어디로, 어디까지 가야 하는가. 스스로 묻고 또 물었다. 답이 없는 물음 끝에 '하는 데까지 한다, 가는 데까지 간다…….'라는 말만 어둠 속에 얽혀들어갔다. 나는 '중증외상 의료 시스템이 정착되는 때가 오면' 이라는 생각을 너무 오랫동안 버리지 못했다. 그러나 2018학년도에 벌어진 병원 핵심 보직자들 인사를 보며 나는 경악했다. 나의 종착지는 정말 빠르게 다가오고 있었다.

남겨진 기록들

‥ 2018년 1월 19일 부산의 해군작전사령부에서 아덴만 여명 작전 7주년 기념식이 열렸다. 송승환 중위가 부산역 플랫폼 안까지 나와서 나를 마중했다. 그는 해군사관학교를 졸업하고 1함대에서 고속정의 부장을 하다가 작전사령부에 부임했다. 바다가 그립고 육상보다는 해상 근무 체질이라고 말했다. 식이 끝나고 다시 올라올 때, 송승환과 박정환 상등수병이 플랫폼까지 나를 따라 나와서 배웅했다.

‥ 북한군 병사 덕에 증액되었다던 중증외상센터 관련 예산 250억 원이 그 겨울이 지나가면서 눈 녹듯이 사라졌다.

‥ 경기 소방특수대응단장 홍장표가 의정부 소방서장으로 영전해 떠났다. 대원들과 함께 비행에 나서며 현장에서 독려하던 그가 떠나가자 허전했다. 소방정* 조창래가 후임으로 부임해 왔다. 나는 그에게 기존의 협조 체계를 잘 유지하여 항공 출동 시 문제가 없도록 협조를 부탁했다. 그는 적극적인 대응을 약속했다. 기종변환훈련을 받고 있는 신임 소방항공대 파일럿들이 조종하는 AS365가 특수대응단 상공을 낮게 날며 기동훈련을 하고 있었다. 우리는 잠시 대화를 멈추고 공중에서 정지비행하고 있는 AS365를 바라보았다. 나는 어떻게 해서든지 이 체계를 유지해야 한다고 속으로 되뇌었다. 그러나 무엇을 위해서 유지해야 하는가, 하는 질문에는 답할 수 없었다.

‥ 열선을 제대로 설치하지 못한 옥상 헬기장 표면에 겨우내 내린 눈이 얼었다 녹기를 반복했다. 봄이 되면 검붉은 녹이 푸른 도색을 뚫고 올라왔다. 유난히 더웠던 2018년 여름에는 바람이 통하지 않는 비행복을 입고 출동했다가 착륙하면 땀이 비처럼 쏟아졌다. 내가 흘린 땀이 헬기장의 녹들 사이로 스며들 것만 같았다.

‥ 험한 현장으로 출동이 계속됐다. 출동에서 복귀한 후 장비를 점

---

* 소방계급 중 하나로 소방총감의 아래, 소방감의 위이다.

검하던 송미경에게서 보고서가 올라왔다. 정리한 내용을 들여다보고 있던 내게 김지영이 덧붙였다. 장비들의 파손도가 심하고 장비 일부는 잘 작동하지 않는다고 했다. 손상이 제일 심한 장비를 의용공학팀에 내려보내며 황인렬 의용공학팀장에게 전화해서 각별히 부탁했다. 한줌도 안 되는 장비들이 내가 가진 전부였다. 장비와 헬리콥터가 없으면 우리는 19세기로 돌아가야 한다. 난 내가 가진 작은 것들을 지키려고 애썼으나 계속된 거친 일상 속에서 그것들은 하나둘씩 떨어져 나갔고 보충되는 자원은 없었다. 난 내 빈곤함을 버티게 해주는 의용공학팀에 감사했다.

·· 외상센터가 혼란 속에서 표류하던 5월에 육군 제3군수지원사령부에서 대위로 근무하던 박주홍이 군의관을 마치고 외상외과에 합류했다. 성품이 침착하고 수술적 술기도 뛰어난 그가 처음 외상외과를 한다고 했을 때, 나는 막아서지 못했다. 중환자실에서 날밤을 새우면서도 나를 차분히 기다리는 박주홍을 차마 마주보지 못했다. 한 달 뒤 전담간호사 문수민이 합류했다.

·· 2012년에 보건복지부에서 내려보낸 중증외상센터 사업 안내 책자에는, 각 센터들의 운영 실적을 살펴보면서 환자 수에 비해 병상이 부족한 중증외상센터의 병상을 증설한다는 계획이 명기되어 있었다. 그러나 그것은 지켜지지 않았다. 현장에서는 경기남부

권역 중증외상센터를 중심으로 여러 센터들이 만성적인 중환자실 부족을 호소했다. 설계 과정부터 잘못되었으니 당연한 결과였지만, 보건복지부는 형평성의 문제 등을 운운하며 추가 지원에 나서지 않았다. 환자를 뉘일 병상이 없어 현장은 아비규환인데, 그 다급한 목소리는 세종시 청사 안에 닿지 않았다. 나는 책상 앞에 앉아 현장을 지휘한다는 정부의 관료들과, 난감한 얼굴로 나를 찾아와 더 이상의 업무 진행이 불가능함을 전해오는 팀원들 사이에서 무력하기만 했다. 정책이 가리키는 한가한 방향은 피가 튀어 오르는 현장을 위태롭게 지키고 있는 우리 몸에 와 닿지 않았다. 우리는 늘 정책과 형평성이라는 수식어가 만들어내는 사각지대에 고립되어 있었다.

이렇게 새로운 환자를 받지 못하는 상황은 때로 한 달 사이 십여 차례에 육박하기도 했다. 중증외상센터가 기능을 잃어가는데, 정작 우리를 제외하고는 누구도 다급함을 느끼지 않는 것 같았다. 사고가 크게 터지면 이렇게 정책을 던져놓았던 사람들 중 그 누구도 책임지지 않을 것임을 나는 알았다.

·· 2018년 봄에 부상당한 미군 장병을 이송하는 작전이 어그러졌다. 도로 한복판에 버려진 나는 길바닥에서 국군 의무사령관에게 전화를 걸어, 더 이상 이런 일을 함께 하자고 하지 말라고 했다. 회의석상에서 흔히 '사령관'이라는 사람들이 어떤 일을 진행하라고

해도 군의 영관장교들은 움직이지 않았다. 상황이 어그러지고 난 후에는 책임을 회피하는 데 급급한 꼴만 자주 보았다. 국군의무사령부에서 먼저 같이 일하자고 하지만, 그것은 사령관의 마음일 뿐이다. 아래에서는 전혀 움직이지 않았고, 사령관의 말을 믿고 일을 추진하던 나만 우스워졌다. 이제 더 이상 일을 벌일 수는 없었다. 답답했지만 나의 일이 아니었으므로 잊기로 했다.

‥ 지역 구청에서 공문이 날아왔다. 공문에는 나보다 먼저 공문을 확인한 병원 주요 보직자들의 사인이 가득 담겨 있었다. 외상환자를 싣고 다니는 헬리콥터 소음에 대한 민원이었다. 나는 그 공문을 한참 들여다보았다. 스텔스 기능을 갖춘 고정익 항공기도 소음으로부터 자유로울 수 없다. 기본적으로 바람을 쳐내려서 비행 항력을 얻는 헬리콥터가 어떻게 소음을 내지 않을 수 있는지 묻고 싶었다. 해결 방법은 비행 중단뿐이다. 그러면 중증외상센터는 반쪽짜리가 된다. 미국 메릴랜드주(Maryland)의 외상센터에는 연간 2,500여 명의 외상환자가, 영국의 로열런던병원 외상센터에는 연간 1,500여 명의 외상환자가 헬리콥터로 실려 온다. 일본 오사카나 지바의 외상센터에도 헬리콥터로 실려 오는 환자가 연간 1,200여 명을 상회한다. 민원에 시달리는 우리의 항공 출동은 기껏 연간 300회에 불과했다. 이런 식이라면 한국에서는 외상센터를 운영할 수 없다. 항공 전력을 이용하지 않고서는 초단위로 죽음의 문턱을

넘는 중증외상 환자들을 살려낼 수 없다.

　공문이 진정성을 가지고 소음 문제 개선을 요구하는 것이라면, 차라리 헬기장을 폐쇄하라고 하면 될 것이다. 그러나 구청에서 그 책임을 지기는 싫었을 것이다. 구청은 이런 공문을 보내고 기관 차원에서 알아서 정리해주기를 바랐을 것이고, 보직자들은 이런 공문을 근거로 나를 압박했다. 공식 회의에서 제일 높은 보직자가 헬리콥터 소음 문제로 경고했을 때 나는 낮은 목소리로 답했다.

　― 공식적으로 기관 차원에서 헬기장을 닫으시면 됩니다.

　그러나 보직자들은 아무런 공식 결정을 내리지 않았다.

‥ 필리핀에서 총을 맞은 환자가 한국까지 살아서 내원했다. 몸에 박혀 있는 총알을 현지에서는 제거하지 못했다. 혈청 납수치는 16을 가리키고 있었다. 환자와 보호자가 심하게 몸을 떨며 불안해했다. 총알을 제거하고 터진 조직을 수복했다. 총알은 묵직했고 파손되지 않았다. 골반을 부수며 몸을 꿰뚫고 지나온 총알치고는 모양이 온전히 보존되어 있었다. 총알을 집어드는 내 손끝에 죽음의 질감이 전해져왔다. 빼낸 총알을 책장에 올려놓았다. 살인의 흔적과 함께 살아가는 내 인생이 또 다른 죽음을 부르는 것 같았다.

‥ 신문지 두 장을 바닥에 펼쳐놓은 후 구두를 닦았다. 솔질을 해서 먼지와 흙을 털어내고 구두약을 바른 후, 면으로 된 천 조각을

검지와 중지에 감아 구두를 닦기 시작했다. '천천히, 너무 세게 힘 주지 말고 미끄러지는 느낌으로 닦아라.' 25년 전 해군 훈련소에서 배운 그대로 구두를 닦았다. 구두의 코끝에서 광이 올라오기 시작했다. 구두약에서 올라오는 진한 공업적 향이 단화의 표면을 훑는 천 조각을 타고 연구실 안으로 퍼져나갔다. 마음이 조금 안정을 찾아갔다. 밤이 깊어지고 있었다.

… 내가 하는 너무나 많은 검사와 치료 행위들은 건강보험이나 자동차보험의 기계적인 삭감 대상에서 벗어나지 못했다. 수가 인상은 둘째치고, 검사와 치료를 행하고도 제대로 수가를 인정받지 못해 들인 '돈'을 제대로 돌려받지도 못했다. 보건복지부 장관이 개선을 약속하고 국장이 방안을 찾겠다고 했지만, 늘 그렇듯 현장에는 적용되지 않았다. 중환자실 간호사가 소수 증원되었으나 정작 전담간호사나 병동 간호사들에 대한 추가 증원은 없었고 예산은 연기처럼 사라졌다. 그나마 수가를 올려 분명히 적자선상을 벗어났음에도 외상센터를 향한 병원의 비난은 계속됐다. 각 개별 기관들에서 중증외상센터는 단지 병원 보직자들이 '국책사업 현금유치'라는 치적을 쌓을 때만 필요한 것 같았다. 사업 수주 이후, 태도가 180도로 바뀌는 풍경이 반복되었다. 나는 이가 갈렸다. 백광우 교수가 내 갈려나간 치아들을 보며 70대 노인 같다고 안타까워했다.

‥ 고 한상국 상사의 부인 김한나가 외상센터 사무실로 복숭아 10박스를 보내왔다. 팀원들과 함께 먹었다. 복숭아는 달고 달았다. 다디단 조각 하나가 목구멍을 넘어갈 때 목이 메었다.

‥ 저녁에 안경테가 부러졌다. 윤태일에게 선물 받은 것으로 가볍고 편하여 7년째 잘 쓰던 테였다. 별다른 힘을 주지 않았는데도 테 우측 옆 부분이 두 동강 나버렸다. 얇고 가벼우면서도 탄성이 있던 금속의 단면이 거칠게 드러났다. 나는 부러진 테 조각을 들고 한참 보았다. 외상센터가 두 동강 나버려도 그 단면은 거칠 것이다. 불길한 일들이 계속 일어나는 것 같아서 불안하기도 하고, 부러져 제 임무를 다한 안경테같이 나 자신도 잘려 나가면 이 임무에서 벗어날 수 있어 홀가분할 것 같기도 했다.

‥ 어머니는 날 새벽에 낳으셨다고 했다. 새벽의 별빛이 떨어지기 이전의 어둠이 눈에 찾아와 시력을 잃고 있다. 어차피 나는 태어날 때도 새벽 어둠속에서 앞을 보지 못했고, 이젠 시력을 잃으며 다시 앞을 보지 못할 것이다.

‥ 각 권역별로 치밀하게 짜인 각종 '사업'에 대한 결과물들은 구중궁궐 같은 거대한 세종시의 정부종합청사 안 회의실과 도표상에서만 존재했다. 그 어떤 관료들도 더 이상의 실제 상황을 파악하

려고 하지 않았다. 현장의 나쁜 상황을 보고받는 것 자체를 윗선에서는 부담스러워 한다고, 보건복지부의 한 일선 공무원이 내게 귀띔해주었다.

‥ 의료용 헬리콥터는 착륙장을 못 찾아 헤매는데, 경기도의 수많은 시청과 구청 등에서는 착륙을 거부했다. 잔디가 망가지거나 죽으면 안 된다는 것이 이유였다. 해군에서 발생한 환자를 구하러 출동했을 때, 오로지 창원시청만이 선뜻 청사 앞 잔디밭을 개방해주었다. 대부분의 학교들도 학생들의 학습권을 이유로 헬리콥터 착륙을 거부했다. 선진국에서는 이 모든 장소가 의료용 헬리콥터 착륙장 1순위로 꼽히는 곳들이었다.

‥ 지난 수요일은 지옥이었다. 수술을 하고 외래를 보고, 하루 동안 항공 출동을 세 차례나 했다. 그중 두 번은 야간 새벽 출동이었다. 마지막으로 출동을 요청해온 충청남도 당진으로 이륙해 올라가기 직전, 동승한 안전담당관이 문자 메시지 하나를 보여주었다. 경기 소방상황실에서 온 메시지였다. '지금 민원이 빗발치고 있으니 소음에 각별히 유의하라'는 내용이 담겨 있었다. 이 새벽에 민원을 넣는 사람이나, 책상 앞에 앉아서 목숨 걸고 출동하는 우리에게 민원을 전달해 사기를 꺾는 자들이나 모두 경악스러웠다. 다음 날 소방상황실에서 민원을 넣은 사람들에게 소방항공대 조종사의

직통번호까지 알려줬다는 이야기를 들었다. 새로 자리한 윗선의 관심 사항이라, 민원에 적극적으로 대응하라는 지침을 따른 것이라고 했다. 이런 지시가 윗선에서 직접 내려온 것인지, 중간관리자급에서 알아서 움직이는 것인지 궁금했다. 가뜩이나 기운이 빠져 파김치 같은 몸이 더욱 가라앉았다.

‥ 2년 만에 연구실 냉장고를 들어엎었다. 1년이 지나도록 처박아둔 반찬들이 냉장고 안에서 곰팡이를 피우며 좁은 연구실 전체를 악취로 물들이고 있었다. 김치 외의 모든 반찬이 썩어버렸다. 쓰레기봉투 세 장을 겹쳐, 썩은 밑반찬을 덜어내 복도의 큰 쓰레기통에 버렸다. 빈 그릇을 닦기 시작했다. 1년이 넘도록 방치되어 썩은 플라스틱 반찬통에 밴 부패한 반찬의 흔적은 쉽사리 지워지지 않았다. 깊고 진해서 마치 내 인생에 깊이 물들어버린 피의 흔적 같았다. 색마저 바랜, 변형된 플라스틱 용기들을 모두 버렸다. 유리로 만들어진 몇 개의 용기만이 온전히 남았다. 어떤 상황에서든 제 그릇에 따라 견디기도 하고 폐기되기도 하는 것이다. 결국 견디느냐 견디지 못하느냐는 제 역량에 달렸다. 설거지를 마치고 포개놓은 그릇들을 바라보며 나는 한참을 생각했다. 내 그릇의 크기에 비춰 볼 때 너무 많이 와버렸다.

끝의 시작

2018년 중반, 북한군을 치료하며 간신히 확보한 간호사 67명분의 증원 예산이 보건복지부에서 내려와 병원장이 승인했다. 그러나 기획조정실장은 절반의 인원만 증원하는 것으로 새로운 공문을 생성했다. 병원장과 기획조정실장의 사인들이 교차하는, 이해가 되지 않는 상반된 공문들이 서로 각을 이루며 충돌하다가 기획조정실장의 공문대로 결정되었다. 어느 선에서 뒤틀렸는지는 공식 확인되지 않았고, 병원은 나머지 절반에 가까운 10여억 원이 넘는 예산을 기존 인력에 대한 인건비로 돌려 사용했다. 나는 분노했다.

— 벼룩의 간을 빼 먹어라.

몇 달 후, 병원장은 보직에서 물러났고, 기막힌 아이디어를 낸

영특한 기획조정실장이 병원장의 자리에 올랐다. 보건복지부는 구두 질타에 이어 개선을 요구하는 공문까지 내려 보냈다. 인력 증원이 불발된 외상센터 간호부서에서는 비명이 터져 나왔다. 나는 사면초가에 몰렸다. 병동과 마취회복실, 정형외과와 신경외과를 지원할 전담간호사, 비행을 나갈 간호사들의 증원이 물거품 되었고, '주당 52시간 이상 근무시간 제한'이라는 정부 방침에까지 몰린 현장의 업무는 돌아가지 않았다.

시작부터 '초과근무'라는 멍에를 바탕으로 간신히 유지되던 외상센터였다. 인력 증원이 없는 상황에서, 간호사들이 초과근무를 하지 않고 근무표와 당직표를 메울 수 있는 방법은 없었다. 간호사들을 실무 운영하는 병원 간호본부나 간호사들의 권익을 대변한다는 병원 노동조합은 내 상식과는 반대로 움직여 도움이 되지 않았다. '보건복지부장관' 직인이 선명하게 찍힌 공문을 들고 한참을 응시해 보아도, 현장에서 뒤틀리는 보건복지부의 정책을 중앙정부에서는 들여다볼 생각이나 있는 것인지, 나는 갈피를 잡을 수조차 없었다.

병원장과 함께 주위 핵심 보직자들이 많이 바뀌었다. 새로 온 자들은 기존의 외상센터 관련 규정이나 정부와의 계약 내용은 전임자들이 한 일이라며 알 바 아니라고 했다. 새로운 보직자들과 어떻게든지 잘 지내보려 노력했으나 무위로 돌아갔다. 간신히 유지해나가던 기존의 운영 체계들이 전혀 고려되지 않았고, 어렵게 마련한 보직자와의 식사자리에서도 헛소리들만 내려 왔다. 새로 바뀐 병원 수뇌부의 지시에 따라 원무팀 행정직원들은 중증외상환자들에 대한, 병원 본관의 병상을 배정해주지 않았다.

내 이름을 포함한 외상센터 교수진의 이름이 응급원무팀에 현상수배명단처럼 붙어 있는 것을 보며 나는 경악했다. 위에서 내려온 지시를 어쩔 수 없이 따르는 것이라는, 안면이 있는 원무팀 직원들의 말에 나는 더 이상 행정직원들에게 병상을 부탁하지 못했다. 병상을 배정받지 못하니 중증외상환자를 치료할 수가 없었고, 외상센터가 가동 불능 상태에 빠지는 날이 수십 일 이상 가파르게 늘었다. 지역거점 외상센터가 제 기능을 상실하자 보건복지부에서는 대책 마련을 요구했다. 그러나 보직 교수들이 지시한 일을 따르는 행정직원들을 탓할 수는 없었다.

— 외상센터 사업을 반납하고 센터 건물은 일반 환자용으로 쓰면 될 텐데….

나는 외상센터 사업 종료까지 건의했으나 연간 60여억 원을 넘어서는 외상센터 운영비 현금 지원이 탐이 나서인지 보직자들은 외상센터 사업을 반납하지 않았다. 본관에서 근무하는 친분 있는 다른 임상과의 교수들에게 부탁해 외상환자를 입원시키고, 치료는 직접 하는 '유령 진료'를 시작했다. 곧 보직자들 중 한 명이 병동마다 돌아다니면서 외상환자를 색출하고 다녔다.

— 잘하는 짓들이다….

난 이번 보직자들을 20여 년 이상을 알고 지냈다. 익히 잘 아는 그들의 인간성을 비추어 볼 때 이런 짓의 목적은 선명했다. 병원 경영상의 수익성 고려 측면은 구실에 불과했다.

2019년에 들어서서는 '민족의 명절'이라는 구정 연휴 초입에 국립중앙의료원에서 중앙응급의료센터장을 맡고 있던 윤한덕이 순직했다. 뛰어난 의사이면서도 훌륭한 행정가로서의 면모를 보이며 의료계와 중앙정부 사이의 블랙홀을 몸으로 메워오던 윤한덕은 영원히 떠났다. 윤한덕의 고통은 타인이 헤아리기조차 쉽지 않았다. 한 점의 사심도 없이, 지옥과도 같은 정책의 탈과 현장의 유동성으로 위장한, 책상머리 말장난의 늪 속에서 벌어지는 피투성이 싸움을 중앙무대에서 오랜 기간 버티어오던 그가 떠나가자 난 어깻죽지가 떨어져나가는 것 같았다.

세상을 떠날 때조차 그는 한가하게 누워서 쉬지 않았고 응급의료체계 개선안에 대한 서류들을 자신의 사무실 책상에서 끝까지 잡고 있다가 단단한 모습으로 앉은 채 절명했다. 그가 전문의로서 살았던 대부분의 시간을 보내온 사무실과, 쪽잠을 자던 간이침대가 잠시 화제가 되었으나 곧 잊혔다. 나는 그가 세상을 등지면서도 그다지 슬퍼하지 않았을 것이라고 생각했다.

영결식에서 그의 가족들은 오열하지 않았고 비교적 차분하게 하객들을 맞았다. 떠나보낸 윤한덕에 대한 슬픔 이후엔 현실적인 어려움이 쓰나미처럼 몰려들었다. 윤한덕으로 인해 지탱되던 외상센터와 닥터헬기 관련 행정 축선이 내가 가진 정책적 통로의 전부였으니 이제는 모두 무너진 것이나 마찬가지였다.

실제로 헬리콥터 소음을 문제 삼는 보직교수들의 질타가 계속 이어졌다. 30여 명 이상의 보직자들이 모인 공식 회의석상에서 병원장과, 항공 출동 건수를 놓고 멍청한 진실 게임을 벌이고 있는 나 자신을 보며 자괴감에 빠져들었다.

— 오늘 오전에만도 헬기소리가 열 차례나 들렸어. 도대체 시끄러워서 진료를 할 수가 없어.

— 아닙니다, 병원장님. 오늘은 오전부터는 제가 계속 비행을

나갔었는데 모두 세 차례에 불과했습니다.

— 내가 정확히 세어봤는데 열 번이었다니까요?

— 아닙니다. 제가 오전부터 지금까지 세 차례 항공 출동 나갔다가 이 회의에 곧장 들어온 겁니다.

나는 병원 저층에 위치한 병원장의 외래 진료실로부터 한참이나 떨어져 있는 병원 옥상 헬기장의 헬리콥터의 엔진음이 어느 정도 크기로 들리는지 정확히 알고 있었다. 보직교수들을 쳐다보며 계속 생각했다.

'이렇게 싫으면 공식적으로 사업 반납하면 될 거 아닌가?'

난 전임 병원장이 도입했던 닥터헬기 사업이, 병원장이 바뀌었다고 이렇게 막장으로 치닫는 기관의 운영 방식을 이해할 수 없었다. 헬리콥터 소리가 시끄럽다고 한 보직자가 소리를 질러 임신한 응급구조사가 울음을 터뜨렸다며 보고가 올라왔다.

— 원래 약자에게 강하고 윗사람에게 한없이 깍듯한 놈이야.

나는 그저 이렇게 말하며 응급구조사를 달랬다.

끊임없이 아비규환이 벌어지는 가운데 2019년 국회 국정감사에서 외상센터에 널려 있는 문제점들이 적나라하게 드러났다. 언론을 통해서는 나조차도 애써 외면하거나 모르고 있던 치부들까지 한꺼번에 터져 나왔다. 병원 보직자들은 모두 부인했고, 보건복지부는 '법과 제도의 문제가 아니다'라며 관리감독의 의무에서 빠르게 비켜갔으며, 국정감사를 주도했던 여낭의원은 선거 준비로 여념이 없었다.

― 그럼 공문에서 예시를 들어가면서까지 지적한 건 뭐였지?

심각한 표정으로 대면보고를 받으며 분개하던 보건복지부 장관과 그 자리에 배석한 실장, 과장, 사무관의 얼굴을 떠올리며, 나는 보건복지부에서 받은 공문을 연거푸 다시 들여다보았다. 공문은 선명하게 쓰여 있었다. 보직을 맡아 잠시 스쳐지나가는 대학 총장은 이 일에 관심이 없었고, 학교 법인의 최고위 책임자에게도 찾아가 중재를 요청했으나 전혀 개선되지 않았다. 그 와중에 대학 총장이 보냈다는 홍보팀 관계자가 나를 찾아왔다.

― 교수님께서 학교 홍보동영상 촬영에 참여해주셨으면 합니다.

어이가 없었다. 집요하게 찾아오는 홍보팀 관계자를 더 이상은 만나지 않았다. 어차피 다른 총장으로 바뀌면 없어질 사람들이었다. 전에도 그랬었다.

교수협의회의 임원 교수가 "재단에서는 사실 외상센터를 운영하면서 아주대학교 전체가 알려지거나 주목받는 것을 싫어한다"라고 한 말이 계속 머릿속을 맴돌았다. 난 내가 속한 기관에서 '외상센터'라는 국책사업을 하면 안 된다는 압박을 받으면서도 왜 계속 지속하고 있는지 괴로웠다. 2019년은 전체가 악몽이었다.

10여 년 전, 당시 병원의 보직교수들이 외상센터 건립이라는 대규모 국비 지원 사업 유치를 추진할 때 막았어야 했다. 외상센터 자체를 아주대학교병원이나 한국에서 벌이지 않았으면 이런 상황은 없었을 것이었다. 국비로 지어놓은 외상센터 건물이 을씨년스럽게 느껴졌다. 본격적인 외상센터 설립의 기폭제가 된 '아덴만 여명 작전' 이후 10년 가까운 기간 동안 아주대학교병원에 가져다 쏟아 부은 정부 예산만 해도 500억 원을 훌쩍 넘어서고 있었다.

— 그런데도 이 모양이라니.

신기루를 너무 오래 쫓아온지라 타격이 컸다.

— 여기까지인가보다.

나는 뼈저리게 후회했다. 그래도 건물은 남을 것이었다.

내 외상센터장 사임원은 2020년 1월 28일부로 결제됐다.

인사명령서를 생성하고 결재 올린 사람들 중 한 명이 이전에 외상센터에 근무했던 행정직원이어서 내심 반가웠다.

— 이 사람, 외상센터를 오래전에 떠났었는데 이제야 떠나는 내 서류를 처리하는구나.

난 그 행정직원이 의과대학 교학팀에서 근무하는 것을 서류에서 확인하고 웃었다.

연구실을 정리해서 이사를 나올 때 병원 행정부서에서는 이삿짐 트럭을 엘리베이터 입구에 대는 것을 막았다. 손으로 들어 짐을 들어내야 하는 업체에 추가 비용을 주고 정리했다.

— 떠날 때도 쉽지가 않네.

외상센터를 떠난 후에도 '이국종이 특정 항공업체와 결탁하여 닥터헬기사업자를 선정했다' '이국종이 다시 외상센터에 복귀했다'라는 잡소리가 계속 병원 쪽에서 들려왔다. 구역질이 올라왔다.

내가 센터를 나온 이후에 여러 사람이 외상센터를 떠났다. 다수의 핵심 인력이 부서 이동되었고 김지영과 정윤기를 비롯한 여럿은 결국 병원을 사직했다. 사람들이 모여서 만들어낸 것이니 사람들이 떠나가면 없어지기 마련이다. 파국이었다. 외상센터에 남아 있는 사람들이 걱정되었으나 내가 더 이상 할 수 있는 일은 없었다.

몇몇 의료기관의 외상센터에서 함께 일하자는 제의가 들어 왔지만 거절했다. 다시 이런 일을 반복하는 것은 무의미했고, 시간도 많이 남지 않았다.

외상외과 의사로서 내 업무는 종료되었다.
모든 일은 시작과 동시에 끝을 향해 간다.
시작과 끝, 끝과 시작은 언제나 맞물려 돌아갔다.

나는 바다로 나아갔다.

〈끝〉

Golden Hour

골든아워 2(2024년 개정판)

초판 1쇄 발행 2018년 10월 2일
개정 1판 1쇄 발행 2021년 10월 18일
개정 2판 1쇄 발행 2024년 10월 3일
개정 2판 4쇄 발행 2025년 4월 7일

지은이 이국종
펴낸이 유정연

이사 김귀분
기획편집 신성식 조현주 유리슬아 서옥수 황서연 정유진 **디자인** 안수진 기경란
마케팅 반지영 박중혁 하유정 **제작** 임정호 **경영지원** 박소영

펴낸곳 흐름출판(주) **출판등록** 제313-2003-199호(2003년 5월 28일)
주소 서울시 마포구 월드컵북로5길 48-9(서교동)
전화 (02)325-4944 **팩스** (02)325-4945 **이메일** book@hbooks.co.kr
홈페이지 http://www.hbooks.co.kr **블로그** blog.naver.com/nextwave7
출력·인쇄·제본 (주)상지사 **용지** 월드페이퍼(주) **후가공** (주)이지앤비(특허 제10-1081185호)

ISBN 978-89-6596-653-1 04810
ISBN 978-89-6596-651-7 (세트)

- 이 책은 저작권법에 따라 보호를 받는 저작물이므로 무단 전재와 복제를 금지하며, 이 책 내용의 전부 또는 일부를 사용하려면 반드시 저작권자와 흐름출판의 서면 동의를 받아야 합니다.
- 흐름출판은 독자 여러분의 투고를 기다리고 있습니다. 원고가 있으신 분은 book@hbooks.co.kr로 간단한 개요와 취지, 연락처 등을 보내주세요. 머뭇거리지 말고 문을 두드리세요.
- 파손된 책은 구입하신 서점에서 교환해 드리며 책값은 뒤표지에 있습니다.

등장인물

강병희 강찬숙 강태석 고제상 공방표 공인식 국경훈 권준식 권준욱 권지은 권현석 김관진
김기태 김대중 김대희 김문수 김민수 김병천 김보형 김선아 김성동 김성수 김성우 김성찬
김소라 김승룡 김영환 김욱환 김윤지 김은래 김은미 김재근 김종삼 김종엽 김주량 김준규
김지민 김지영 김진표 김철호 김태연 김태영 김태완 김태훈 김판규 김학산 김현준 김효주
김후재 김훈 남경필 남정수 남화모 노미숙 노선균 류강희 류영철 문봉기 문성준 문소영
문수민 문종환 문지영 민상기 민수연 민수환 민영기 민채원 박경남 박도중 박명섭 박미미
박병남 박상수 박성용 박성진 박성훈 박수영 박연수 박영진 박재호 박정옥 박정태 박정혁
박정훈 박종민 박주홍 박진영 박철민 박혜경 백광우 백세연 백숙자 서광욱 서상규 서석권
서신철 서은정 석해균 석희성 설주원 소중섭 손영래 손현숙 송미경 송서영 송수곤 송순택
송지훈 송형근 신순영 신승수 안병주 안재환 엄초록 엄현성 염태영 오창권 왕희정 故용석우
원제환 원희목 유남규 유동기 유병국 유병무 故유성훈 유자영 유재중 유진숙 유채린 윤기회
윤상미 윤석화 윤원중 윤정훈 윤태일 故윤한덕 이경우 이기명 이기식 이기환 이길상 이길연
이몽영 이미화 이범림 이병권 이병호 이복구 이성수 이성철 이성호 이세형 이수현 이숙영
이신기 이아용 이영주 이오숙 이용훈 이인경 이인봉 이인용 이재열 이재율 이재헌 이정엽
이중의 이진영 이진용 이호연 이호준 이효진 인요한 임경수 임대진 임영애 임인경 임채성
임한근 임혜령 장원섭 장경원 장정문 전용범 전은혜 정경원 정구영 정승우 정연훈 정용식 정우영
정우진 정윤기 정윤석 정재연 정재호 정재호 정재호 정준영 정진석 정진섭 정호섭 조석주
조영주 조재호 조창래 조한범 조현철 주승용 주일로 주종화 진수희 차다ём 차수현 차현옥
채윤정 천영우 최동환 최민정 최상희 최석호 최소연 최영화 최완선 최윤희 최재만 최종익
최준영 최차규 한봉완 한용희 허요 허윤정 허정훈 허훈 현수엽 홍석기 홍성진 홍장표
황교승 황기철 황병훈 황선애 황인렬
브라이언 앨굿(Brian D. Allgood) 브루스 포텐자(Bruce Potenza) 데이비드 호이트(David Hoyt)
제이 더셋(Jay Doucet) 제이콥 베리(Jacob "Juice" Berry) 제임스 던퍼드(James Dunford)
카림 브로히(Karim Brohi) 케네스 매톡스(Kenneth L. Mattox) 마이클 로톤도(Michael F. Rotondo)
마이클 월시(Michael Walsh) 미셸 매드윅(Michelle G. Medwick) 나자 웨스트(Nadja West)
라울 코임브라(Raul Coimbra) 스테판 듀리아(Stephen M. Duryea) 마시코 구니히로(益子邦洋)
마츠모토 히사시(松本尚)